高校美育德育的当代发展研究

张 龙 于洪娜 著

中国纺织出版社有限公司

内 容 提 要

美育德育对促进素质教育和人的全面发展起着至关重要的作用。高校肩负着为社会培养高素质人才的使命，现今社会对人才的需求直接影响了高校的培养目标。随着社会的不断发展，人才的标准也在不断变化，大学生除了需要具备专业知识以外，还要有一定的创新能力、交际能力、乐观积极的生活态度，这其中，美育德育可以发挥重要作用。美育德育课程作为实施美育德育的重要途径，其建设和实施是贯彻和实现高校美育德育目标的关键。本书讨论了美育德育的内涵和高校美育德育的特点，回顾了高校美育德育的发展历史，指出了当前高校美育德育中的困境并分析了这些困境的成因，提出了解决困境的策略。

图书在版编目(CIP)数据

高校美育德育的当代发展研究 / 张龙，于洪娜著
.--北京:中国纺织出版社有限公司,2021.11 (2024.2重印)
ISBN 978-7-5180-9165-2

Ⅰ. ①高… Ⅱ. ①张… ②于… Ⅲ. ①美育—教学改革—研究—高等学校②德育—教学研究—高等学校 Ⅳ. ①G40-014②G641

中国版本图书馆 CIP 数据核字（2021）第 234635 号

责任编辑：段子君　　责任校对：高　涵　　责任印制：储志伟

中国纺织出版社有限公司出版发行
地址：北京市朝阳区百子湾东里 A407 号楼　邮政编码：100124
销售电话：010—67004422　传真：010—87155801
http://www.c-textilep.com
中国纺织出版社天猫旗舰店
官方微博 http://weibo.com/2119887771
北京兰星球彩色印刷有限公司　各地新华书店经销
2021 年 11 月第 1 版　2024年2月第3次印刷
开本：787 × 1092　1/16　印张：10.75
字数：239 千字　定价：88.00 元

凡购本书，如有缺页、倒页、脱页，由本社图书营销中心调换

前　言

PREFACE

美育对促进素质教育和人的全面发展起着至关重要的作用。高校肩负着为社会培养高素质人才的使命，现今社会对于人才的需求直接影响了高校的培养目标。随着社会的不断发展，人才的标准也在不断变化，大学生除了需要具备专业知识以外，还要有一定的创新能力、交际能力、乐观积极的生活态度，这其中，美育可以发挥重要作用。美育课程作为实施美育的重要途径，其建设和实施是贯彻和实现高校美育目标的关键。我国高校美育课程建设起步较晚，美育课程体系建构不够完善，还存在诸多问题亟待解决。以往有关高校美育的研究大多从宏观的角度出发，探究高校美育各个方面的情况，对于高校美育课程的研究往往不够深入。

当代高校美育由于受教育主体、工具、范式等因素变化影响，在继承中国传统文化、培育人文精神及协调学科定位等方面面临一系列问题，处理这些问题首先需要明确当代高校美育的价值选择。当代高校美育应该以强烈的爱国情怀、浓厚的人本精神、和谐精神的培育及发展的创新精神为价值导向，在继承和发扬中华民族传统文化和美学精神的前提下，高举改革开放旗帜，怀着强烈的爱国情怀，坚守浓厚的人本精神，注重和谐精神的培育，坚持发展与创新。《高校美育德育的当代发展研究》共分为七章，讨论了美育的内涵和高校美育的特点，回顾了高校美育的发展历史，指出了当前高校美育中的困境并分析了这些困境的成因，同时指出了解决困境的策略。

著　者

2021 年 9 月

目　录

CONTENTS

第一章　中国传统美育的概述

第一节　中国传统美育思想综述

美育作为一种传授人类审美观念、审美经验的特定教育形式，自古就已存在。它通过形象化的手段、富有个性的自有形式，在审美实践中，潜移默化地陶冶人的情感，培养人的情操，促进人的全面和谐的发展。因此，梳理我国古代美育思想的历史发展，把握美育思想的发展历程，对提高当今大学美育的自觉性和准确性具有重要的现实意义。

一、原始时期的美术教育

原始社会的艺术是原始社会生产力、生产关系与早期审美意识和原始信仰、巫术等形式的综合反映。在艺术起源说中，有艺术与人类同期出现的说法。马克思艺术起源论把艺术的发生放在人类的生产实践劳动中，在劳动中产生的审美情绪形成了原始艺术的形式。原始时期的艺术表现形式简单且粗犷，美术表现形式五花八门。由于生产力低下，原始人的思想显得单纯，甚至愚昧，此时还未有明确的审美教育形式，也无明确的教育目的，只是一种低级状态下的互相感染。本文将从内容和教育方式两个方面来阐述原始时期的美术教育。

（一）原始时期美术教育的内容

“洞穴艺术”“岩面画”是原始绘画中的杰出代表。据考古资料表明，最古老的原始壁画出现于欧洲旧石器时代晚期，距今 3 万年至 4 万年。同时，我国也是岩画最丰富的国家之一，早在一千五百年前北魏郦道元的《水经注》中就著录有黄河和长江沿岸的许多岩画。原始社会的自然生存环境艰苦恶劣，生产力与生产关系极其低下，以狩猎为主、采集为辅的经济基础决定了原始时期的“艺术家”们的绘画工具极其简陋。画笔为尖石器、木炭，颜料为天然的赤铁矿石粉、动物油脂等的混合物，没有纸，只好以洞穴岩壁与露天岩壁作为载体。就是在这样简陋的条件下，原始人形成了最初的审美形式观念。原始人在惊险、紧张、刺激的狩猎活动中，目睹了无数次动物奔跑时的生动优美的形象，留下了强烈的记忆和深刻的印象。另外，他们在描摹动物形象时，由于是凭记忆作画，扬弃了对描绘对象的非本质特征部分，这培养了“艺术家”们对动物形象的概括，为以后造型艺术的产生奠定了基础。再则，食物的生产是原始人生存的最重要、最基本的内容。于是，我们的先民描绘了许多人类进行生产活动的场景，到了氏族公社时期，又有氏族公社成员为了欢庆丰收、祝贺胜利等而载歌载舞的场面。表达情感是原始绘画形成的原因之一。

据史料记载，最早的装饰品出现在旧石器时期，原始人把石头、骨片、兽牙等制作成装饰品，或把艳丽多彩的贝壳经过琢磨钻孔制作成串珠和坠饰。这些原始人的装饰品对今天的考古专家来说最富艺术价值，我们可以从原始先民的装饰品上直接探索原始时期的美术形式及审美观念。最早的原始人身上的装饰有两种：一种是固定的，如文身、割痕、耳鼻唇饰等；另一种是不固定的或半固定的，如穿戴、悬挂物等。最初的文身也许是出于实用需要。人们发现用黏土涂身可使皮肤清爽，并能防止蚊虫叮咬，于是这一形式就流传了下来，直到后来随着人们审美意识的提高，文身才被认为是一种表现美的形式。注重穿戴和悬挂饰物也是原始人社会意识中所具有的。原始时期的装饰物不仅具有审美特性，还体现了原始人群的情感文化。另外，随着社会的发展与生产力的提高，原始人群对美的认识和需求增加，人们对于生活上的物品逐渐产生美化的意识，于是，从生活中提取出形式多样的纹饰——几何图形、动物纹样、植物纹样及生活场景等，都被用于物品上，直接体现原始先民的审美趣味和生活理想，是一种早期的有意识的审美形式。

原始人群在经过与自然做殊死斗争并逐渐取得胜利的同时，发现用火进行高温烘烧后的泥土物体会变得坚固耐用，给生活带来极大的便利，于是，这火与泥土的关系被广泛传播，从此，陶器出现了，并逐渐演化为原始艺术的重要内容。陶器的出现，首先是以满足某种生活需要为目的。人们在利用自然、改造自然的过程中积累，并在生产中总结经验与方法。随着社会生产力不断进步，人们在解决了基本的生存问题后，除了对陶器要求有“实用功能”外，还开始追求外形的美观。因此，彩陶中的纹饰就是为了满足人们的审美需求而产生的。常见的彩陶纹样是用黑、红颜色在陶瓷上绘出由鱼纹、蛙纹、人面纹等组合而成的图案，同样以生活场景作为描绘对象，只是人们对图形的把握从简单的写实发展到较为抽象的几何形纹样。这些都离不开人类观察自然、感悟自然，都体现了原始的审美意识。

（二）原始时期美术教育的教育方式

1. 原始社会艺术的形成

关于原始社会艺术的形成，首先我们看到的是原始先民对自然的模仿。大量的原始艺术活动或艺术品都有明显的模仿现实的特征，如雕刻、建筑、绘画、陶器等，基本上是以模仿自然的形式形成的。狩猎中奔跑的野兽、水中游动的鱼儿和天空飞翔的小鸟等，都被列入原始艺术的模仿对象中。此外，原始时期的模仿形式还表现在后人对前人的模仿或晚辈对长辈的模仿。前人总结的生活经验包括狩猎、捕鱼，以及为庆祝胜利而作的音乐、舞蹈、绘画等艺术形式。这些经验世代相传，逐渐形成原始社会的一种基本教育形式。

2. 原始信仰对原始艺术的影响

原始信仰对原始艺术同样有着巨大的影响，可以说原始信仰观念和活动几乎渗透到所有原始艺术活动中，原始人的情感离不开信仰观念，艺术也就必然受到信仰观念的支配。探讨原始信仰对于理解原始时期的美术教育方式意义重大。如装饰方面，在早期的陶器上绘有人面鱼身像、鱼蛙纹、人蛙纹等。考古学家认为，此类动物纹样及其象征性纹样皆为古代氏族的图腾标志。

古人认为，在礼器上铸造花纹，不仅能与鬼神沟通，还可以起到一种辟邪的作用，于是，人们在绘制这些纹样之初，更多的是带有信仰意识。后来，随着社会的发展，人们的审美意识才逐渐被唤醒。

除装饰画外，岩画上的狩猎、祭祀、舞蹈、神像等内容，多半含有浓厚的信仰因素。例如，广西左江流域的岩画，大部分位于江水转弯处，居高临下，可清晰地看到犬、鸟、剑、刀、铜鼓等形象，还有双手上举、腿部叉开做屈蹲状或两腿下屈或半蹲式的人物形象。此种形象象征以乐舞取悦于水神的意义。另外，还有雕塑、歌舞等方面，都与原始信仰结下了不解之缘。再如，巫术场所的设置、房屋的建造等，都具有深厚的信仰意识。原始信仰在人类童年时期以有形、无形的状态影响着原始艺术的发展，并成为原始艺术发展的重要载体。直至今天，信仰对美术的传承依然是美术教育的一种形式。

综上所述，原始时期的美术形式、内容丰富多彩，充分体现原始先民的生活习性与审美意识的形成与发展。原始时期美术教育的教育方式虽不及当今的教育制度严明、有规律且人性化，但它也以一定的生活方式或约定俗成的规律形成了原始时期特有的教育模式。

二、夏商周三代美育思想

到西周、春秋、战国时期，进入了我国古代文化大发展的时期。这一时期我国各民族间固有的文化，如南方楚地发展起来的阴阳学说，东方或北方殷人的“五行”思想，以及周文化中的“中行”思想与伦理道德观念的进一步融合，从而产生了中国独特的文化类型，与此相应的和谐为美的美育思想也得到了相应的发展。西周的教育政策是根据宗法制度的需求制定的，提出以“明人伦”为教育目的，并以礼、乐、诗、书相辅。当时的执政者很注重礼、乐的教育作用，并以“乐”佐“礼”，把“乐”作为教化人民的工具。西周专门设立了由“大司乐”领导的音乐机构，多达一千三四百人，“大司乐”负责领导乐、舞活动，它是我国及世界上最早的音乐教育机构。

在《周礼·春官·大司乐》中写着，“大司乐：以‘乐德’教国子：中和、祗庸、孝友；以‘乐语’教国子：兴道、讽诵、言语；以‘乐舞’教国子：舞《云门大卷》（黄帝乐舞）、《大咸》（尧乐舞）、《大罄》（舜乐舞）、《大夏》（夏乐舞）、《大尚》（商乐舞）、《大武》（周乐舞）。”在《礼记·王制》中也有记载：“乐正崇四术，立四教，顺先王诗、书、礼、乐以造士，春秋教以礼、乐，冬夏教以诗、书。”可见周王朝对乐舞是何等的重视。其目的不是单纯的娱乐，而是利用乐动人情感的魅力为政教统治服务，正所谓“礼以道其志，乐以和其声，政以一其行，刑以防其奸。礼、乐、刑、政，其极一也，所以同民心而出治道也”。

三、先秦时期的美育思想

先秦儒家的审美教育思想中，无论是孔子的“里仁为美”（《论语·里仁》），还是孟子的“充实之谓美”（《孟子·尽心下》），或是荀子的“君子知夫不全不粹之不足以为美”（《荀子·劝学》），都把内在修养的提高和完善作为审美教育追求的最高境界。加强审美教育，有利于树立受教育者正确的审美观，不断提高受教育者的道德修养和审美情趣，从而真正做到内外兼修、知行合一。

（一）先秦儒家美育思想

先秦儒家美育思想不仅是儒家学派美育思想的滥觞，而且基本上奠定了中国古代美育思想的基础。作为儒学思想体系的创始者，孔子提出了“仁”“君子”等丰富的美育思想；孟子继承了孔子的仁学思想，提出了“性善论”，同时由于观照社会局面提出了“仁政”的美育思想；荀子则提出了与孟子相反的“性恶论”，并提出通过“化性起伪”的途径消除人性的恶，此外荀子也有着极为丰富的乐教育思想。

1. 孔子的美育思想

孔子是儒家学派的创始人，也是我国古代伟大的教育家，他所提出的观点蕴含着丰富的美育思想。对于个人而言，“兴于诗，立于礼，成于乐”，美育起到了修身养性、涵养品德的功用；对于社会而言，“安上治民，莫善于礼；移风易俗，莫善于乐”，美育起到了移风易俗、治国安民的作用。正如王国维在《孔子之美育主义》一文中所说：“今转而观我孔子之学说。其审美学上之理论虽不可得而知，然其教人也，则始于美育，终于美育。”孔子是提倡美育当之无愧的先驱者。

孔子是人性论的奠基者，其思想理论的核心是“仁”。“仁”的思想最初源于家庭或家族内部的血缘伦理关系，主要是针对晚辈对于长者的尊重和敬意。孔子将这种“仁”的思想发扬光大，提出了“仁者，爱人”的思想，这种以“仁”释“礼”的方法，突破了家庭和亲人的局限，不再停留于传统意义上对祖先及长辈的尊敬，而是融入社会的大环境中。

孔子认为实施美育的目的是培养“文质彬彬”的君子。“质胜文则野，文胜质则史”，其中“文”为礼仪修养，“质”为仁义之道。在孔子看来，缺少审美在内的文化涵养，人就会显得庸俗、粗野，具备文化涵养而缺少仁义之道的伦理品质，所谓“文饰和美”又会变为华而不实的外在虚设，因此，在扬弃两种片面之后，孔子提出理想人才的标准是礼仪修养与仁义之道兼备，即“文质彬彬，然后君子”，这突出强调了完美人格的人应是外表“美”与内心“善”的统一，只有“文”与“质”二者的融合，才可成为“君子”。因此，从审美认知层面而言，孔子强调人的全面发展，主张外在与内在的和谐统一，其文质论贯穿于我国古代美育思想的整个历史发展进程中。同时，文质和谐统一作为美育的审美原则之一，在当今的美育理论与实践过程中仍然具有指导作用。

2. 孟子的美育思想

孟子从心理和社会两个方面发挥了孔子的仁学思想。在心理方面，孟子继承和发展了孔子的仁学思想，提出了“性善论”观点，这成了孟子美育思想理论的人性论基础；在社会方面，由于孟子出生并成长于战国时期，氏族制度在战国时期已经彻底崩溃，因此孟子由“不忍人之心”的现象出发归纳出人性善的本质，以“仁政王道”构建乱世中的安和。孟子的“仁政”学说，构建了其治国方略，提出了审美的社会性功能观点。

孟子的美育思想建立在性善论之上，提出了“恻隐之心，仁也；羞恶之心，义也；恭敬之心，礼也；是非之心，智也。仁义礼智，非由外铄我也，我固有之也，弗思耳矣”的思想，其德行“四端”说充分体现了人性本善的观点，他认为“恻隐之心”“羞恶之心”“恭敬之心”“是非之心”分别属于仁、义、礼、智的萌芽，仁、义、礼、智即来自这四种情感，而且这四种情感如同人有四肢一样自然，是与生俱来的，并不是外界强加的，因此人性本善。同时，孟子认为所谓圣人就是将“四端”发挥到极致，以此达到“人人皆可以成尧舜”的境界。这种人性论思想中还包含着人人平等的观念：“口之于味也，有同耆焉；耳之于声也，有同听焉；目之于色也，有同美焉。至于心，独无所同然乎？”从美学的角度分析，人人皆有审美的欲望，美感的共同性源于人的生理感官的共同性，这为美育提供了良好的人性论基础。人对于味觉、听觉、视觉都具有相同的审美标准，虽然人性本善，但唯有人心有善恶之分，因此孟子主张“养气”而达到“充实之谓美”，通过后天的教育与培养来保持善的本性，这就是孟子所倡导的“存心养性”观念。

孟子继承了孔子“仁”的思想，因社会局面的变化，孟子关注执政之道，提出了“仁政”美育思想。孟子的政治思想，以“性善论”为起点，以“仁政王道”学说为核心，最终实现“治国平天下”的目标。“惟仁者宜在高位。不仁而在高位，是播其恶于众也”，只有道德高尚的仁人，才应该处于统治地位，如果道德低的不仁者处于统治地位，就会把他的罪恶传播给群众，因此，君王要发扬善性，施政以仁，同时注重培养浩然之气，成就一种高尚人格。此外，孟子将“仁”的实施体现于政治之中，提出了“王如施仁政于民”“民为贵，社稷次之，君为轻”等观点，这是孟子教君王要以仁善之心爱众，体现了孟子主张美与善的统一、“仁善”为美的美育原则。孟子的“性善论”“仁义论”不仅是人类社会漫长的历史中人文精神觉醒后所发展出的命题，更是在长期的辩论及论证自己的政治思想即“仁政论”中逐渐形成的。

3. 荀子的美育思想

作为先秦的儒学宗师，荀子对后世产生了重要的影响。他的人性论思想与孟子截然不同，提出了“性恶论”的观点，他认为人的本性是好利、疾恶、纵欲，人的本性是恶的，善良的人是通过后天努力达到的，故“人之性恶，其善者伪也”。荀子强调个人的自觉塑造，人的个体可以通过后天自觉的学习和实践达到“积善成德”的境界。

“性者，本始材朴也；伪者，文理隆盛也。无性则伪之无所加，无伪则性不能自美”，在这里“性”是指天生的素质条件，“伪”是礼法文理，也指后天人为的作用。没有本性，礼法文理便无可实施；没有人为的教育，人的天性就不能使自己变得美起来，因此荀子认为“伪”与“性”结合起来才能构成“人性”。荀子从“性恶论”的角度出发，阐释了审美教育的实现途径是“化性起伪”，强调了人要“见善，修然必以自存也；见不善，愀然必以自省也”，通过不断加强教育修养，自觉积善修身，同时重视社会性的礼乐教化，从而改变“恶”的本性。

荀子同样将礼乐教育作为审美教育体系的重要组成部分。“乐者，所以道乐也。金石丝竹，所以道德也。乐行而民乡方矣”。他认为音乐是用来引导快乐的，金石丝竹之声，是用来引导道德的，音乐得到推行，人们就会朝着正确的方向前进。同时，要区别“正声”和“奸声”，“凡奸声感人而逆气应之，逆气成像而淫乐兴焉。正声感人而顺气应之，顺气成像而治生焉”。邪恶的音乐作用于人，人自身的不正之气就会被激发，而荒淫享乐就会产生；纯正的音乐作用于人，人自身的和顺之气就会被激发，和谐安乐就会产生。“正声”和“奸声”各有不同的作用，正是音乐可以导向化人功能的体现，所以荀子主张贵礼乐而贱邪音，强调要“导之以礼乐”，以“善民心”“移风易俗”。荀子的乐教思想作为先秦儒家美育思想的重要组成部分，不仅对个人的修身起着引导作用，而且对整个社会的发展起着重要的教化作用。

（二）先秦儒家美育的途径

先秦儒家认为，诗与乐作为艺术的主要内容，其内容丰富多彩，形式多种多样，作为礼乐文化的思想主体，可以由儒学而甄明礼乐文化的思想特质及其精神气质，同时艺术是现实生活中的集中反映，因此艺术教育在先秦儒家的美育途径中居于主导地位。另外，先秦儒家提倡“天人合一”，这里“天”意为自然界，人与自然是相互联系的，人们在欣赏自然美时，人的心灵得到了净化，性情也会得到陶冶。因此，先秦儒家美育的途径主要是通过艺术美陶冶人的情志，通过自然美净化人的心灵，在陶冶和净化的过程中通过审美来塑造人、涵化人。

儒家学派进行美育的途径有两种：一种是通过艺术，“诗教”“乐教”的审美教育；另一种是通过自然陶冶情趣的审美教育。

1. 通过艺术熏陶的审美教育

因为艺术反映和升华了现实生活中的美，而诗歌、音乐等都可以起到非常重要的陶冶人情志的作用，所以在儒家学派的审美教育方法中占有主导地位的是“诗教”和“乐教”。

（1）“诗教”

“诗教”的概念是由孔子在《礼记》中“温柔敦厚，诗教也”得来的。诗歌能达到“感人心志，动人肺腑，移人性情”的作用，诗教的目的是使受教育者达到“温柔敦厚”。孔子又说：“诗，可以兴，可以观，可以群，可以怨。”所谓可以“兴”，是指诗歌对于人们具有十分重要的启发作用。“子谓伯鱼曰：女为《周南》《召南》矣乎？人而不为《周南》《召南》，其犹正墙面而立也与？”就是说诗歌对于人的重要作用，如果一个人不学习诗歌，就好像对着墙面站立一样，完全处于一种蒙昧的状态，必须要通过诗歌的教育，才能树立正确的审美思想。所谓可以“观”，是针对诗歌的认识作用来说的，通过学习诗歌，人可以更好地认识整个社会，并透过诗歌的具体内容领悟其中所反映的深远意义。所谓可以“群”，是指在学习诗歌的过程中，人们可以更好地交流学习，使人与人的关系更为亲密，社会更加和谐。所谓可以“怨”，是指诗歌可以抒发人们的情感，通过诗歌把心中压抑的情感释放出来，使内心更加平和。孟子和荀子都继承了孔子重视诗教的美育思想，不同的是孟子主要是通过对诗歌的引用来体现其对于诗歌的欣赏和重视，是为其政治教化思想服务的。荀子则十分推崇经过孔子所改编的《诗》《书》《礼》《乐》《春秋》等经典，并且认为作为君子应当博采众长。总而言之，儒家美育思想认为“诗教”最重要的目的是通过诗歌使人们的思想感情得到抒发，从而使人与人的关系更为密切，社会更加和谐。

（2）“乐教”

孔子对音乐教育非常重视，提出了“成于乐”的观点，认为君子是由音乐而成。在先秦时期，由音乐、舞蹈、歌唱等艺术门类构成了乐，而音乐是其主体。“子击磬于卫”，连一个目不识丁的人都说这个磬敲得大有深意，说明孔子本人便是一位极有修养的音乐大师。孔子还是一位杰出的音乐鉴赏家，“子与人歌而善，必使反之，而后和之”，就是说如果他听到别人歌唱得好，必定会让其反复吟唱，并且还会跟着唱。

荀子的《乐论》是一篇关于乐教的经典篇章，《乐论》的主旨就是礼、乐相辅，他说：“夫乐者，乐也，人情之所必不免也。故人不能无乐，乐则必发于声音，形于动静；而人之道，声音动静，性术之变尽是矣。故人不能不乐，乐则不能无形，形而不为道，则不能无乱。先王恶其乱也，故制《雅》《颂》之声以道之。”荀子在这段话中首先肯定了音乐的必要性，人离不开音乐，但同时也强调了乐必须要合乎礼仪，只有这样的乐才能起到陶冶性情、修养人格的作用。他在《乐论》中指出要区别“正声”和“奸声”，主张贵礼乐而贱邪音，强调了“正声”“礼乐”的重要意义。“凡奸声感人而逆气应之，逆气成象而乱生焉；正声感人而顺气应之，顺气成象而治生焉。”如果音乐不能得以良好的利用，不仅不能营造良好的社会风气，还会使社会混乱，影响政治统治和国家发展。荀子认为乐教可以使人“耳目聪明，血气和平，移风易俗，天下皆宁，美善相乐”。荀子的乐教思想作为儒家美育思想极其重要的组成部分，不管是对儒家美育的发展，还是对整个社会的发展都起到了至关重要的作用。

2. 通过自然感化进行审美教育

儒家学派提倡“天人合一”，“天”指自然，自然界的一切都被赋予善恶的属性，然后用这个标准来进行评判。孔子认为，人和自然是相互联系的。人在欣赏自然之美时，陶冶了情趣，提升了心智，进而审美能力得到了提升。荀子也非常重视大自然对人审美能力的作用。他认为人在观察自然事物的同时，会从自然的万事万物中想到与人品格一样的地方，最终完成审美教育。

（三）先秦儒家美育思想的功能

儒家美育思想的生成是时代发展的产物。春秋战国时期用来约束人们行为规范的周礼已经崩溃，由此孔子创立了儒家学派，其核心思想是“仁”，主要通过诗、乐和自然的教化得以实现。孔子提出“仁”与“礼”的学说，希望通过“克己复礼”教化陶冶人的性情，提高人的修养，最终实现“天下归仁”的目的。孟子和荀子将儒家学派的思想进一步升华，提出了“仁政”“礼仪之治”等治国理念。因此，先秦儒家学派的美育思想不仅有陶冶人格修养的个体性功能，而且具有涵化社会风气、巩固政治统治的社会性功能。

1. 美育陶冶人格修养

先秦儒家文化中包含许多宝贵的思想理论，其中修身思想对于人的精神世界的塑造具有直接的促进作用。“兴于诗，立于礼，成于乐”，孔子推崇“诗”“礼”“乐”三教，将其看作文质彬彬的君子所必不可少的修养，同时孔子认为个人修养与国家长治久安是相互联系的，“修己以安百姓”，这里“修己”的对象是君子，修养自己是君子立身处世和管理政事的关键所在，只有使君子的道德修养得以提升才能实现“安百姓”的政治理想，因此孔子重视美育对人的成长成才及人格修养提升的重要作用。

“声乐之入人也深，其化人也速”，音乐是最普通、最广泛的陶冶性情的途径。荀子认为美育重要的功能之一是对人格的塑造，提出“君子知夫不全不粹之不足以为美”的思想，其中“全”与“粹”指人的学问与道德，这也就是说君子要通过多方面的学习与实践，使个人的品德和言行达到纯粹的境界，就是一种人格之美。此外，荀子认为人性本恶，“穷本极变，乐之情也；著诚去伪，礼之经也”，需要通过礼、乐提升人的品德修养，消除人性之恶，从而达到“化性起伪”的涵育作用。

2. 美育涵化社会风尚

先秦儒家的美育思想致力于对社会风气的教化。孔子提出“安上治民，莫善于礼；移风易俗，莫善于乐”，他认为要使国家长治久安需要礼法的引导，改变民风习俗需要音乐的熏陶，因此主张将礼与乐相结合来改变社会风气，从而实现社会的和谐。同时提到诗“可以观”“可以群”，这是对诗歌社会作用高度的赞颂，诗歌不仅可以洞悉社会，还可以调整人际关系，增强群体观念，从而使社会和谐发展。

《荀子·乐论》是先秦儒家美学思想的集大成者，其美学思想蕴含丰富，通过对音乐审美问题的阐述来凸显音乐的社会教化功能。“乐在宗庙之中，君臣上下同听之，则莫不和敬；在闺门之内，父子兄弟同听之，则莫不和亲；在族长乡里之中，长少同听之，则莫不和顺”，这段话概述了音乐的社会功能，它可以使君臣恭敬、年长和年幼者和谐顺从、父子兄弟和睦亲近，因此主张通过音乐进行礼治、伦理教育，从而涵化社会风气。同时，荀子也指出“耳目聪明，血气和平，移风易俗，天下皆宁，莫善于乐”，他认为音乐可以使人们耳聪目明、感情温和平静，以此改变风俗，天下实现安宁。因此，“乐”文化不只是关于音乐的文化，更是关于社会和谐和个人快乐的文化，其旨趣在喜乐，目的是“和同”。可见，先秦儒家肯定礼乐文化在社会教化中的重要作用。

3. 美育巩固政治统治

先秦儒家学派各个代表人物的思想都怀有各自的政治理想和抱负，他们的思想包含诗、礼、乐、自然等途径的教化，其目的不仅仅局限于对人格修养的陶冶和对社会风气的教化，更是为了巩固政治统治。

在治国方面，孔子提倡实行“德治”，“德治”的实施以个体“修身”为出发点，通过礼、乐等途径来实现，认为道德教化是有效的治国途径，这也是其仁学思想的推广与运用。孔子主张“道之以德，齐之以礼”，强调德和礼的教化作用，将德和礼视为治国施政、教化民众的工具，其效果远胜于单纯用行政约束民众。同时将音乐与礼、政、刑相提并论，“礼乐不兴，则刑罚不中；刑罚不中，则民无所措手足”，孔子将礼乐秩序的建立视为治国要政，礼乐成了先秦儒家兴邦治国、维护政治统治的必要措施。孟子继承了孔子“德治”“仁政”的美育方式，同时提倡“养浩然之气”，其目的不仅在于“独善其身”，更重要的是通过“养气”实现“兼济天下”。“与民同乐”是孟子仁政思想的重要组成部分，孟子告诫统治者在思想上要以民为本，“乐民之乐者，民亦乐其乐；忧民之忧者，民亦忧其忧”，将民众视为国家的主体，认为统治者只有顺应民意才能固国安邦。这不仅是孟子民本思想的重要观点，也是其美育教育对巩固政治统治的重要观念。

荀子从礼的角度提出了美育对巩固政治的见解。他认为以礼来规范社会行为，建立良好的社会秩序，这是治辨强国的根本，由此提出了“礼者，治辨之极也，强国之本也，威行之道也，功名之总也”的观点，通过礼的建设，维护统治者的权力，实现“天下皆宁，美善相乐”的政治局面。

四、汉代的美育思想

汉代儒师毛苌著《诗大序》，进一步发挥了孔子关于诗的教育作用的观点。他说："诗者，志之所之也，在心为志，发言为诗，情动于中而形于言。"阐明了诗与人得知、情、意的关系。同时还指出：诗可以"经夫妇，成孝敬，厚人伦，美教化，移风俗"。唯物主义哲学家王充建立了以人为核心的"人格本体"美育思想。他重视人性的发展，重视环境对人的影响，还认为礼、诗可以调节人的性情。魏晋以后重视书法与绘画对人的美育，认为书法能够"含情万里，标拔志气，黼藻精录"，具有抒发情感、激励气节、美化心灵的功用。另外，重视环境、大自然对人的美育，因而书院多设在依山傍水的优美之境，借山水之光陶冶学生的性情。

第二节　现代性美育理论的提出

一、美育学科建构开始起步

20 世纪 80 年代初，当代中国美育进入复苏阶段。特别是中华全国美学学会第二届年会提出应建立具有中国特色的美育学科后，我国美育理论研究者便以马克思主义为指导，自觉地吸收国内外美育理论，加强美育独立性的研究，表现出试图把美育作为"一门独立的学科"的学术努力。20 世纪 90 年代，美育理论日趋成熟，具有一定科学理论架构的美育专著、教材不断涌现。

新时期的美育著作，大体可以分为两大类：第一类，借鉴和仿效美学的结构体系，形成美育著作或教材的篇章布局，例如，王定金主编的《美育教程》、杨昌江主编的《美育》和李文库主编的《简明美育教程》等。这类美育著作或教材由美学的基本理论、美育涉及的主要对象与内容两个方面构成。第二类，侧重于美育自身特性，注重美育的性质、对象、功能、任务、原则和实施途径。例如，杨恩寰主编的《审美教育学》、仇春霖主编的《美育原理》、章新建和杨春鼎合著的《美育概论》等。这类著作更加注重美育自身特点，但缺乏严谨的范畴逻辑，理论阐述较多，学习起来较为困难。

20 世纪 90 年代，美育理论工作者构建美育教学的倾向更趋明显，如蒋冰海的《美育学导论》、杜卫的《现代美育学导论》与《美育学概论》等著作或教材，都直接冠以"美育学"的名称。美育学科建设受到了国家的高度重视。1997 年，李岚清副总理亲自作序，高等教育出版社出版了《大学美育》《美术鉴赏》《音乐鉴赏》《影视鉴赏》等系列大学美育教材，改写了我国高等院校没有国家统编美育教材的历史。从总体上看，20 世纪 80 年代以来，我国出版的美育著作或教材，以介绍美学知识、原理为主，指导学校美育实践的较少。1991 年，赵伶俐出版了《人生价值的弘扬——当代美育新论》一书，就美育目标、课程、教法等方面进行了专门论述，具有一定的理论深度。

二、美育理论研究不断深化

（一）审美主体性命题

从20世纪70年代末到80年代末，在中国美学的第二次大讨论中，李泽厚以康德对于美感中感性和理性组合关系与构成方式的思想为依据，提出了美育价值人类学本体论思想及“以美启真”“以美储善”的命题。

20世纪90年代初，李泽厚的人类本体论美学思想开始向心理本体转变。此时，刘再复依据李泽厚的审美主体性美学思想提出的文学主体性命题，引发了中国美学的第三次大讨论。在中国美学第三次大讨论中，一些年轻的美学研究者在对李泽厚美学体系缺失的批评中开始建构后实践美学，把感性、生存、生命、体验作为新美学建构的基本范畴。“感性美学”首先批评李泽厚的理性主义，要求还人以个人的感性本体。“超越美学”提出“超越实践美学，建立超越美学”。“生命美学”提出美学应以探索生命存在与超越为旨归。这场由主体性命题引起的主体性实践美学与后实践美学的激烈争辩，为新时期美育本质论、美育功能论及美育与德育的关系等美育理论中关键命题的展开奠定了逻辑的前提。

另外，20世纪90年代以来，作为美育理论奠基者的席勒，成为当代中国美育理论界最关注的思想家。从陈玉德对席勒审美教育思想的分析，到李欣人对席勒与马克思思想的比较，再到杜卫对席勒美育现代性的阐释，席勒《审美教育书简》中关于游戏冲动、现代人性的分裂、人性和谐、自由时限、审美与自由等命题范畴，已成为当代中国美育界的共识和基本的思想资源。

（二）美育本质论命题

20世纪80年代初重新启动了美育本质论的探讨，研究者立足于不同的美学观，提出了许多不同的美育观，显示了在美育本质论上前所未有的多向性，从整体上看，总的倾向是向着审美感性存在的视角展开理论探讨。20世纪70年代末至80年代初，学界对美育的理解主要是狭义的，认为美育比较密切地和艺术教育相联系，甚至直接把“美育”称为艺术教育。还有一些学者认为美育是德育的辅助手段，提出“美育就是通过文学、艺术和借助大自然、现实环境中的美，对儿童青少年进行的教育，形成他们正确的审美观点，发展艺术才能和进行思想道德教育”。

进入20世纪80年代中期，学界对于美育的理解开始泛化，美育的内涵由狭义走向广义，美育本质论也出现了多种提法。蒋孔阳、曾繁仁在吸收西方美育理论的基础上，以马克思主义关于人的全面发展理论为指导，对美育的本质展开了更高水准的讨论。蒋孔阳在《谈谈审美教育》一文中，把审美活动本原性的、本然性的性质还原，提出美育“应该首先是娱乐教育”。曾繁仁在《论美育的本质》一文中提出美育是情感教育。他所说的“情感教育”主要有两层含义：其一，美育活动是在情感领域进行的；其二，这种审美情感本身是一种判断力，并不是绝对的感性的盲目。但也有一部分学者提出了反对意见。潘必新指出，把美育界定为情感教育，是对席勒、王国维、蔡元培著作的误读，他提出美育的本质应当回归到席勒的提法：美育是“培养我们感性和精神力量的整体达到尽可能和谐”的教育。

近年来，在对美育本质的研究中，对“感性”“生命”等范畴的引入很普遍。杜卫认为：“感性是一个贯通了肉体和精神的个体性概念，它以情感为中心。但是，从严格的意义上讲，情感只是感性的一种形式，不可能包含感性这个概念的丰富内涵，因此，还是把美育界定为感性教育更为合适。”王德胜认为，强调人的生命意识的全面开发，应当是美育的根本目标。

还有学者提出，不应当对“美育”作狭义理解，认为美育是塑造完美人格、发展全面素质的教育，远不是艺术教育、狭义的美感教育、美学方面知识的教育，它还有更广泛的内容。赵伶俐提出“审美化教学”思想，认为应“将所有的教学因素（诸如内容、方法、手段、评价、环境等）转化为审美对象，使整个教育过程转化为美的欣赏、美的表现和美的创造活动”。这种观点可称为泛审美教育论，它更多地强调美育范围不只是艺术教育，却在语言上忽视了对艺术教育的强调。

（三）美育功能论命题

20 世纪 80 年代初，学术界对美育功能的认识仅停留在较浅的层面，研究范围多集中在美育独立的审美功能和“以美辅德”两个方面。90 年代之后，美育功能研究进入了良性发展时期，不少学者开始从审美情感、审美心理、现代人性的分裂、感性与理性的协调等方面，探讨美育完善人的感性和人格、培养“生活的艺术家”、开发智力和创造力等功能。

美育完善感性和人格功能论，主要是针对理性主义和科学主义的日益膨胀，造成现代人感觉的迟钝、机械，道德信念、精神追求的丧失及自身能力的退化等现代弊病提出来的，其理论资源大多来自席勒、马克思、马尔库塞等对现代人的“异化”分析。研究者大都认为，美育具有促进人的感性与理性协调发展、塑造完整人格的功能。例如，曾繁仁指出：“美育旨在培养和谐协调的情感，塑造和谐协调的人格，实现人与对象的和谐协调的目的，因此，尽管德智体都有其独特的不可替代的作用，但和谐协调人格的最后完成还得依赖于美育对其他各育的协调。”

近年来，还有一些学者吸纳当代西方“生命哲学”“现象学哲学”“存在主义哲学”及朱光潜“人生艺术化”的观点，从“生存与存在”的视角考察美育的功能和作用。叶朗、曾繁仁等人是这一方向的代表，其主要学术建树是把“生存”“存在”“时间”等概念引入到美育学研究的范畴中。叶朗提出通过美育帮助人们摆脱物欲，走向生机勃勃的“人生审美化境界”。曾繁仁认为，美育的根本任务是培养“生活的艺术家”，使广大人民特别是青少年一代以审美的态度对待自然、社会、他人和自身，做到“诗意的栖居”。杜卫认为，审美主要涉及人的生存的情感纬度，因而美育的功能可以直接指向人的生存质量和人格素质的提高。

在第二次中国美学大讨论中，李泽厚提出了“以美启真”的命题。之后，研究者论及美育开发认知能力以及美育与智育的关系时，大都以此为理论依据，但美育促进创造力发展的功能却一直没能进入研究者的视野。杜卫的《论美育与创造力的发展》一文，较早从学理上探讨了美育开发创造力的功能。随后，不少学者撰写专文对这一问题进行探讨。2004 年，冉祥华出版《美育与创造力》一书，从心理学和脑科学的视角，全面分析了美育促进创造力发展的生理、心理机制。

（四）美育与德育命题

20 世纪 80 年代以来，叶朗、曾繁仁等学者，对美育与德育的本质区别与联系进行了深入探讨，并且将研究的重点转移到对美育与德育心理因素的连接上，在研究方法和视野方面都有新的建树。对于美育与德育的关系的认识，叶朗的看法具有一定的代表性。他认为，美育与德育既有区别又有联系，它们互相配合，互相补充，互相渗透，但却不能互相代替。无论就性质来说还是就社会功能来说，美育与德育都是有区别的。尽管美育能够辅助德育，但是绝不能仅把美育作为德育的一种手段，美育有自己的独立价值。

三、美育研究领域不断拓展

20 世纪 80 年代以来，美育研究领域不断扩大，与美育密切相关的课题如美育心理学、胎教美育、幼儿美育等课题得以深入探讨。

20 世纪 80 年代以前，美育心理研究几乎一片空白，是美育研究中最薄弱的环节。进入 80 年代以来，刘兆吉在美育心理研究方面取得了显著成绩。1981 年，他提出了“美育心理”概念；1983 年，在他的力争下，“美育心理”在《中国大百科全书·教育卷》中正式成立了条目，标志着从心理学角度研究美育、重视美育中的心理学问题研究的开始；1990 年和 1993 年，他主编的《美育心理学》和《美育心理研究》出版。美育心理研究进入了全面而系统的发展阶段。此外，赵伶俐、白天佑在美育心理研究上也有新的建树。

2001 年，曾繁仁将加德纳的“多元智能理论”及“情商”概念引进美育研究领域，探讨了“多元智能理论”与美育之间的关系。他认为，“多元智力理论”不仅从素质教育的角度为美育开辟了道路，而且在教育内容上也将艺术教育提高到突出位置，同时为美育提供了更加科学的评估方法。

优生科学、生命科学的发展，也给美育研究提供了契机。姚全兴的《胎教的美育原理和方法》认为，以美育为原理和方法的现代胎教，能有效地提高人口质量，改善民族素质。陈昔勇的《幼儿美育》、陈超南的《家庭美育》，将美育的触角伸入儿童和家庭教育领域。

第三节　中国现代美育理论的确立及实践生成

随着我国素质教育理念的逐步确立，人们已经深刻地认识到美育是实施素质教育、促进人的全面发展的重要方面。越来越多的人把一所学校的美育状况作为衡量这所学校办学水平的重要标志，作为对学校进行综合评估的一个重要标准。因此，各高校对美育都极为重视，在硬件设施、人员配备等方面积极投入，形成了良好地开展美育的氛围。但是不能否认，在高等学校的美育实践中仍然存在各种各样的问题，这些问题的出现与美育理论研究薄弱有着密不可分的关系。因此，必须加强美育理论的研究，美育实践需要美育理论的支撑。

一、研究美育基本理论为美育的开展奠定基础

随着美育实践的深入，对美育理论的更深入探讨已经提上日程。

（一）美育的地位与作用始终是影响美育深入开展的重要因素

美育在整个国民教育中居于怎样的地位，它对于人的培养能够起到什么作用，科学阐明这些问题，是各级教育管理者、家长、教师、广大青年学生推动美育发展的前提条件。

（二）美育与智力教育、思想道德教育的关系

美育是否有独立的意义与价值，它对智力教育、思想道德教育会产生怎样的影响。毋庸置疑，一个人的思想道德素质如何决定着他能否成为一个有利于国家、有利于社会的人，而一个人的智力如何表明他成为一个对国家、社会有用的人的潜力，那么阐明美育与二者的关系就成为人们深入认识美育的一个重要方面。

（三）美育与素质教育的关系

很多人认为强调素质教育就是让学生在原有教育的基础上增加艺术方面的能力和修养，如会画画、擅长书法、能歌善舞等，是否果真如此；美育究竟要培养人的哪方面素质，这种素质在人的素质结构中居于何种地位。教育实践迫切要求对这些问题给予科学解答。

（四）学校美育与社会文化环境的关系

学生是生活在学校中，更是生活在社会中的，社会环境对人们的影响是巨大的。当前，学校美育与社会文化环境处于一种怎样的状态，它们的价值取向是否和谐一致，如果它们之间存在偏差，偏差的程度是怎样的，这种偏差的存在会对学校美育产生怎样的影响，如何促进社会文化环境对学校美育产生积极影响而避免其消极影响，这些问题的研究和解决将有助于提高学校美育的效果。

（五）美育中的民族性问题

美育实践既要反对狭隘的民族主义观点，又要反对全盘西化论。由于欧洲文化中心论的影响，我们的美育中存在轻视、排斥本民族文化的倾向，甚至有学生对本民族最著名的名曲、名画知之甚少，更不用说了解和热爱传统民族文化了。其实，很多有识之士一直在呼吁重视美育中的民族文化传统教育的问题。那么如何加强美育中的民族文化传统的教育，在具体操作上如何实施，这些问题有待进一步深入研究。

探讨美育发展的规律是进行美育科学研究的永恒任务，是一个不断探索的过程。我国的礼乐教化（其中当然包括美育）已有几千年的历史，其中必有规律可循，可以给我们一些有益的启示。从《全国学校艺术教育总体规划》颁布至今也已经二十多年了，其中的新鲜经验也使我们获益颇丰。

二、加强对美育管理的研究使美育有章可循

在美育管理中，对教学最具直接指导作用的就是美育标准。在不同的年龄段应当进行多少课时的美育，教育的内容是什么，要达到怎样的目标，不同艺术学科的课时如何分配，美

育的管理者对这些问题的规定如果不是基于坚实的科学研究的基础上，那就只能是瞎指挥，美育的实践就会事倍功半，甚至不仅起不到美育应有的作用，而且会对广大青年学生产生不良的影响；相反，基于科学研究基础上的美育标准则能够推动美育实践的发展。

美育标准的研究体现了美育管理的制度化、法制化程度。随着人们法制观念的增强，“法”在管理中将发挥越来越重要的作用。美育的管理也不例外，真正规范的美育管理应当是通过美育法规来管理。这样，就需要在美育管理的各个方面、各个层次建立起相应的科学规范、科学标准，这些都应当成为美育科研的重要内容。

美育标准是从目标的角度对教育教学进行管理的方式，而美育评价则是从结果的角度对教育教学进行管理的方式。科学合理的评价体系对美育所产生的影响也是不容忽视的。在我国一度出现的美育的“窗口教育热”实际上反映了美育评价中存在的偏差。一所学校、一个地区是否有学生艺术团、合唱团，学生的美术作品是否得奖，只是这个学校或地区美育进行得如何的一个方面的反映，而不是美育的全部，而且在与全体学生的审美素质的提高相比较时，这只是一个非常次要的方面。进行深入的科学研究，探索建立科学合理的艺术评价体系的途径，将极大提高美育管理的科学化程度。

三、加强美育教学研究为教学注入活力

美育科研对于美育教学的作用一方面是通过美育管理间接产生的；另一方面，美育科研也通过对教学内容、教学过程、教学方法、教学模式等的研究对教学效果产生直接影响。一个重要例子是我国对国外一些教学法的推介，如铃木教学法、达尔克罗兹教学法、奥尔夫教学法等，这些教学法在我国的音乐界产生了一定的影响，很多教师把这些教学法的精华应用到自己的教学中，从而提高了教学效果。但这些毕竟是国外的教学法，它们的应用在我国存在适应性的问题。如果美育科研能够立足我国的美育实践，加紧对教学的全方位研究，必将会对美育产生巨大的推动作用。这里之所以强调全方位，是因为教学法并不是教学的全部，在教学过程中教师的主导作用、教师的语言艺术、对教学标准的灵活性的掌握等都是在教学过程中发挥重要作用的因素。我国目前对美育教学的研究较薄弱，随着这方面工作的加强，美育科研对美育教学的重要促进作用将会明显地表现出来。

（一）美育教学的基本原则

根据教育方针、教学任务和在教学过程中学生认知活动的规律，美育的教学应当有哪些基本要求，贯彻怎样的原则，这是美育教学中较为基础的问题，给美育教学以具体的指导。

（二）关于教学模式的问题

教学模式是指在一定的教学思想和理论指导下，设计和组织教学并在实践中建立起来的各种类型的教学活动的基本结构，它以简化的形式稳定地表现出来。教学模式既是教学理论的具体化，又是教学经验的抽象和概括，从而具有一定的普遍性。已经概括出来的美育模式主要有：参与—体验模式、暗示—领悟模式、模仿—练习模式、传授—接收模式、引导—发现模式、自学—指导模式、欣赏—技能—情感“三位一体”模式等。如何发掘这些模式更深的内涵，怎样更好地应用这些模式，以及在教学实践中概括新的教学模式都是教学模式研究

的课题。

（三）对教学法的研究

对教学法的研究包括很多内容，如对成熟的教学法的规律探讨、推介和评述，研究和概括新的教学法，某种具体的教学法的适应性和缺陷，在教学过程中选择某种教学法的根据，教学方法的改革等。

（四）教学内容的研究

教学内容是学生学习的主要对象，学生通过对教学内容的学习增长知识、增加能力、提高素质，因此教学内容的取舍应当建立在科学研究的基础之上。

（五）教学心理研究

教学心理尤其是学生接受心理的研究有助于改进教学，提高教学效果。教学心理的研究当前应当主要关注以下问题：学生审美素质提高的规律、过程，有关的艺术方面的知识与能力的学习和掌握的规律，知识、能力的学习和掌握与素质提高之间的联系，学生之间学习效果差异的形成等问题。

四、加强科研队伍建设

任何一门学科的发展都离不开人，没有队伍的建设，学科的发展无从谈起。美育科研队伍主要由两部分组成：一部分是从事艺术教育的教师，他们利用业余时间进行科学研究，有着丰富的感性经验，对艺术教育有很深的体会；另一部分是理论工作者，包括音乐学、美学等领域的理论工作者，他们以不同的角度，从理论上来研究艺术教育问题，给艺术教育研究提供了新的视角，带来新的气息。但是他们的研究涉及理论问题较多，涉及具体的教学方面的问题较少。如果这两部分研究力量能够形成合力，将大大地有助于艺术教育的研究，这就需要有组织地增强这两部分力量的合作，同时需要这两类研究人员相互取长补短，提高自己的科研素质。此外，应当通过各种措施保证科研经费，鼓励美育科研，不仅要使艺术教学工作者乐于搞科研，也应当吸引更多的相关学科的研究人员从各自的角度对艺术教育进行深入的研究，只有这样，美育科研才能真正地繁荣起来。

由于美育科研工作的科研内容既涉及理论又涉及具体的教育管理和教学实践，而且它又是一个多学科交叉的领域，因而它要求科研工作者有着丰富的知识积累和较强的科研能力。同时要求科研工作者付出艰苦的努力，具有一定的牺牲精神。因此美育科研工作者应当具有较高的综合素质。

（一）美育科研工作者应当具有坚定的理想信念

美育科研工作者应当具有坚定的理想信念，坚持社会主义、集体主义、爱国主义。教育是培养人的事业，艺术教育尤其着眼于培养青年学生健康的审美情趣和高尚的道德情操，其中包含着强烈的导向性，也正是这种价值导向决定了艺术教育的性质和发展方向。美育科研工作者对此应当有明确的意识，并且在科研中始终坚持正确的价值导向。

任何一种职业都要求从业者具有相应的职业道德，美育科研工作者也不例外，需要具备一个科研工作者必备的职业道德，如精益求精、刻苦钻研、求实创新、不懈努力等。科研工作是一项极为艰苦的工作，一个小小成绩的背后往往是不尽的汗水，是无数的无名英雄数载甚至一生的心血，这要求美育科研工作者具有强烈的敬业精神、献身精神，有为艺术教育事业的发展、为青少年一代的健康成长和全面发展而努力的责任感、使命感。

（二）美育科研工作者要有丰富的知识积累和较强的科研能力

美育科研工作者的知识结构应当是球状的。其核心是教育学、艺术学，最贴近核心的一层是心理学、美学、社会学、史学，外围是其他相关学科，如计算机技术、传播学等。这里所说的球状的知识结构，并不是说要美育科研工作者对上述各学科具有精深的研究，而是指美育科研工作者应当对上述相关学科有一定的了解，从而使自己有限的学术修养处于一种应激状态，一触即发，使自己的研究具有一种圆融性、开阔性。目前，艺术教育科研工作者的知识结构往往偏于艺术学一端，这使美育科研具有较强的艺术底蕴，但如果仅仅局限于此，那只是艺术学的研究，而不是艺术教育的科研，美育科研的教育学性质决定了它首先是教育学的研究，应当着眼于教育。因此，提高人文素养、完善知识结构是美育科研工作者的当务之急。

（三）美育科研工作者还应当有较扎实的理论基础

一定的理论根基是进行学术研究的前提。“没有革命的理论就没有革命的实践”这句话同样适用于艺术教育的理论与实践，没有一定的理论基础难以对实践中提出的问题进行理论的概括，也就难以使自己的研究成果具有理论深度和普遍性，无法对新的实践进行指导。所以美育科研工作者一定要扎扎实实地打好理论功底。美育科研工作者还应当关注、了解艺术教育的实践。美育科研是为艺术教育实践服务的，脱离实践的科研不仅背离科研的目的，而且也难以得出符合实际的结论。

美育工作者的科研能力主要包括深入调查、掌握材料的能力、理论思维能力、写作能力等。能力的提高有一个过程，一方面要学习美育科研的一些具体方法，学会完成一个科研课题的具体步骤；另一方面要在科研实践中提高自己对艺术教育实践所提出的问题的敏感性和把握科研课题的能力。

第四节　中国现代美育理论的特征及价值意义

中国现代美育话语以西方美育思想的本土化和中国传统美育思想的现代化为基本原则，立足于自身所处的时代文化语境，在人性、人格与人生三个层面上构建起了独具特色的本土现代性精神。其具体内容为：在树立科学理性精神的前提之下激发人的审美欲求，以个体心理结构的完善为基础提升人的道德品性，以审美超越的方式构建高远的人生境界。而这对当代美育话语建设的价值在于：在树立美育话语体系建构自觉意识的基础上彰显美育的人文精神。

一、中国现代美育理论的特征

（一）人格的维度

中国现代美育话语不仅在“人性”的层面上提出了自身的本土现代性建设原则，而且在“人格”的层面上提出了自身的理论建设思路，从而构成了其本土现代性建设的另外一个重要维度。“人性”与“人格”有着密切的关联，在很多时候都是融为一体的，而且就中国现代美育理论本身来看，对于“人性”与“人格”的分野也并没有自觉的意识，在很多时候都是将两者当作同一概念而使用。但从根本上说，“人性”与“人格”是两个不同的概念，以此为基点去规引美育话语建设，会将美育精神引向不同的文化侧面。

所谓的“人性”，是指人类区别于动物的根本属性，是人类特有的一种“属人”的能力，它更多地倾向于从作为一个类群的“人”的角度来探讨人类独有的本质特征，是人自由的有意识的“类特性”。与“人性”的普遍性特征不同，“人格”带有浓重的个体化色彩，它是具有独立精神的“自我”的养成：“具有自我意识、自我控制、自我创造能力的个人的内心活动的存在，即具有感觉、思维、情感、意志等机能并能自身统一的、处于活动过程中的主体、自我。”从这个方面来说，“人格”所指向的是具有稳定心理结构、完整精神面貌的个体“自我”的建构和生成，这是更有具体性和实践性的一个维度，同时是对人的标准的更高要求。中国现代美育话语在这一要素所框定的观念场域中也进行了详尽的探讨，从而展现出了更为丰富多元的本土现代性精神。

中国现代美育话语在美育本体论建构方面最为人所熟知的莫过于它立足于康德哲学的基本框架而对美育的目的、性质等所作出的界定，这其中最有代表性的是王国维的言论：“完全之人物，精神与身体必不可不为调和之发达。而精神之中又分为三部：智力、感情及意志是也。对此三者而有真善美之理想：真者智力之理想，美者感情之理想，善者意志之理想也。完全之人物，不可不备真善美之三德。欲达此理想，于是教育之事起。教育之事亦分为三部：智育、德育（即意育）、美育（即情育）是也。”依据康德哲学、美学的精神，美育在本质上应该是“情感教育”，它与智力教育、道德教育一起，共同搭建起教育的基本架构，由此形成智、意、情都完满发达的精神个体，而这正是所谓的完善之人格。关于这一点，很多著名的现代美育理论家都曾做过明确的论述，如梁启超曾专门写过一篇文章，名字就叫《孔子之人格》，在这篇文章中，梁启超指出，孔子的人格可以概括为智仁勇，而这分别对应的就是现代心理划分中的智、情、意，而孔子正是因为在这三个方面都达到了极高的程度，所以才造就了其伟大高尚的人格。丰子恺也曾说过：“圆满的人格好比一个鼎，‘真、善、美’好比鼎的三足。缺了一足，鼎就站不住。而三者之中，相互的关系又如下：‘真’‘善’为‘美’的基础。‘美’是‘真’‘善’的完成。‘真’‘善’好比人体的骨骼，‘美’好比人体的皮肉。”并且，他还更加明确地指出：“科学教育致知，道德教育励志，艺术教育陶情，完成圆满之人格，三者各有其任务。”可以说，人的智、情、意三大心理要素的完满与融合就意味着人格的完善，美育的最终目标就在于造成以人格的完善与发达为核心特点的“完全之人物”。所以，中国现代美育话语的本体论建构，在康德哲学、美学精神的指引之下，立足于人的个体心理结构的完善这一主导性任务，凸显出了个体人格建构在现代美育中的地位和意义；而围绕着“人格的完善”这一现代美育目标，中国现代美育话语又进行了更多具体性的思想拓展。

从社会心理学的角度来看，“人性”只有能力强弱之分，而无品质差别，我们可以说这个人的直觉能力强，那个人的直觉能力弱，但不能说这个人的直觉能力好，那个人的直觉能力坏；但“人格”则不同，人格是有着优劣之分的，品质差别极其明显，崇高的人格与卑劣的人格在实践中有着鲜明的品质分野。也正是由于这个原因，我们说“人格”有着很强的道德特质，正如有学者所指出：“不同人的人性虽然存在着质量的区别，但不存在道德与不道德的区别，人们一般不会对一个人的人性做道德评价，但人们通常会对一个人的人格做道德评价”，“人格却不仅存在着正常不正常、健全不健全的问题，还存在着道德不道德、高尚不高尚的问题。”从这个方面来说，以“人格的完善”为主要目标取向的中国现代美育话语，就必然与现代中国人的道德品性提升有密切的关联；而事实也的确如此，中国现代美育话语极其强调美育的道德价值，而这一行为之所以成为可能，主要就是由于美育参与人的心理本体建构，由此而形成的完善人格，在其真善美的融合之中显现出其天然的道德品性。

杜卫曾指出，中国现代美育理论在论述美育的德育价值时，主要是通过对“审美无功利”这一命题的本土化改造而实现的，即借审美的“超越性”和“普遍性”来作用于国人的“欲”和“情”，由此而达到以美育德的效果。这固然是中国现代美育话语强化自身德育价值的一个重要层面，但从另一层面来说，从人格完善的层面上凸显美育的德育价值同样值得重视。如前所述，人格与人性最大的不同在于其个体性，这也决定了它所内蕴的道德和理性都是具体而现实的。而对于道德和理性本身来说，抽象的观念法则却是其现实的存在方式。在这种矛盾的情况下，美育的意义就显现出来了：只有通过审美，抽象道德准则才能具体化为现实的人格精神，美育是道德法则由抽象上升到具体的必要中介，而这正是个体人格建构所必需的。正如王元骧所说：“对于人格的塑造来说，仅凭知识的传授是难以奏效的，只有经过情感体验使理性认识进入人的内心，化为思想和灵魂，才会有助于人格的成长。”从这个方面来说，杜卫一直强调和推崇的以感性化的方式实现教养的内化的中国传统心性美学原则，就并非仅仅具有手段性的意义，而是人格生成过程中的必然要求；缺少了审美的参与，道德就只是抽象的外在准则，而无法真正成为具体的人格精神，只有在美育的参与之下，现实道德人格的生成才成为可能。同时，席勒的美学精神在中国现代美育话语的现代性营构之中依然是占有主导性地位的。

（二）人生的维度

中国现代美育话语的“人生”维度，突出的是艺术、审美对现实人生所具有的超越性价值，它以承认人生的矛盾、对立、毁灭、苦难、失落、无望等为前提，它的审美精神是对人生矛盾、痛苦、不完美的艺术化超越及其达成的诗性和谐。在中国现代美育话语的观念语境中，现实的人生是残缺、不完美的，而艺术和审美却可以使人超越人生的不完美，而达于完满的诗性之境，所以，艺术和审美对于人生来说就具有了非同寻常的意义。这一思想在中国现代美育话语中有着丰富的理论呈现，但在不同的理论家那里有着各自不同的特点，由此而形成了多姿多彩的现代人生论美育话语。

具体来说，王国维强调的是艺术和审美对于人生苦痛的解脱作用，他曾说："人之有生，以欲望生也。欲望之将达也，有希望之快乐；不得达，则有失望之苦痛。然欲望之能达者一，而不能达者什佰，故人生之苦痛亦多矣。若胸中偶然无一欲望，则又有空虚之感乘之。"人生在世，时时受"欲"的控制，"欲"之不足，则痛苦；"欲"之满足，则无聊。那么，如何摆脱"欲"之苦？答曰：宗教和美术二者是也，"前者所以鼓国民之希望，后者所以供国民之慰藉"。因此，艺术和审美是使人摆脱"欲"之苦、获得心灵之慰藉的有效手段，人只有在艺术或审美中，才能获得心灵的安宁，艺术之于人生，其功效莫大焉。与王国维稍有不同，丰子恺更为强调的是艺术和审美在提升人生境界过程中的中介性和引领性作用。在丰子恺看来，人世是一个用利害得失织就的"关系"之网，人在这网中生存，内心充满了"人生的苦闷"，而人无时无刻不渴望摆脱这"苦闷"，去拥抱那"生的欢喜"，于是就将眼光投向了艺术，因为艺术和审美能力剪断这世间的"关系"之网，使人"暂时脱离尘世"，而达于"绝缘"化了的灿烂世界，获得人生的慰藉；不仅如此，人亦可以以艺术为踏板，进入人生最高之"三层楼"，由此而获得生命的终极意义和最终归依。可以说，王国维与丰子恺都强调通过艺术和审美来实现人生苦痛的解脱，倡导在艺术或宗教所造就的超越性世界中体味人生的意义，因此具有一定的"出世"色彩。与此不同的是，朱光潜、梁启超、宗白华等人更为强调用艺术来造就一种豁达的心境，以此来面对人生的惨淡或不完美，在现实的人生事业营构之中成就积极刚健的诗性人生，因而具有明显的"出世"与"入世"相结合的色彩。朱光潜倡导"以出世的精神，做入世的事业"；梁启超推崇孔子"知其不可而为之"的精神，倡导"趣味主义"；宗白华倡导"艺术的人生态度"等，都是在立足于艺术和审美所具有的超越性作用的前提下，宣扬一种不计利害、不计结果而专注于事物自身的人生态度，由此而营造出更为高远和宏阔的人生境界，以此来实现人的艺术化生存，这也就是金雅所概括的："以艺术介入人生，以审美提升人生，要求主体以美的艺术精神来观照与重构自己，在超越小我、大化化我的张力超越和自由升华中，实现并体味人生之诗意情韵和诗性本真。"

从理论生成的角度来看，中国现代美育话语的人生取向，其直接的理论根源依然是康德的"审美无功利"说，艺术和审美之所以具有超越现实的特性，其主要原因就在于本身的"无功利性"，这一特性能使艺术与外在的利益世界发生决裂，从而带人进入更为宏阔自由的审美之境。因此，"无功利性"的审美和艺术成为由现实人生走向超越人生的有效通道，也正是在这个意义上，康德美学中原初意义上的以界定审美的基本性质为主要内容的认识论美学精神，在中国现代美育话语中被置换成了以现实化的人生态度或生存方式的营构为主要内容的人生论美学精神，"无功利"的审美由此而与现实的人生产生了关联。但是从另一角度来说，康德美学命题只是中国现代美育话语中的人生倾向产生的一个最表面性的激发要素，除了这个基本的显性要素之外，其背后还有着更为深层的隐性要素，而只有从这个更为深层的隐性要素出发，才能窥见中国现代美育话语的人生倾向产生的深层理论动因及其更为深刻的精神意涵。具体来说，这个深层的隐性要素，指的就是20世纪初期的中国社会文化语境，而就目前的研究状况来看，学界对此显然是缺少关注的，因而有着详细讨论的必要。从历史的事实来看，在19世纪末20世纪初的中国，“意义”的失落是一个笼罩精神领域的核心问题。在当时的社会文化领域，随着封建政权的崩溃，中国延续了两千多年的传统文化系统逐渐失去了原有的统摄力，无法对人的生存意义作出令人信服的解释，“意义”的失落问题由此凸显，“意义”的重构成为最为迫切的时代文化问题。

而从另一方面来说，中国现代思想家们之所以认定“美育”这种文化形式能对现代人生的意义问题产生效用，其实主要还是得益于中国传统美学中古老的“人生论”传统。传统的中国人，尤其是知识分子，在人生的苦痛来临之时都可以在艺术和审美的浸润中获得超越和慰藉，因而中国传统的艺术和美学，都是与现实的人生密切相关的，正如有学者所指出的：“为人生而艺术，才是中国艺术的正统。”

可以说，中国传统美学中这一条以“人生”为主向的精神血脉在传统崩溃的情形之下依然以一种隐性的方式规引着现代知识分子的文化选择，并对其理论精神产生着潜在的影响。所以，我们可以说，中国现代美育话语的人生取向，是在传统社会文化大变革的情形之下，为了应对“意义”的失落而提出的一种现代文化策略，传统社会的现代转型背景之下特殊的文化语境才是其最现实的理论起点，正是在这一现实的文化需求的推动之下，中国现代学术才在传统美学的启发之下选择了美育，并以此为基础开启了对西方美学资源的本土化改造，由此而实现了现代历史文化语境、中国传统美学精神与西方现代学术资源三者的融合与创新。

（三）人性的维度

中国现代美育话语在谈论美育的必要性的时候，有一个重要的现实依据，那就是人性需求。中国现代美育话语将审美作为最基本的人性本能之一，强调其获得满足的合法权益，由此而确立起美育的合法性。关于这一点，很多学者都曾做过论述，如梁启超就曾明确指出：“审美本能，是我们人人都有的。但感觉器官不常用或不会用，久而久之，麻木了。一个人麻木，那人便成了没趣的人。一民族麻木，那民族便成了没趣的民族。美术的功用，在把这种麻木状态恢复过来，令没趣变为有趣。换句话说，是把那渐渐坏掉了的爱美胃口，替他复原，令他常常吸收趣味的营养，以维持增进自己的生活康健。”与梁启超的看法相类似，丰子恺也认为，审美是人类的本能欲求：“人欲有五：食欲，色欲，知欲，德欲，美欲是也。食色二欲为物质的，为人生根本二大欲。但人决不能仅此满足即止，必进而求其他精神的三大欲之满足。”因此，人不仅需要肉体的粮食，同时也需要精神的“粮食”：“人人都说‘面包问题’是人生的大事。其实人生不单要吃，又要看；不单为嘴巴，又为眼睛；不单靠面包，又靠美术。面包是肉体的食粮，美术是精神的食粮。”并且“精神的粮食，有时更重于物质的粮食”。

除此之外，还有朱光潜，也是明确地提出要从人的天性满足和完善的角度来看待美育的必然性：“理想的教育不是摧残一部分天性而去培养另一部分天性，以致造成畸形的发展；理想的教育是让天性中所有的潜蓄力量都得尽量发挥，所有的本能都得平均调和发展，以造成一个全人。”所以“教育的目的在‘启发’人性中所固有的求知、想好、爱美的本能，使它们尽量生展”。

可以说，审美的能力和需求存在于每一个人的本性之中，但它在很多时候都处于潜在的状态，如果不对其进行教育或提升，它就有可能堕落为卑劣的趣味，从而使人性受到损害，变得残缺不全。因此，美育的首要任务，就是激活或满足人类天性中的爱美、求美的本能欲求，最大限度地激发出人性的潜在可能性，由此而造就出具有和谐健康人性的“全人”（朱光潜语）或“美术人”（梁启超语）。这就是中国现代美育话语中的“人性”建设维度，它是中国美育现代性建设的一个重要环节。

正是出于对美育在人性的和谐、健康与全面发展中的价值的认识，中国现代美育话语在当时以“科学”“民主”为核心的社会启蒙大潮中才未迷失自己，而是自觉地以社会启蒙的同路人的角色进行着自身的理论话语营构，由此而体现出其在现代性文化建构中的独特意义，而这最突出地表现在它对启蒙时期所倡导的科学理性精神所持的客观态度上。从当时的社会现实状况来看，古老的中国背负了太多负面的东西，严重影响了其在现代性进程中的前进步伐，的确需要一场科学的精神洗礼来涤荡其沉积千年的暮气，包括工具理性在内的科学理性在当时的中国都有着现实的实施必要性，这是历史的需求，不容否认；但从另一角度来说，在当时的西方，随着科技的发展和物质生活水平的进步，科学理性的弊端已经显现出来，工具理性的过度张扬所导致的感性萎靡、人性分裂的现代文化问题已经为敏锐的西方现代美学家所感受到，并成为其理论构建的现实出发点。在此情况下，以西方现代美学观念为主要学术资源进行思想营构的中国现代美育话语对科学理性精神自然就保持了一份天然的警惕：一方面，它处于启蒙的文化语境之中，深刻地感受到在中国倡导科学的必要性，认识到了科学的发展对于中国社会进步所具有的非同寻常的意义；另一方面，它又从西方现代美育话语的生成语境与理论精神中窥见了科学理性的过度发展给人性所带来的戕害，深切地意识到科学不能代表一切，审美和艺术自有其不可替代的巨大价值。在这种情况下，中国现代美育话语就走出了一条与西方完全不同的本土化道路：西方现代美育话语中以感性反抗理性而凸显感性地位的美育精神，在中国的现代美育话语中被置换成了以艺术和审美精神来弥补科学理性的不足，进而建立科学与艺术齐头并进的现代文化格局。例如，当时的蔡元培大声呼吁新文化运动不要忘了美育，梁启超在第一次世界大战之后游历欧洲对于科学主义的反思，丰子恺对于艺术与科学之界限与区别的明确划分等，其目的就是建立起科学精神与审美精神并重、融合的现代中国文化理念，而这一观念行为最初的理论出发点，就是人性的完善与健全。可以这样说，西方的现代美育观念是在理性过度发展而扭曲人性的情形之下，要求通过感性对于理性的反叛而实现对“理性至上”主义的遏制，最终确立起的是人的“感性”的高扬；而中国现代美育观念则是在中国人精神萎靡麻木、思想愚昧迷信的情形下，而大声呼吁启蒙变革，要求在树立科学理性精神的同时激发人们的审美本能，强调科学精神与审美精神的融合，由此而实现国人人性水平的总体提升，因而“人性”之完善与圆融是中国现代美育话语的营构基点。这正如鲁迅所表达的态度，在其早期《科学史教篇》《文化偏至论》等文章中，鲁迅曾明确对物质主义、科学主义展开批判：“顾犹有不可忽者，为当防社会入于偏，日趋而之一极，精神渐失，则破灭亦随之。盖使举世惟知识之崇，人生必大归于枯寂，如是既久，则美上之感情漓，明敏之思想失，所谓科学，亦同趣于无有矣。”所以，在现实社会中，不仅需要牛顿，也需要莎士比亚；不仅要有达尔文，也要有贝多芬，唯其如此，才能“致人性于全，不使之偏倚，因以见今日之文明者也”。

可以说，中国现代美育话语从最基本的人性本能需求出发来宣扬美育，将美育看成人性欲求满足的一项必需的手段，以此为基点对西方现代美育资源进行改造，倡导一种科学理性精神与艺术审美精神并重的现代美育理念，由此而生成了中国现代美育话语中具有基础性意义的“人性”建构层面，成为中国现代美育话语理论中一个独具特色的理论存在。当下学界很多学者所强调的中国现代美育话语的人本主义特征或“立人”精神，从本质上来说都是以这一层面为基础来进行理论探索的。而从更为宏观的理论风貌上来看，这一基本的“人性”建构层面也使得中国现代美育话语具有了浓郁的“人学”特征，它以人自身基本的欲求和本能为基础，倡导一种使人之成为人、凸显人的地位、人的价值和人的尊严的美育文化精神，并以此为精神武器对传统中国人的感性萎缩、理性缺失、愚昧麻木的“非人”状态展开攻击，从而使自身纳入到了中国现代启蒙大潮之中，成为极具现代中国文化特色的“人性启蒙”的美学化表达。所有的这一切，都为中国现代美育话语抹上了一层浓郁的人道主义色彩，使其成为中国现代人文主义思想发展的一个重要历史阶段。

二、中国现代美育理论的价值意义

中国现代美育话语从自身所处的时代文化语境出发，以实现西方现代美育理论的本土化、中国传统美育理论的现代化为原则，积极吸收和改造西方、传统的美育资源，树立起了人性、人格、人生这三个相互联系但又各有侧重的理论拓展路向，并沿此路向积极进行探索，取得了丰硕的理论成果。这是中国美育话语在立足于自身现代文化特性的基础上所进行的最初的体系建构尝试，有着极强的开创性和示范性意义。中国当代的美育话语建设，也应该以此为参照，积极推进当代的美育话语体系建设。而从目前的研究情况来看，学界对于美育现代性的当代发展问题已经做了一些有价值的探讨，并且其中一些成果也契合了中国现代美育话语的基本理念，可以看作是中国现代美育话语的本土现代性精神在当代的新拓展。比如曾繁仁提出“生活的艺术家”概念，倡导现代社会中的人们用审美的态度来对待自然、社会和人自身，这是对现代美育话语中超越性人生态度的吸收，有着很强的承续性意义。与此相类似，刘悦笛也提倡塑成“生活艺术家们”，并以此为基础倡导“生活美育”。但从本质上来说，“生活美育”所遵循的是在“日常生活审美化”和消费主义观念的推动之下高扬感性的路子，这与曾繁仁所提出的“生活的艺术家”有着很大的不同；而且，在一个感性泛滥的时代，以“感性”为基础进行理论营构，需要着重考虑对感性的规引和约束问题，因为只有这样才能使美育免于沦为感性宣泄的工具。而就这方面来说，杜卫的观点起到了很好的修正作用。杜卫明确地将“感性教育”作为现代性美育的基本内容之一，但同时又指出：“美育要发展的感性不等同于本能欲望，也不仅限于感官活动，它不脱离肉体却又超越了生理层面，包含了精神的维度，因此，它是一个贯通了肉体和精神的个体性概念。”并在此基础上提出了“丰厚的感性”这一概念，这是对中国现代美育话语中人性维度的继承与拓展。与此同时，杜卫也对现代性美育在人格教育方面的意义做了总结，指出要吸取儒家的“以深度体验的方式培养人格，使德性内在化”的教育方式。可以说，当下学界对中国现代美育话语的本土现代性精神的承接与改造还是很有成效的，是值得肯定的；但从另一方面来说，这些探讨所展现出的美育话语体系建构意识还并不明显，除杜卫外，大多数研究者都只是在自身所认同的理论框架下拓展某一个单一的话语层面，而缺乏统揽全局的体系化意识。这对当代美育话语建设来说是远远不够的。所以，当代的美育思想建设，应该在体系建构的自觉性上下功夫，应该树立起自觉的话语体系建构意识，积极地将中国现代美育话语的三维结构融入其中，沿着当代文化语境所指引的方向不断开辟美育话语体系建设的新空间。

在整体的理论精神层面上，中国现代美育话语在其理论拓展的过程中体现出了一种鲜明的人文精神，从而也为其体系化营构增添了浓郁的现代性特色。

具体来说，所谓的“人文精神”，包含三个层面：第一，对于“人之异于禽兽”、而为人所特有的文化教养的珍视；第二，对于建立在个体精神原则基础上的人的尊严、人的感性生活，特别是每一个人自由地运用其理性的权利的珍视；第三，对于建立在教养有素基础上的每一个人在情感和意志方面自由发展的珍视。由此来看，中国现代美育话语在其本土现代性建构过程中所宣扬的人性激活、人格完善及人生超越等思想观念，都是在“人学”思想的指引之下对人的理性、意志、教养、感性等要素的尊重和珍视，体现出的是一种典型的人文精神；而从历史的角度看，这也是“五四”新文化运动中唯科学主义倾向的一个对立面，是中国现代人文精神发展的一个重要节点，有着很强的阶段代表性。中国现代美育话语正是依靠自身在树立人文精神方面的巨大价值，才把自身与启蒙时代所凸显的“国民性”改造问题紧密地联系在了一起，由此而凸显出美育在现代社会改造和民族复兴方面的不可替代性意义。所以，人文精神的建立和塑造，是美育确立自身在现代文化系统中的地位的关键要素；当代的美育话语建构，除了必要的体系意识之外，还必须注重自身与人文精神的关联。

进一步来说，当代的美育话语建设，需要凸显自身的“人文”价值，将人文精神的树立作为自身的核心任务加以强调，这是中国现代美育话语所提供的最直接的理论启示，而这一启示同时是与当代的文化发展需求密切相符的。客观地说，人文精神是宝贵的，没有它，中华民族的精神世界是不完整的，是片面的。市场经济越成熟，现代化科技越发达，就越需要人文精神的高扬，以起到对人生、社会的某种制衡作用。而从 20 世纪中国文化的发展现实来看，人文精神却经常处于极端尴尬的境地：在 20 世纪上半叶，真正意义上的中国现代人文精神建设刚刚起步，就被“救亡”的时代任务所打断；而在改革开放以后，随着政治环境相对放宽，人文精神呈现出昂扬的趋势，但好景不长，滚滚而来的商品经济大潮又将其挤到了时代的边缘；不仅如此，在知识分子群体内部，也由于商品经济的冲击而产生了诸多质疑的声音，比如在 20 世纪 90 年代所进行的“人文精神大讨论”中，有相当一部分学者对人文精神持否定态度，提出了诸如中国未曾有过人文精神、“谈人文精神是堂吉诃德对着风车的狂吼”之类的批评和讥讽。可以说，在这一系列物质和精神力量的挤压之下，人文精神在当代文化建设中逐渐蜷缩成了一个虚弱而苍白的口号，而中国的精神文明建设似乎也可以在没有人文精神同行的情形之下“高歌猛进”。然而事实并非如此，在 21 世纪之初的文化场域中，道德沦丧、人性堕落、信仰失落、价值虚无、情色泛滥等一系列让人触目惊心的堕落现象成为广泛存在的事实，而这都或多或少地与人文精神被否定或被架空有关。正是出于对人文精神空缺之后所出现的一系列负面结果的认知和体察，党中央才在十八届三中全会上明确提出要“改进美育教学，提高学生审美和人文素养”，明确地将“人文”建设与美育建设联系了起来，为当代的美育话语营构指明了方向。而这一理念也与中国现代美育话语的核心精神不谋而合。

所以，当代的美育话语建设，应该在立足于当代语境的前提下，大力凸显自身的人文价值，大力吸取中国现代美育话语中的人文精神营构经验，由此而推动以“人文”为核心的当代美育话语体系建设。

第二章　当代高校美育的基本概述

第一节　当代高校美育的特点

一、美育的内涵及类型

美育，通常又称之为美感教育或者审美教育。美育作为学术的概念，诞生的历史并不是特别悠久，但溯源人类的美育思想却是源远流长、博大精深。因此，可以说，美育的历史同人类的文明史是同时开始的，并随着人类社会实践的发展而发展。

目前，学术界普遍认为明确提出美育这一学术概念并加以系统叙述的是18世纪的美学家、诗人席勒，后人把包含席勒美育思想的著作《美育书简》当作是“第一部美育的宣言书”。关于美的内涵，席勒将其定义为“自由”，人们可以通过对美好事物的追求，从而实现个人审美情趣的提高及思想上的解放。20世纪初，席勒的美育思想被传播到了中国，我国著名思想家王国维等人将美育翻译为“Aesthetic Education”，并且称之为“美感教育”或“美育”，并连同他的美育思想一同引入中国。蔡元培曾指出：“美育者，应用美学之理论于教育，以陶养感情为目的者也。”

美育，是关于美的教育，是引导个人心灵成长和审美情趣的一种教育。目前，学术界和教育界对于“美育”的内涵虽未达成共识，但主要集中在以下四个方面。

（一）审美教育

美育有广义和狭义之分。广义的美育一般被认为是指审美教育。曾繁仁指出：“所谓美育即审美教育，其主要任务是培养人民群众特别是青少年的审美能力”。也就是说，美育的终极目的在于培养和提高人们的审美能力，从而提高人们发现美、感受美、创造美的能力。广义层面的美育指的是审美教育，那么狭义层面的美育则侧重于艺术教育。

（二）艺术教育

美育在某些特定场合下被视为艺术教育的替换词或同义词，因为美育的贯彻与施行必然借助艺术教育的形式来实现。艺术教育与美育究其根本具有某些共通之处，但仍不能将美育等同于艺术教育。虽然艺术教育并未对美育作出系统、全面的阐释，但是如果离开了艺术教育，美育则犹如无根之木，无法得到根本的保证及进一步的发展。

（三）情感教育

席勒认为美育的功能主要是培养人的情感，蔡元培在《美育与人生》一书中提到:“人人都有感情，而并非都有伟大而高尚的行为，这由于感情推动力的薄弱。要转弱而为强，转薄而为厚，有待于陶养。陶养的工具，为美的对象，陶养的作用，叫作美育。”简而言之，蔡元培认为，美育其实就是一种情感教育。美育在理论层次上应当是属于美学的，在实践层次上则属于教育学的范畴。它与其他教育方式相辅相成，促进个人的全面、协调的发展。

（四）全面育人的教育

毋庸置疑，美育是实现个人全面发展的手段和途径之一，但不是全部。德、智、体、美、劳多方面应当全面而又协调的发展，这五方面无论哪一方面的缺失，都意味着个人的发展是不全面的。同时，美育还需要凭借自身的功能对其他教育方式产生独特的作用和影响。综上所述，笔者认为美育应当是一种以促进个人全面发展为目的、通过直观形象的教育形式激发个人热情、培养个人高尚情操和理想追求的一种教育方式。美育的实施过程不能仅仅局限于课堂美育理论知识的讲授，还应当通过审美实践活动进一步完善和补充；同时，高校教职工的审美素养的提升和良好校园文化氛围的营造也是实现美育必不可少的部分。

二、高校美育的内涵及其组成

高校美育主要通过自然美、艺术美、社会美的形式对高校学生性情陶冶、情感净化，提高大学生感受美、鉴赏美和创造美的能力，培养大学生树立审美情趣的教育方式和正确的审美理想。审美教育是一种全方位的教育，它有不可替代的具体内涵和时代要求，在促进个人全面发展方面也具有不可替代的作用。通过高校美育的实施和完善，有利于学生智力结构和意志结构的构建，因而美育是实现个人全面发展的必由之路。美育可以通过情绪的感染和想象的激发，引导学生自觉地净化自身的心灵，遵守社会道德秩序和行为规范。高校美育是教育现代化发展的需要，现代美育不再局限于情感教育或艺术教育，而是一门具有多元综合性质的学科教育。它包括自然美、人的自身内容等方面的教育。高校美育主要通过美的形象使得学生受到耳濡目染的教育影响，在潜移默化的教育方式下感染学生的情感，这种生动的教育方式是其他教育方式所无法达到的。因此，美育可以融化德育成为“心灵之花”。

大学生美育是我国教育体系的重要组成部分，与德育、智育、体育、劳动四者构成了完整的教育体系。中共中央、国务院在《关于深化教育改革全面推进素质教育的决定》中明确了美育对于广大学生的重要性，也就是在实施素质教育的过程当中，需要把德育、智育、体育、美育、劳动有机统一并渗透于教育的各个环节。通过美育的实施来提高学生的审美能力和审美情趣，提高他们发现美、创造美的能力，培养学生高尚的情操是当今教育不可缺失的重要任务。大学生正处于世界观、人生观、价值观塑造的关键时期，适时地对高校学生开展审美教育，对他们个人的成长及未来发展都有着最为关键的影响。

由此可见，美育是促进大学生全面、和谐发展的有效手段之一，也是高校教育过程中不可或缺的重要组成部分。大学生美育主要通过高校以课堂教学、课外实践及校园文化等形式，运用美学、美育相关的知识理论对大学生进行较为系统的理论知识灌输，培养大学生较为正确的审美观，促进大学生全面、协调的发展。大学生美育，必须要清晰界定以下三个概念：首先，大学生美育是以大学生为对象的美感教育，大学生是主要的受众，而大学校园及教师则是高校美育得以顺利进行的环境载体和实行者。其次，大学生美育的目的在于培养大学生审美能力和审美情趣，从而促进大学生的全面发展。最后，大学生美育的主要内容包括美学理论知识及审美实践活动等。

三、高校美育的主要特点

从美育的场所来区分，可以分为家庭美育、学校美育与社会美育，其中学校美育是美育的主要途径。学校美育又可以分为基础教育中的美育和高校美育，本文主要探讨高校美育。美育的一般特点表现为情感性、形象性、愉悦性、渗透性，但高校美育因其自身的性质有别于中小学教育，因此除具有美育的一般特点外，还有一些更鲜明的特点。

（一）更大的自由性

向往自由、追求自由是人的天性。然而作为“社会关系总和”的人，更要受到政治的、经济的、道德的、法律的等多种限制与束缚。最早提出美育这一概念，并予以理论阐述的西方美学家席勒在他的《美育书简》中反复论述了自由与审美的关系。席勒认为，受自然力与物质需要支配的“感性的人”是不自由的人，而只有能自由地、充分地发挥个人意志的有完美人格的“理性的人”才是自由的人。如何才能使受自然力与物质需要束缚的“感性的人”变为自由的能充分发挥个人意志的有完美人格的“理性的人”呢？唯一的途径就是进行审美活动，审美是沟通二者的桥梁。席勒说：“若要把感性的人变成理性的人，唯一的路径是先使他成为审美的人。”这是因为美能够“把自由完全还给人”，“正是通过美，人们才可以走向自由”。原因就在于审美中，人们是自由地观赏事物的“外观”，这种外观不涉及人们实际的物质利害，也不涉及某种抽象的政治、伦理观念。席勒解释说：当人们能欣赏事物“外观”时，就进入了审美境界，人也就“卸下了身上一切关系的枷锁，摆脱不论是身体还是道德的一切强制力量”。席勒在研究了审美与自由的这种内在联系后指出：人类的审美活动是一种无为而为的“自由欣赏”，因此，“通过自由给予自由，这是审美王国的基本法律”。审美活动从本质上说，是主体摆脱了种种精神枷锁获得了自由后所引起的一种精神愉悦状态。

以审美活动作为中介的审美教育活动，即美育，就是通过受教育者对美的这种“无为而为”的“自由欣赏”，而让受教育者获得自由的。即获得个性的解放，人性的弘扬，心灵的净化，人格的提升，精神的愉悦。究其实质而言，美育是一种地地道道的自由性教育。自由既是“审美王国的基本法律”、基本原则，也是审美教育活动的“基本法律”、基本原则。而高校特征是美育自由性更充分，从而更有利于美育实施。具体表现为以下三个方面：

1. 高校美育有更大的选择性

自由教育首先要具有选择的可能。基础教育是义务教育，意味着受教育权利、教育内容等方面的强制性，学生学习内容选择的自由度不大，应试教育背景使美育的内容和途径过于狭窄，仅限于音乐课和美术课，而且这两门课程还常常得不到保障；而高校是在基础教育基础上的一种发展性和专业性教育，没有升学压力，学生学习内容选择性较大，有更多的机会接触到广泛的美育内容，进行自主选择和自主学习。

2. 高校美育有更充足的时间保障

自由教育的前提之一是时间保障，目前基础教育课程内容较多，课程表安排得很慢，学生忙于完成安排的课程学习及其相关任务，较少具有自我支配的时间；而高校课程安排弹性较大，学生拥有较多可以自由支配的时间，可以在一种“非功利”的心态下安排自己的学习，在这种情况下，美育的自由性得到较充分发挥。

3. 高校美育有更充分的资源

自由教育还需要充分的资源保证，如果仅仅有选择的可能和自由支配的时间，也无法实现“无为而为”的“自由欣赏”。基础教育紧紧围绕着传播人类文化和科学基础知识的任务，提供的学习资源比较狭窄；而高校不仅拥有藏书丰富的图书馆，还有与其他高校研究机构的广泛合作，有大批学有专长、知识渊博的教师队伍，有丰富多彩的文体艺术活动和学生社团组织，这些都保证了学生得到充分的教育。

（二）更强的个性化

随着市场经济的逐步建立和完善，社会的经济成分多样化、人们的价值观念多样化，作为具体的人也必然呈现出更加个性化的趋势。在个人守法其次是遵守社会公德的前提下，整个社会必然会更加尊重和保护个人的个性。比较一下美育和智育、德育、体育的区别，可以看出，它的对象个性化的趋势更为明显，因为智育的内容一般表现为前人已经发现的并为实践证明是科学的东西，对学校教授课程的内容通常没有什么更多的争议，学习成绩也比较容易测定；德育的政治标准、法律标准、道德标准也是比较明晰的，而且其底线应该说对所有人是同样适用的；体育的基本要求是使学生有健康的体魄，这样一个要求，具体到每一个学生可以有自己的爱好或专长，但对健康体魄这样一个总的要求，也不会有更多的其他解释。美育则不同，你可以要求每一个受教育的对象，遵守法律和社会公德，但是你无法要求他们按统一的答案对大千世界的纷纭万物做出千篇一律的回答。对什么是美、怎样审美、如何创造美可能每个人都有自己的理解、角度、偏好和目标，每个人在被进行美育的同时，都还在创造着他所认为的美，在这一过程中，他既影响着别人，也受着别人的影响。所以，美育要尊重教育对象的个性化，更要注意教育者和被教育者之间的互动关系。

学校美育要注意教育对象的个性化是一个普遍规律，但作为高校来说，这种个性化表现尤为突出。

1. 大学生心理发展特点决定了高校美育的个性化特征

随着年龄增长，学生的自我概念逐渐形成，在各个阶段表现出不同的自我意识水平和个性化追求。小学低年级学生还没有形成自我意识，往往把教师的要求和认可作为评价自己的标准，表现在把教师的话作为圣旨执行；而到了小学高年级和初中阶段，学生开始形成由同学组成的小团体，形成一种亚文化，这种小团体的标准与追求往往成为影响自己思想的重要因素；到了高中阶段，随着知识、经验的增加和身心成熟，学生自我意识开始真正觉醒，逐渐从依赖外部评价到关注自我评价，表现出对个性的初步有意识追求；到了大学阶段，这种对个性的追求变得更加明确。在这种状态下，尤其要考虑学生对美的个性化感受，尊重学生的美感差异，建立个性化的美育目标体系。

2. 高校培养和管理模式使美育有了追求个性化的可能

虽然学生在高中阶段已经有了自觉地追求个性的意识，但是高中阶段繁重的学习任务和升学压力，相对固定的课程设置和严格的管理模式使这种追求难以实现，直到大学阶段，没有了升学压力，增大了自由选择的空间，这种追求才成为可能。同时，也为美育提供了个性化基础。

3. 高校提供了追求个性的资源和空间，也使美育的个性化能充分体现出来

追求个性需要按照自己的想法去做，高校丰富的美育资源（人力、信息、设施）和学生自由选择资源的可能性使得高校美育中更能照顾到学生的个性化要求。

（三）更鲜明的时代性

美育作为系统教育活动，尤其是在今天这样一个具有鲜明时代特征和全民性的网络时代，当时代背景发生变化的时候，其本身构成因素必然会发生调整变化。21 世纪的美育应该体现这样一种教育理念：体现时代精神、适应时代要求、紧跟先进文化方向。因此，美育必然时代化。而面对时代骄子，最有思想和最富有朝气与活力的大学生，无论是美育内容还是方法都更能体现时代性。

一般地说，在对美的认识和美育的标准问题上，传统的积淀是非常深厚的，它的力量也是非常大的。但是随着社会的进步和发展，这种传统的积淀又时常受到新的认识和新的标准的冲撞。其中在许多方面和许多地方，这些新的认识和新的标准又经常表现为对传统的反抗和否定。例如，时尚是社会上一部分人对现在美的一种认识、一种追求、一种创造，追求“时尚”可以在一个时期成为相当一部分人的一种带有强烈相互影响作用的行为，使人们不得不承认不得不认可，进而演化为一种“时髦”。而大学生则是这部分追求时尚的人群中最狂热、最执着的代表。但深入分析后又不难发现，表面上传统和时尚的相互对立和否定，并未排除它们两者的互相影响乃至兼收并蓄。因此，简单地把传统的东西作为衡量美育的尺度是不对的，这一点大多数人都容易承认；同样，简单地把“时尚”作为衡量美育的尺度也是不对的。美育的时代性总是在对传统和时尚的不断扬弃中得以实现的。这也正说明高校美育必然结合时代特征进行。

第二节　当代高校美育的发展回顾

根据高校美育的发展历史，可以把高校美育分为理论启蒙阶段、思想争鸣阶段和焕发生机阶段。

一、理论启蒙阶段

中国的高校美育最早可以追溯到近百年前清末民初的国民精神启蒙运动，也被称为国民

精神启蒙的现代性工程。一些比较清醒的知识分子认为拯救中华民族的首要任务是国民精神的启蒙，于是出现了建构中国现代人格的“现代性工程”。这项工程应是中国近现代史上第一次以改造国民性为首要任务的美育运动。当时的美育理论出于复兴中国文化和培养现代人格的需要，主要是借鉴西方美育理论以激活中国传统美育，从而发展了中国美育理论，使中国的美育理论具备了独立的理论形态，并带有明显的时代性特征。

（一）梁启超美育思想

梁启超是近代早期的美育思想启蒙学者，他把美育视作拯救民族精神，促进社会文明进步的重要途径，较早地提出了与“情感教育”（美育）同义的趣味教育的主张，认为这种教育的目的“不外将情感善的美的方面尽量发挥，把那恶的丑的方面渐渐压服淘汰下去”。他把文学、音乐和美术视为情感教育的主要途径，特别强调小说的更新，使之发挥其美育的功能。

1. 梁启超美育思想的出发点

梁启超在戊戌维新运动失败后逃往日本，期间对维新改良及其失败进行了反思，得出了仅依靠上层皇帝与少数贵族必然失败而必须依靠广大人民的重要经验教训。而依靠人民又必须改造旧的“国民性”，塑造新的“国民性”。这就是他于1902年在《新民说》一书中提出的“新民说”。他认识到，国家民族的兴亡，人民的文明程度是最重要的，只有新的人民，才能有新制度与新国家。由此，梁启超提出了国民性改造，其核心是变传统的依附型人格为近代的独立自主型人格，变盲从的子民为有个性和有思想的国民。

2. 梁启超美育思想的内容

（1）趣味教育

1922年，梁启超在欧洲游历之后，提出“趣味教育”的重要课题。关于什么是趣味，他并没有给予直接的定义，而是在各种文章中进行了具体的描述。“趣味是生活的原动力，趣味丧失掉，生活变成了无意义”。趣味首先是快乐、高兴、有兴趣，这是梁启超肯定的含义。“趣味的反面，是干瘪，是萧索。”“我以为凡人必须常常生活于趣味之中，生活才有价值。”可以看出，梁启超所说的“趣味”，是指一种向上的、乐观的人生态度及人生精神，能鼓舞与指引人们去积极地生活与奋斗，去实现人生价值与理想，是一种超利害得失、超生理欲望的审美愉快，即美感。这样，梁氏的“趣味教育”在本质上就成为审美教育、美感教育。

然而，这种趣味又有高下区别，“凡一种趣味事项，倘或是要瞒人的，或是拿别人的苦痛换自己的快乐，或是快乐和烦恼相间相续的，这等统名为下等趣味。”“尤其是人生在幼年青年时期，趣味是最浓的，整天价乱碰乱迸，若不引他到高等趣味的路上，他们便非流入下等趣味不可”。这样，“趣味”就需要培养、教育，需要从低级趣味超越而来。梁启超列出四项趣味的主体：劳作、游戏、艺术、学问。在劳作、学问主要还是以一种谋生的职业手段的条件下，趣味毕竟是有限度的，游戏中所产生的趣味又往往稍纵即逝；而艺术比之劳作、学问、游戏却具有更为普遍、持久的影响力。因而在这四项主题中，艺术教育是他最看重的。而在艺术教育中，他尤其推崇音乐、美术、文学。他说，“美术的功用”，“是把那渐渐坏掉了的爱美胃口，替他复原，令他常常吸收趣味的营养，以维持增进自己的生活康健。明白了这种道理，便知美术这样东西在人类文化系统上该占何等位置了”。

（2）情感教育

梁启超在 1922 年为清华大学中文学社进行课外讲演时作了《中国韵文里所表现的情感》的报告，在报告中以大量的实例深入讲解了情感教育的问题。梁启超认为情感的力量是巨大的，真正引导并推动人去做事的是情感，但情感有好坏之分，而情感教育，就是将情感中善的、美的方面发挥出来，淘汰涤荡那些丑的、恶的方面，使人们在善的、美的情感激发下，从事有益社会的活动，实现人格的完满。

梁启超将情感教育看作造就审美世界观的艺术教育，他希望人们通过艺术来陶冶美的、善的情操，领略生命的真谛，以达到“我的思想行为和我的生命迸合为一，把我的生命和宇宙和众生迸合为一”的境界，这不仅是中国传统文人所追求的审美的最高境界，也是针对当时人们情感麻木、责任意识模糊的社会现状而提出的，用情感涵养的方式来实现国民人格的再造，生出对国家的热爱之情，激发起强国兴民的责任意识。

3. 梁启超美育思想的实施手段

要实现“新民”的重要途径就是文学艺术，特别是新兴文艺形式小说。梁启超提出，“故欲新道德，必新小说；欲新宗教，必新小说；欲新政治，必新小说；欲新风俗，必新小说；欲新学艺，必新小说；乃至欲新人心，欲新人格，必新小说”。他从西方心理学的角度论述了小说具有“倡导人游于他境界”与“感人之深”的两大重要特点，情感教育与趣味教育在很大程度上也通过文学这一途径来实现。他还精辟地总结了小说对人产生影响的四种方式：“熏”“浸”“刺”“提”。“熏”是沉入小说境界中，使其慢慢感化，潜移默化地对人的心灵与人格起作用。

梁启超提出，以艺术进行情感教育的路径有三条：第一，对境之赏会与复现；第二，心态之抽出与印契；第三，他界之冥构与蓦进。这三条路就是通过对艺术品从形式到内涵到意义获得的欣赏过程，达到感官、心理与精神层面的愉快与满足的过程。

梁启超通过对艺术尤其是文学小说、美术、音乐的功能和特点的论述，明确地将文学与人的品性的改变相联系，从而将文学作为改造国民性的利器。

4. 梁启超美育思想的最终目的

梁启超的情感教育、趣味教育，其宗旨都是为了改造国民素质，塑造完善的人格。梁启超把情感的培养，仁的实现作为人格完善的核心。情感教育的任务就是要涵养一种大的同情心，是一种与天下万物共命运的普遍情感，是由个人的丰富情感扩充到对亲人、朋友、国民，甚至天下人的同情心上，这种大同情心的生成必然产生大责任。趣味教育主张“无所为而为”，不把做事当成获取另一目的的手段，使人的现实生活成为充满幸福感、充满热爱生活之情、充满欣赏意趣的充实和乐观的生存，成为显现生机和魅力、确证自我的自由存在。

5. 梁启超美育思想的启示

梁启超的情感教育对今天的美育仍然有着十分重要的意义，一些西方国家在学校开设相关的课程来训练学生的情感。我们今天的美育一定是情感性的，而不是技能型的。现在学校美育中存在很重要的问题，就是对学生和对课程的评价都只停留在对技能的掌握程度上来进行，艺术课教学脱离了情感性和趣味性。一堂美术课被肢解成了一些美术知识、美术画法的学习，学生的情感没有被调动，画笔没有成为学生表达自己情绪情感的一个媒介和手段。孩子们对艺术课的情趣大大减弱，画出来的作品是僵化的、呆板的、毫无创新的，虽然达到了技能水平的要求，却对学生人格的形成和养成没有任何益处。学校的艺术课程应该从打开学生的情感阀门为出发点，激发孩子情感的同时以培养学生积极良好的情感、抑制不良的情感为立足点，充分利用学生的情感进行艺术教育。充分激发学生的情感并不断地陶冶学生的情操，这在艺术课堂的教学中起到事半功倍的效果。情感在艺术教育中的作用不可小觑，也是一个人拥有完全人格的重要因素。由此看来，梁启超的情感教育在解决当今艺术教育中存在的问题仍然有着十分重要的借鉴意义。

（二）王国维的“完全之人物”美育思想

王国维（1877—1927），是我国美育思想的奠基者。他在文学、哲学、史学及美学等方面均有很深的造诣，为我国近代资产阶级教育制度的建立和发展做出了突出的贡献。维新变法之后，他开始接触西方的科学文化知识，并且发表了大量的论文和译著。在进行美育灌输的过程当中，他非常注重将美育同教育学、伦理学等学科相区分，从而确定了美育在人文社会科学中的独立地位。由于受到我国传统思想文化及西方文化思潮的双重影响，因此他的美育思想不仅善于汲取西方文化思潮的精髓，还结合了传统思想文化对美育理论的影响，从而进行较为系统的分析。他所开创的美育思想，不仅包含西方美育中的合理因素，而且包含中国传统美育的伦理成分。

1. 无用之用

王国维的“无用之用”美育思想深受康德美学思想的影响，在继承了康德的审美超利害学说之后，他提出：“美之性质，一言以蔽之曰：可爱玩而不可利用者是已。虽物之美者，有时亦足供吾人之利用，但人之视为美时，决不计及其利用之点。”“盖人心之动，无不束缚于一己之利害；独美之为物，使人忘一己之利害，而入高尚纯洁之域，此最纯粹之快乐也”。他认为这种形式的美是超脱了实际目的和内容的形式之美。正是因为审美活动具有超功利等特点，所以作为情感教育的美育可以与其他教育相区分，成为其他教育都无法替代的一门学科。美育之外的教育，往往都带有内在或外在的强迫感，而在美育过程当中，人们只有解放自身，才能获得身心的自由和解放。

但王国维也不是真正意义上的纯审美论者，他认为美育与艺术都是一门“无用之用”的学问，美育与艺术虽然不具备政治事业的“当世之用”，但对于人们精神世界的建构仍然“有用”。王国维并没有否定美育与其他教育之间的联系，他认为美育同其他的教育相辅相成，共同发挥作用。因为它们的终极目的都是为了丰富人们的精神世界，提高人们的文明程度。他提出美育这个名词的同时也规定了概念：“美育者，一面使人之感情发达，以达完美之域；一面又为德育与智育之手段。此又教育者所不可不留意也”。因此，王国维认为美育应当是一门无关利害、超越了实用功利性的情感教育，人们在艺术审美过程当中往往摆脱了对物质欲望的迫切渴望，艺术和美育是不为政治伦理和经济利益所左右的，人们可以通过审美实现改造社会及完善自身的目的。

2. 完全之人物

美育具有“无用之用”的特性，王国维开创的“审美功利主义”学说极具这一特点。王国维在《论教育之宗旨》中指出：“使人为完全之人物而已！”王国维从抽象精神和感性肉体相结合的观念出发，主张后天教育应当在心灵世界和血肉之躯两个维度中完成。因此，他又将教育分为体育和心育两个部分，其中心育的部分可以细分为德育、智育和美育等部分，以上教育的终极目的就在于培养身心健全、全面发展的人。德育、智育、美育这三者之间既是相互独立，又是相互作用的。由于王国维大力提倡美育，因此他强调美育的发展有利于个人智育的提高。他认为，如果将美育融于智育的过程当中，会使知识更加形象深刻，也便于学生去理解记忆。关于美育与德育的关系，他认为通过美育可以去除人们的卑劣之心，丰富人们的精神世界。因此，美育不仅可以成为德育的有效手段，还可以成为德育的最高境界。

人的任何行动总是伴随着认识、情感等过程。他的“知、意、情”与“真、善、美”在理论层面开创了现代教育的先河。智育、德育、美育三者共同发展加上体育，才可以培养“完全之人物”。审美教育对于个人的发展来说具有一定程度上的解放和促进作用，它将人们从物质生活甚至是精神世界的束缚中解放出来，实现个人全面而又自由的发展。审美人格的拥有，才能更好地将理智与激情熔于一炉，将生存发展与超越技能完美结合，从而推动整个社会的良好运行。如卢梭所说，“有了审美的能力，一个人的心灵就能在不知不觉中接受各种美的观念，并且最后接受同美的观念相联系的道德观念。”美育在个人接受教育的过程当中具有不可偏废的重要作用，因此美育在培养“完全之人物”的过程中也具有其他教育方式无可替代的独特价值。

（三）蔡元培的“以美育代宗教”美育思想

蔡元培是近代中国美育的倡导者和奠基者，他在这方面做出了重要的贡献。早在辛亥革命前，蔡元培在德国留学时，即在莱比锡大学讲堂上常听美学、美术史、文学史的课，在环境上又常受音乐、美术的熏陶，他对美学发生了浓厚的兴趣。他是我国留学生中第一个注重学习和研究美感教育的，也是国内较系统地研究和介绍西方美学的一位重要学者。

所谓美育，蔡元培将其定义为教育实践的一种基本表现形态，美育也是现代性教育建构必不可缺的一个重要组成部分。蔡元培通过对新、旧两个不同社会时代的历史背景及教育模式进行对比和区分，从而提出了两种性质完全不同的教育，分别是封建时代教育和共和时代教育。也就是从这个时候开始，蔡元培提出的“教育独立”观对近现代的教育事业的发展产生了重要的影响。从蔡元培的个人现代教育体系来看，其建构过程应当是动态发展、不断完善的，具体来说就是由“五育并举”到“四育并重”的转变。

蔡元培最早在《对于新教育之意见》中提了“五育主义”学说，并且以此为基础来搭建自身的美育学说。所谓“五育主义”，也就是指公民道德教育、世界观教育、实利主义教育、军国民主义教育和美感教育。在他看来，这五个重要组成部分最终构成一个有机整体，在今后的教育过程当中也不能有所偏废。但究其区分度，五者也有轻重之分。从这里出发，蔡元培第一次意义上提出了“美育”这一概念。“人既脱离一切现象世界相对之感情，而为浑然之美感，则即所谓与造物为友，而已接触于实体世界之观念矣”。从这里我们不难发现他在建构现代教育体系之初，就给予了美育极高的地位。他根据当时教育界所流行的“三育说”出发，将公民道德教育和美育都归结于德育，这个时期美育在他的教育体系当中仍然依附于德育之中，缺乏一定的独立性和自主性。

从“五育并举”到“四育并重”的转变，美育经历了依附关系到独立的蜕变和发展。虽然美育对于德育仍然是处于辅助性的作用，但是它的地位和价值却悄无声息地发生了变化。由此可见，一方面，在蔡元培的现代教育体系当中，德育始终处于中心地位，其他教育形式都只能围绕它展开运行。在他看来，实现最高道德理想的境界，才是一个真正意义上的自由，才是真正通向实体世界的境界；另一方面，美育因为其独特品质占据一席之地，同时美育也是健全人格的关键所在。

蔡元培出任北京大学（以下简称“北大”）校长后，使他的美感教育思想和“以美育代宗教”的主张在大学教育中得到贯彻。他重视通过音乐、美术教育培养学生的道德品质，认为这是新教育的一个重要表现。蔡元培在北大实行美育教育，对培养学生良好的道德风尚，促进学术研究的兴趣，以及丰富学生的课外生活，都起到了很好的作用。

正是有了蔡元培奠定的美育基础，北京大学才成了一所艺术气氛十分浓厚的大学，对20世纪的中国艺术教育起到了非常重要的作用。北大的学人成立了中国最早的高等专业音乐学校、最早的高等美术专科学校和中国人自己的第一支管弦乐队……很快成为全国的美育和艺术教育的中心。此外，还培养了一批艺术专门人才，如冼星海，是音乐大师；还有谭抒真、吴伯超等人，后来都成了有名的音乐教育家。甚至，北大的学人对艺术的影响已经远远超出了艺术教育领域。专家学者们说，在20世纪，北大向全国发散的艺术力量是绵长和深厚的，是建立在宗白华对美的研究上，建立在熊十力对佛学的研究上，建立在傅斯年对美术考古的研究上，建立在李泽厚对美学的研究上的……而所有这些，都离不开蔡元培的大力推行。

至20世纪30年代，中国已经形成了独特的现代美育理论框架。当时的美育实践基本是以审美的方式启蒙大众，即塑造符合新文化的道德标准、科学标准和审美标准的“新人”。一大批文学家、艺术家用各种艺术形式尤其是大众化的小说和戏剧书写新的道德意识、科学观念和民族理想，使重塑国民性成为中国现代美育启蒙的核心。

二、思想争鸣阶段

中华人民共和国成立五十多年来，美育在中国经历了一个艰难曲折的发展过程。建国初期，我国的教育学习苏联教育模式，中央人民政府曾提出“德智体美”并举的教育方针，但是只对幼儿园、小学、中学的审美教育，提出了具体的规定和要求。

新时期以来，特别是市场经济大潮的汹涌澎湃带来的副产品——人口问题、环境问题、资源问题、贫穷问题、精神危机等，使得人们再次关注美育，而且美育变得比以往任何时候都重要，审美情感的生成也变得比以往任何时期更重要。伴随第三次“美学热”，美育也迎来了第三次高潮。

第三次“美学热”发生在20世纪70年代末、80年代初。这次“美学热”的一个特点是形形色色的西方美学思潮涌入中国，我们现在熟知的各种主义、各种学术，如现象学、存在主义、分析哲学、结构主义，最初都是以美学的名义介绍到中国的。学术界出版了大量的美学著作，特别是翻译著作。这次“美学热”的另一个特点是，思想界通过美学这个窗口反思被扭曲、被异化的人性，颂扬人性的解放——从理性的解放到感性的解放。这期间，美学著作成了社会上最畅销的学术著作，美学课程成了大学最受欢迎的课程，美学专业成了文科类研究生报考的热门专业。

美学美育会议在这一时期也比较频繁。例如，1980 年在昆明召集了第一次全国美学会议，会后还专门成立了全国美育专业研究会；1994 年国家教委高等学校社会科学发展研究中心、广东省高等教育学会、广东省美学学会、广州美术学院联合召开了全国高校美育学术研讨会，这次研讨会打破了学科界限，从哲学、社会科学、教育科学、艺术研究、艺术教育研究等角度分析了我国高等学校美育工作的历史和现状，探讨高校美育和校园文化建设等问题，总结了高校美育研究成果；中国高教学会美育研究会分别于 1992 年和 1994 年在山东大学和广西师范大学召开了年会，集中讨论了在普通高校实施美育的问题。1995 年由中华美学学会和深圳大学联合举办了国际美学美育大会，中外著名学者对美育问题进行了深入探讨；1997 年 12 月，华南师范大学文艺心理学研究中心举行了“美育与人的素质”学术研讨会，就什么是美育、美育与社会文明、美育与教育进行了讨论。这些会议推动了高校美育研究的发展，直到今天，美学热潮的余波仍在延续。

与此相适应，美育意识也在复苏，甚至有了很大的推进。要提高认识，发挥美育在教育教学中的作用，根据各级各类学校的不同情况，开展形式多样的美育活动。

如果说近百年以前的“现代性工程”的主要任务是“改造国民性”的话，那么近百年后的今天席卷全国的美育热潮则是对民族素质的进一步提升。提高民族素质成为当代美育的根本任务。

总之，在中国百年美育发展史上，从对国民精神的启蒙和改造到提高民族素质，再到构建和谐社会，归根结底就是实现人的全面发展。因此，人的全面发展理应是美育的终极目标。而高校美育的发展历史说明，无论对美学理论还是教学育人，高校美育都大有可为。

三、焕发生机阶段

新的发展阶段，我们对美育作用和价值的认识发生了具有质变意义的飞跃。我们不仅重视美育对于推进素质教育的重要意义，同时更加强调美育对于提高个人审美能力及审美情趣的重要作用，肯定美育对推进中华民族伟大复兴提供的坚实精神基础。

党的十八大以来，中国共产党更加注重美育事业的发展及对于个人全面发展的重要作用。2013 年 11 月，党的十八届三中全会提出“改进美育教学，提高学生审美和人文素养”。2014 年 1 月，教育部颁布的《关于推进学校艺术教育发展的若干意见》中提到：“自 2015 年开始对中小学校和中等职业学校学生进行艺术素质测评，并将测评结果纳入学生成长档案。”2014 年 3 月，习近平在联合国教科文组织总部的演讲中提出：“我们要积极发展教育事业，通过普及教育，启迪心智，传承知识，陶冶情操，使人们在持续的格物致知中更好认识各种文明的价值，让教育为文明传承和创造服务。”

党的十九大报告更进一步提出人们对美好生活的迫切追求与现实需要，如提出要建设富强民主文明和谐美丽的中国，而其中打造“美丽的中国”更多的是指人们精神世界的完善以及提升，另外，当代，我国社会矛盾是人民日益增长的美好生活需求和不平衡不充分发展之间主要矛盾，人的需要与匮乏之间的矛盾是人类社会发展的原始动力，人们对美好生活的追求以及美育活动的缺乏将成为当代美育事业发展的助推力。教育是国之大计、党之大计。2018 年 9 月，习近平总书记在全国教育大会上的讲话指出：“坚持以美育人、以文化人，提高学生审美和人文素养”；“要努力构建德智体美劳全面培养的教育体系，形成更高水平的人才培养体系”。进一步深化“培养什么人、怎样培养人及为谁培养人”这一理念，明确这是教育的首要问题。“坚持中国特色社会主义教育发展道路，培养‘德、智、体、美、劳’全面发展的社会主义建设者和接班人”。可见，当代美育得到了前所未有的重视，不仅有大量的法规政策来规定当代美育实施的细则和规范，同时将美育与现代教育事业紧密结合，改进美育教学、艺术素质测评、培育时代新人及培育全方位发展的人才成为当代美育思想发展的主题和重点。

第三节　当代高校美育研究的发展趋势及主要课题

美育是青少年健康成长中不可缺少的部分，而美育课程作为实施美育的重要途径，其建设和完善是青少年全面发展的关键。然而，我国高校美育课程起步较晚，课程建设不够完善，还存在诸多问题亟待解决。本节以文献法为基础，从美育课程的目标、内容和评价等方面对学术成果进行述评，并指出美育课程研究中存在的问题，这正是当下与未来改进的方向。

一、高校美育课程的文献统计分析

通过在知网上搜索主题关键词“高校美育课程”“大学美育课程”，并通过二次筛选，去除重合的部分，整理得出有关高校美育课程的文献资料一共有 248 篇，其中期刊论文有 229 篇，硕博论文有 19 篇。多数论文都是对高校美育现状进行分析，专门研究高校美育课程的论文寥寥无几。

2013 年以前虽然有《关于深化教育改革全面推进素质教育的决定》（1999 年）、《全国学校艺术教育发展规划（2001—2010 年）》（2002 年）、《全国普通高等学校公共艺术课程指导方案》（2006 年）等文件的颁布，但是相关论文的发布数量仍然不温不火、量小力微，几乎不见增幅，甚至有些年份的数量还出现了小幅度的下降。2013 年至 2018 年论文数量属于缓慢增长时期，论文数量与往年相比有所起色，这一时期的增速与 2015 年首次为学校美育独立发展立法相关。2018 年至 2020 年的论文井喷式涌现，高校美育课程论文数量迈入高增长时期，在其中起到决定性作用的是 2020 年印发的《关于全面加强和改进新时代学校美育工作的意见》。总体而言，学术界日益重视对高校美育课程的研究，但是就目前论文数量断崖式猛增的现状而言，日后是否能够持续稳定地保持论文输出还有待观察，我国高校美育课程的创新性内容也有待相关从业者进一步地深入挖掘和不断推进。

二、中华人民共和国成立以来高校美育课程的研究述评

（一）高校美育课程目标的研究

课程目标是课程本身要实现的具体目标，对课程内容的构建、课程评价都具有统摄和指导意义。顾建华的《大学美育课程建设论纲》最具有代表性，论文阐述大学美育课程的目标主要集中在树立正确审美观、培养健康的审美理想、发展创造力和提高审美能力、完善人格这四个层面。赵伶俐、温忠义所著《互联网＋大美育课程论》从宏观层面出发，将大学美育课程目标分为总目标和分层目标。总目标是指培养学生基本审美素质、审美创造力的同时促进学生身心全面发展、和谐发展；分层目标是更具体地描述对各种能力的要求，如在审美表现上提出的三个要求，即拥有 2~3 项较高水平的艺术表现技能、自我美化技能与美化周围环境的技能。叶泽州的硕士论文《补偿与发展——高校美育课程设计研究》中指出是补偿和发展递进式的美育课程目标，发展式目标是在补偿性目标的基础上实现的，即只有获得基本的美学知识后才能实现向专业学习、跨学科学习，形成审美的迁移能力，达到审美生活的境界。卢政在《大学美育课程建设浅谈》中也作出了分析，他认为美育课程的教学目的是让学生掌握较为系统的美学知识，通过所学的知识对具体的现象进行审美现象的分析。包莉秋的《通识教育视域中的大学美育课程改革》则从通识教育的角度出发，提出美育课程的最终归宿是求真、向善、唯美。此外，贾琳颖的《高校美育课程内容研究》、于春秋的《美育的功能与高校美育课程建设》等文献都对高校美育课程的目标有所探讨。

可见，在所能查到的文献当中，普遍都认为高校美育课程目标存在层次性的特点且这些分层的关系是同进同出的、没有主次关系的，最终归宿都是要培养健康的人格、全面发展的人。

（二）高校美育课程内容的研究

课程内容是课程设计的核心问题，是课程目标的核心载体。秦鹏燕的硕士论文《多民族地区高校美育实践探究》中提到玉溪师范学院的美育教学内容。首先，它依托传习馆，创办音乐实验模板、舞蹈类实验模块等五大板块进行美育实践。其次，将非遗引进校园，通过开讲座、做表演让非遗参与高校的课程设置。最后，通过课外实践活动，田野调研、采风等形式还原民族文化。冉祥华的《大学美育课程的设计与操作》将美育课程内容分为美育理论课程、艺术鉴赏课程、美育实践课程三大部分，其中美育理论课程是基础，艺术鉴赏课程是关键，美育实践课程是进一步提升。张占国在《试论高校美育课程体系建设及教学问题》中也对内容的构建提出了分析，他认为应该设立必修与选修相结合的双层课程模式，必修课即常规课程《大学美育》，选修课开设基础理论、艺术史类、艺术鉴赏类、实用技艺类四种课程。麻华《新时代美育视角下普通高校大学音乐通识教育课程体系的建构》一文，从通识教育的角度出发，提出四类音乐通识教育课程，即音乐理论类、音乐感受与鉴赏类、音乐实践类、音乐与相关文化类。周露的硕士论文《新时代背景下高校公共音乐教育体系的构建与实施》、于丽燕的《推进普通高校公共艺术教育的对策研究》等文献都是从通识教育的角度下，从四个方面

出发对高校美育的课程构建提出了建议。此外贾琳颖的《高校美育课程内容研究》还涉及在高校中美育课程内容设立需要遵循的原则。

通过对文献进行分析，可以看出各大高校对美育越发重视，高校美育课程内容的建设也越来越完善，但究其具体的实践如何无法考证。

（三）关于高校美育课程评价的研究

课程评价多元化是评价体系发展的重要趋势，评价体系的建立决定了整个评价结果精准与否。叶碧在《高校美育评价的内容与方法》一文中，从“评什么”“怎么评”方向出发，不仅分析了我国高校美育评价缺失的重要原因，而且对其评价方法进行了深入的分析。她认为高校美育具有情感的特殊性，应该根据不同的教学内容进行不同的评价分析，评价时应采用以定性与定量相结合、观察与访谈相结合、自评与他评相结合的方法。钟群的《高校美育网络教学评价研究》一文也从“依据什么来评”“评什么”“怎么评”出发，对评价方法提出了具体的设想。他主要依靠四个理论依据，将教学内容分为美育理论类教学、美育技能类教学、专业美育类教学、美育综合类教学四个方面，对其进行定性与定量、内部评价与外部评价相结合的双重评价模式。冉祥华的期刊论文《大学美育课程的设计与操作》被引用次数最多，该文批判大多数高校采用的测试评价方法，主张学习国外的情景化评价方式，对艺术教育进行评价。宁薇所著的《大学生美育论》对评价方法作出了更为具体的解释，依据艺术教育开放性的特点，在开放评价前，对高校美育课程的确定部分和模糊部分做出界定，定量分析法应用于确定部分，定性评价法应用于模糊部分。邓佳的博士论文《高校美育课程研究》以大量数据为根基提出我国公共艺术课程的评价方式过于单一的结论，主张采取定性与定量相结合的方式进行课程评价。

总之，能查到的高校美育课程的评价方式都是从综合类的文献当中找出，很少有对美育课程评价的专门研究，我国美育课程的评价还处于起步阶段，在研究上具有局限性。

三、高校美育课程研究的不足

通过梳理新中国成立以来高校美育课程的文献，发现我国高校对美育课程越来越重视，撰写的论文数量逐年上升，但是从课程体系的角度看，还存在诸多问题。

（一）美育与艺术教育概念混淆

美育是一种具有审美意识、以审美为主的教育，美育将艺术教育作为主要的实施途径。诚然，审美教育的本质也是一种艺术的教育，且两者在目的效果上一致，都是提高人们的审美感受力、审美创造力和审美情趣，但这并不意味着可以简单地将美育和艺术教育等同起来。从美学的角度上来说，美育中的美包含社会美、自然美、形式美和艺术美，存在于各领域中，艺术教育之美对上述四美都有所涉及，但是美的形式还是以艺术美为主。所以相对来说，前者所涉及美的类型更多、领域更广。

从学科角度上来说，美育是一种学科综合的教育，它不仅包含音乐、美术类的课程，还包含文学、戏剧等内容；而艺术教育在学科方面主要还是以音乐、美术等为主。合理发展美育和艺术教育需要改变陈旧的观念，在当代的大环境下思考如何在保护美育和艺术教育的自身独特性的基础上寻求更好的发展。

（二）课程内容设置不合理

课程内容主要存在以下三方面的问题。

①课程整体上侧重于基础理论的教授，理论与实践相互脱离。

②从课程资源开发的角度看，只有秦鹏燕的《多民族地区高校美育实践探究》、耿琰的《山东高校非遗茂腔美育课程构建研究》等11篇相关文献提到要将非物质文化遗产、传统音乐纳入美育课程体系中，本地资源开发不够深入。

③美育课程内容设置单一，都是依托《音乐鉴赏》《美术鉴赏》等通识性课程开展美育课程，并没有根据学校的不同类型、办学层次、不同学科门类所需要的审美需求进行细分，内容设置大同小异。

（三）研究领域不够全面

目前研究主要集中在美育发展现状这一层面，有关美育课程内容的研究很少，只能从类似于整体框架的文章中寻找高校美育课程的目标、内容与评价，几乎没有对高校美育课程的全面研究，更不用说达到专业化、深入化、实践化的目标。美育课程到底如何实施，所教授的内容是什么、怎么教、怎么对美育课程进行评价这些问题尚且都处在探讨的阶段，对于高校美育课程的研究存在一定的不足。

（四）中外美育课程差距大

我国高校美育课程是在20世纪末才开始萌发的，此后多年间高校美育课程一直处于低迷状态，直到21世纪初期，美育课程才慢慢发展起来。当时，我国高校美育课程只有北京大学、新疆师范大学等极少数学校将其设为必修课，大多数学校的美育课程还是定位在选修课之上。然而在国外，哈佛大学、牛津大学等学校早在20世纪末就将美育通识课程纳入其必须研修的名单中，美育课程的定位不仅限于传统的艺术课程，还开设了复合式的交叉学科，融美育于各类学科之中，把美育与德育、智育、体育摆在了同一高度上，美育地位非常突出。

四、当代高校美育的发展趋势

当代我国美育事业建设的未来展望主要体现在以下几个维度：

（一）研究理念层次化

随着综合国力的不断增强，人们的生活水平得到了飞跃式提升，但是大众对于艺术和美育仍然缺乏较为深刻的认识和实践。审美启蒙活动作为美育活动的开端，是指对幼儿进行感受、欣赏、创造、思维、潜力的多方面启发，注重保护好幼儿跳跃性、非线性的艺术思维和创造力。目前，美育对于儿童时期的关注度不够，采取的教育方式也难以打开儿童对于生命、对于世界、对于美充分的想象力和感知力。“幸运的人一生都被童年治愈。”童年审美活动的启蒙，是人一生追寻“美”的良好开端，在童年时期所沉淀的关乎美的感知和感悟将会促进健康人格的养成和多彩人生的塑造。

童年时期是美育认识启蒙的关键时期，国民教育是加强美育的主要阵地，学校教育应当制定层次分明的培养方案。课堂是开展美育教学的主要场所，应当从小抓起，从学校教育抓起。抓好课堂教学能够厘清美育的源头，更容易为广大学生所接受。

需要注意的是，由于“美”的形象在社会中四处可寻、随处可见，因此应当引导学生在社会实践活动中去感受美、发现美、创造美。不管是什么样的教育，只有将理论与实践相结合才能更好地发挥其实际效用。比如，可以通过户外“游学”、参观博物馆、艺术展览等方式促进学生美育的落实。在高等教育阶段，各高校应当高度重视美育课程的构建，美育相关的大类课程应当成为每个学生的必修课，因为中国有着五千多年悠久历史和传统文化，中华优秀传统文化不仅在历史演进中发挥着中流砥柱的作用，在现实生活当中对于人们的思想观念及实践活动也产生了重要影响。因此可以利用优秀传统文化来濡化广大民众，应当在全社会广泛开展美育活动，如在大街小巷、博物馆等场地进行定期的宣传教育。

（二）研究内容实践化

发挥家庭美育的阵地优势、学校教育的条件优势、社会教育的层次优势，全方位、多层次地提高全民的审美水平。家庭美育、学校美育、社会美育三者的强强联合，可以最大限度地提高全民的审美能力和审美情趣。

1. 家庭是人生的起点，也是美育的起点

家庭作为个人第一个接触和成长的环境，对个人的影响是十分深刻的，家庭美育给一个人的作用是最深远持久的。家庭美育的主要对象是孩子，父母则是家庭美育的天然教师。首先，家庭中应当营造健康良好的艺术氛围，全家人可以利用周末等其他空闲时间一起去做一些有利于身心舒展的事情，如看电影、学乐器、旅游等。其次，还应当建立融洽的家庭关系。家庭成员之间应当互相关心，尽可能多地进行情感上的交流，建立和谐融洽的家庭关系。

2. 学校是美育的重要阵地

①学校要认识到美育的丰富内涵，建立新的美育理论体系和实践体系，突出时代性和现实性，打造以文化人、以美育人的环境。

②提供广泛而自由的美育平台，包含但不限于影视作品、文学艺术、书法艺术等，以多种形式开展美育活动，倡导以学生为主体的多元美育教育，陶冶学生情操，促进学生审美能力的提高。

③社会不仅是一所包罗万象的学校，而且是学生接受美育最为直接的课堂。

首先，应当利用各种社会环境进行美育，加强对人文景观和自然景观的开发与利用，同时促进当地旅游业和经济带的发展。其次，还应利用各种公共设施进行美育，充分认识到博物馆、图书馆、艺术馆等其他文化场馆对于广大高校师生的重要影响，免费开放并配备一定的解说人员帮助参观者理解深层含义。最后，加强高校与政府间及其他社会组织的联系与合作，吸引更多的文化设施和文化建设在高校布局，推动高校内外艺术资源和文化资源的共建共享。

（三）研究方法标准化

国家政策的出台能够传递出鲜明的价值导向，2015 年国务院办公厅印发的《关于全面加强和改进学校美育工作的意见》更是将国家对于美育的重视纲举目张地展现出来，为构筑美育的政策导向提供了构建框架。换言之，构筑美育的政策导向并完善学校美育保障体系，可以从构建科学的美育课程体系、大力改进美育教育教学、统筹整合学校与社会美育资源、保障学校美育健康发展这四处着手，细化学校美育的各项标准，包括教师配比、课程设置、课时数、实践活动开展、学生艺术素养标准等。

上述标准必须符合学校实际情况和国家美育政策，以制度化、标准化推进现阶段美育事业，才能切实确保学校美育保质保量开展，以防出现部分学校美育开展不足的情况。此外，对于学校美育开展也应进行考评，采用多种多样的形式来对审美活动和欣赏能力进行量化评估，如采用调查问卷的形式等；美育方面的评估工作要尽可能达到公正、公开、全面、客观，并且评价的方式及评价的标准也应该随着时间、地点和人员的组合方式等而转移。

（四）研究视野扩大化

美育建设的国际视野是经济全球化与中国崛起综合作用的必然结果。一方面，随着经济全球化的推进，美育建设突破了时空限制，美育全球化已经成为一种不可逆转的趋势。另一方面，随着中国国力的提高以及在全球事务中的广泛影响，我国也需要逐渐提高全民的审美能力。当前，伴随着西方美育思想的产生与发展，西方美育的实践进程也在不断推进，美育的重要性得到进一步显现和突出。

目前，欧美各国都在加快学生的艺术教育进程，在学习艺术史、雕塑、绘画、摄影等方面都出现了前所未有的热潮。因此，我国应当投身于全球视野的浪潮中，加强对美育事业建设的重视。党的十八大以来，习近平新时代中国特色社会主义思想实现了对西方“文明冲突论”及西方中心主义的超越，彰显了中国特色社会主义发展道路的道路自信、理论自信、制度自信和文化自信，以中国话语、中国理论、中国概念来总结中国经验，表达中国主张。

构建中国特色美育体系，应当坚持马克思主义美育思想的指导地位，从中国实际情况出发，真正结合当代学生的精神文化需求，紧扣学生思想的交会点，找准学生思想的共鸣点，从中华优秀传统文化、革命文化及社会主义先进文化当中挖掘能够适用于当代的一般性、普遍性和共同性的内容，并结合我国国情、社会发展和时代需求赋予美育新的内涵和方式，使其更符合当代学生的实际需求；同时在形式上应当尽可能用喜闻乐见、通俗易懂的方式去感染和熏陶，综合运用各种有效手段，包括新兴媒体、互联网络及现代科技的传播与宣传，开发利用美育的方式和载体，为提高当代学生的审美情趣和审美趣味提供一定的方法。此外，还应当注意，构建中国特色美育体系必然是一个缓慢且漫长的过程，现实效果会随着美育的实施逐渐呈现。因此，要结合本国的独特国情，制定可行的美育方案，不可过分、盲目地追求美育发展的速度和效果，要充分意识到目前美育方面的不足，对当前美育事业建设进行优化和引导，制定具体而又可行的目标。

五、美育研究的主要课题

在我国社会、文化大转型的特殊时期，美育作为一门由多学科构成的应用性学科，其理论研究应当突破传统的思维模式，从长期以来局限于理论分析的狭窄圈子走出来，转变为对现实审美问题的发现和解决，把文化生活和教育实践出现的新问题作为主要研究课题。当前中国美育研究领域有许多问题都需要深化，择其要者有以下六项。

（一）美育的本质问题

对于美育本质的探讨，即对“美育”这一范畴的内涵进行深入而科学的研究，是美育学科理论建设的基本要求。目前，我国学术界对美育本质的认识有多种看法：有人主张美育是附属于德育的“附属论”；有人主张美育是培养完满人性的“完人教育论”；有人主张美育是以情感为核心的“情感教育论”……但是，我认为，美育首先是感性教育，它的任务是发展人的人性中的感性因素（包括情感），进而协调德育和智育，促进感性与理性的协调发展，从而塑造完满的人性，实现人的“诗意化生存”。有关美育本质的各种说法必须厘清，只有这样，才能准确理解和把握美育的本质，从而为美育理论研究奠定一个良好的基础。

（二）美育培养“生活的艺术家”问题

20世纪80年代以来，我国开始进行规模宏大的现代化建设事业，这无疑是中华民族实现复兴的唯一之路。但是，现代化在给社会和人民带来繁荣富强、文明发达的同时，也带来了市场拜物盛行、工具理性膨胀、自然生态恶化与精神疾病蔓延等严重问题。要解决这些问题，当然需要依靠法律和道德的手段，克服社会的阴暗面，达到社会的正义、平等。此外，非常重要的就是要借助美育的手段，引导广大人民特别是青少年一代以审美的态度对待社会、自然、他人和自身。就像当代德国哲学家海德格尔借用诗人荷尔德林的诗句说得那样：“充满才德的人类，诗意地栖居于这片大地”。这是海德格尔对人类与社会的呼唤，也是对美学与美育的深情呼唤。这一重大课题应当引起一切关心人类前途和命运的人们的高度重视。

（三）美育发展创造力的问题

着眼于“科教兴国”战略的实施，教育如何为经济、社会、文化的发展培养大批高素质的创新人才，已提上教育改革的重要日程。过去，不少人认为创造力的培养，需要智育，无须美育。其实恰恰相反，作为审美教育的美育，在促进个体审美能力发展的同时，也在促进着创造力的发展，而且这种发展还会有助于人的整个认识能力的成长。现有研究表明，美育对解放无意识，保障自发性，激发和强化人的创造冲动，发展思维的流畅性、变通性、独特性，促进直觉能力、想象能力等方面，都起着其他教育无法替代的作用。正因为如此，世界许多发达国家都把艺术教育列为核心课程，作为发展学生创造性的课程来设置。而我国学术界对美育促进创造力发展的价值重视不够，研究还比较薄弱，应当引起高度关注。

（四）美育与脑的开发问题

当前，有关美育与脑科学关系的研究仍然是一个十分薄弱的环节，可以说刚刚起步，当然也没有真正有分量的论著，但是美育与脑科学、神经心理学关系的探讨无疑是美育学科实现新的突破的一个关键命题。因为，美育学科的性质决定了美育与脑科学关系的探讨可以使之更具有科学性。美育是教育学与美学的交叉学科，而教育学、美学同心理学密切相关。从这个角度上讲，心理学是美育的重要支撑；而脑是心理的器官，脑的功能与机制正是心理学科的生理基础。因此，美育学科要加强其心理学的支撑，必须引进神经心理学的内容，探讨美育与脑神经科学的关系，探讨美育活动及其效果的神经机制与规律。美育与脑科学的结合，也是脑功能开发的需要。

根据目前掌握的材料看，美育对大脑的影响可以归纳为以下四个方面：一是改善右半球的抑制状态，使大脑皮质兴奋性增高，两个半球的优势得以充分整合；二是加强神经信息通路，改变化学递质或调质的分泌量，提高神经信息传递的速度；三是为儿童提供适宜的刺激和情感支持，促使儿童的大脑以全面的方式成熟起来；四是影响包括杏仁核在内的大脑边缘系统，有助于提高情绪智力。

显然，加强这项课题研究，不仅能够推进素质教育，还可以使美育学科取得新的突破，使之更具有科学性。

（五）美育具体实践问题

美育是一门实践性、应用性很强的学科，因此必须要从理论与实践的结合上探讨美育的重大课题。当前，我国新一轮基础教育课程改革已在全国范围内展开，这为美育理论与实践研究提供了良好的平台。美育理论工作者要确立当代问题意识，深入学校，深入课堂，很好地研究美育的教学目的、教学内容、课程系统、教材体系、教学方法、教学评价及课外活动和师资队伍建设等具体问题。特别是教学评价事关教育的方向和性质，已在国际教育界引起了广泛的重视。国外有教育专家提出运用“情景化的评价方式”来代替传统的考试，对艺术教育进行教学评价。美育评价也可以借鉴这种方法，并进行必要的研究。

（六）大众审美文化问题

20 世纪 80 年代以来，随着中国现代化的进程，大众文化迅猛发展，并日渐成为当代审美实践的主流。大众审美文化是一把“双刃剑”，它对现代人性的建构起着正反两个方面的作用。调查显示，当前大众文化对青少年的影响已超过以往任何时候，也超出了包括父母和师长在内的影响因素。因此，深入探讨大众文化的本质和双重作用，如何根据大众文化对学生的影响相应地调整美育策略，无疑是美育理论研究亟待解决的一个重要问题。

第三章　当代高校美育与创造力的发展

第一节　美育对个体创造力发展的影响

培养大学生的创新能力，不仅需要专业知识和基本理论的学习，而且需要重视创新精神教育和创新能力培养，在创新能力的培养中还必须充分认识美育对培养大学生创造力的不可替代的重要作用。

一、美育与创造力的联系

美育是通过审美活动有意识、有目的地提高人们的审美能力和审美情趣，培养崇高的审美理想的教育。美育的显著特点是以情感人，陶冶人的情感，促进人的智力，提高人的修养，使人全面健康地发展。

创造力是在对已有知识经验分析综合的基础上，进行想象，加工构思，以新的方式解决前人未曾解决的课题，其心理实质是思维与创造性想象的高级结合的产物。创造力的核心是创造性思维能力，它是在知识和经验的基础上有所发展的思维能力，表现为复杂的心理过程，是感知、想象、情感和理智诸心理功能要素的交融综合，是意识和无意识的统一。创造性思维的特点是，在它发生时，往往超越一般逻辑思维方式，以一种形象的、整体性和跳跃式的方式，直接而迅速地产生思维成果，这一点与审美教育有相同之处，也体现了美育和创造性思维能力的内在联系。

美育对创造力的发展具有直接的推动作用。在审美教育中，认识真善美，激发对真善美的追求。在审美活动中，拓展视野，获取知识，增长智慧。审美能力的发展，能有效地提高主体的观察力、理解力、想象力，因而能够增强和促进人的创造力。

智育给人以丰富多样的知识，培养人的认知能力、思维能力。智育提供创造力发展的基础。美育以美益智，促进创造力的发展。美育与智育相互渗透、相互促进。美育能够强化感性认识，升华理性认识，促进个体认识发展，开发智力潜能；美育促进形象思维发展，审美的联想和想象，有助于思维的拓展和发散，使人更自由地进行创造活动。智力的发展则能够增加人的文化素养，增添审美情趣，加深审美感受，提升审美能力。美育和智育彼此渗透，互相促进。

二、美育促进创造力发展

人的创造力由多种因素构成，主要包括直觉、创造性思维、创造性想象、灵感和美感等，而美育与这些因素的发展有着极其密切的关系。

（一）激发创新意识

人类对美的理解和追求，始终与对自然和社会的认识密切联系在一起。毕达哥拉斯学派把音乐和谐现象推广到整个宇宙中，认为宇宙的和谐有序产生于数的比例，并把数当作万物的本原。希腊美学家醉心关照宇宙的美，向宇宙做无限的追求。苏格拉底把美和效用相联系，提出美的事物是有效用的。从柏拉图的理式论，到亚里士多德在事物本身中寻找美的根源，再到现代人对美的探索，无不见证着人们对美的认识和追求，是随着对自然和社会认识逐渐深化的，其本身就是一个不断探索和创新的过程。以美启真是美育的功能之一。以美启真就是通过审美教育，以感性、直观、领悟、灵感等非逻辑性的思维来启迪、引导而发现真理。大学生能够在审美活动中，提高文化素养，增强审美修养，在对真的认识过程中，极大地丰富感性认识，从而实现感性向理性的飞跃，获得对事物本质的认识。

（二）开发创新认知

1. 培养敏锐的感受力

所谓感受力，就是人对外界刺激的感觉能力。人的感受力不是固定不变的，它能因生活和实践的要求不同而有很大的提高或降低。敏锐的感受力可以通过审美实践活动不断提高，因为审美对象是广泛存在的，审美活动要求审美主体对美的事物要有敏感性，审美感受力的不断提高，是审美能力发展的表现。而对事物有着敏锐的感受力，是培养创造力的重要因素之一。科学发展的历史证明，具有创造性思维能力的人都是一个敏感体，无论是树上苹果给牛顿的灵感，还是水壶烧开水给瓦特的启示，都能看到对常人来说司空见惯的事物，但对于有着敏锐感受力的人来说，却可能是一个新思路、新发现或新发明诞生的催化剂。审美教育能极大地促进大学生对美的事物的敏锐感受力，进而提高个体对周围一切刺激物的敏锐感受力，激发灵感，发展创造力。

2. 增进丰富的想象力

想象是人对头脑中已有的表象进行加工改造创造出新形象的过程。想象不是凭空产生的，它是以过去感知过的现实中存在的事物的形象为原料加工改造成的新形象。可见，头脑中已有的表象对想象力的发展有至关重要的基础作用。而审美活动对象就是各种自然和社会事物，其特点就是形象性。审美教育可以极大地丰富大学生头脑中的形象，为丰富想象力储备大量的表象材料。同时，审美活动本身就离不开想象，如对文学艺术作品的欣赏，没有想象，审美活动就无法进行。想象力往往是产生创造性思维的一个触点。

3. 发展形象的思维力

按照思维要解决问题的内容，可以把思维分为动作思维、抽象思维和形象思维。抽象思维是运用概念进行判断、推理的思维活动，它是借助于词语、符号来思维的。科学上多用抽象思维的方式认识世界。形象思维是借助于形象进行思维的。艺术上多用形象思维的方式认识世界。审美离不开具体的审美对象，它更多地运用形象思维，因而美育在促进形象思维发展中，有着极为重要的作用。形象思维以具体性和多样性见长，且更具创造性。

（三）发展创新品格

美育通过一个个富有个性的、包孕着创新精神的审美对象，在教育人、感染人的同时，也在培育着人的创新品格。因为只有不落窠臼，富有创造性的东西，才更有审美价值。艺术与创新总是密不可分的，艺术欣赏与想象和联想总是离不开的。创新是艺术的品格，美育重要功能之一，就在于培养人创新的品格。审美教育促进大学生个性发展，主要在于意志自由的选择和观念表达的多样，不断活跃着他们视角、思维、理想，孕育着发现发明的情感冲动，潜移默化地塑造着创新的品格。审美教育在培养大学生对美的追求和对真的探索中，可以提升生活情趣，提高道德水准，进而加深为对人类发展的根本问题的认识，内化为对人类命运关注的情怀，从而激发发明创造的热情，积聚持久而坚忍的意志，把握好用聪明才智造福人类的正确方向。

三、案例分析

在美育的诸多教育目标中，培养创造性精神是核心。以中国画教学为例，当美育落实于具体的中国画教学过程中时，引导学生如何看待传统、进入传统并更新传统，就成了一个实现美育终极价值的现实问题。更新传统，不仅意味着以新替旧，也意味着新、旧连结。在教学中有两种维度不能忽视：一种是回溯过去，与古人的心灵相沟通；另一种是立足现代，与现代人的心灵相融合。只有如此，传统才能变为现代的活水源头而获得不断的自我更新。

（一）中国画美育教学的独特性

艺术教育作为一个宽泛的理论范畴，必须在教学实践中落实到某一个具体的艺术门类上。这里将以笔者长期从事的中国画教学为例，探讨艺术创造力的培养问题。在提出相关的教学实施路径之前，我们首先要明确这种艺术门类自身的独特性，唯有把握了这一点，才能找到正确的教学切入点并达成相应的教学目标。

1. 在技艺训练方面

这里先提到技艺，是因为“艺术”一词的历史内涵就是技艺。任何表达最直接的载体就体现于技艺，这是无法逾越的现实。具体就中国画而言，其最基本的技法体系就是线条，正如宗白华所言：“引书法入画乃成中国画第一特点。”这说明，中国画是一个具有丰富线条意味的王国。早在六朝时期，谢赫就提出了绘画“六法论”，其中较为重要的一条是“骨法用笔”。应该说，这一条法则拉开了中国画与世界上任何其他画种之间的距离，而这种技法的审美特性正是由毛笔这一工具所给予的。

众所周知，毛笔属于软性工具，也正是因为“软”，笔在提按之间产生出丰富的情态变化：按下去可以粗如碗口，提起来则可以细如发丝。汉代书法家蔡邕所说“唯笔软而奇怪生焉”就指明了毛笔的工具特性。而谢赫所提倡的“骨法用笔”是要让软性的笔在运笔过程中获得犹如生命之气灌注之后的力。这在后人的笔法体验中，常常被书画家描述为“折钗股”“屋漏痕”等，极具视觉象征意味，学习者可以借此更好地理解这种力的渗透性。

具体而言，达到这种效果的途径主要是依靠中锋用笔。这种用笔技巧有个关键节点，即人们要在运笔时的不同动作变化中，掌握到力的平衡点，以保证力的聚集。所以，在教学过程中，教会学生们通过各类技法临摹和训练去领会中国绘画线条的独特美感，是中国画美育教学的基础。

2. 在情感体验方面

艺术的本性在于表达，艺术家表达的内容包括思想和情感，而且这两者往往是不分家的。那些具有感染力的艺术作品，其中所蕴含的思想往往隐藏在情感背后，不易被人察觉，这使得情感往往成为人们欣赏艺术作品最显性的入口。这就好比，当我们第一次听到巴赫的《马太受难曲》时，不论是否了解巴赫的生平和曲中的故事，都不会影响我们被乐曲中所蕴含着的巨大的悲悯情怀所笼罩。由此可见，这种巨大的情感力量是超越国界的。在进行中国画教学时，教师也会面临同样的问题，即如何引导学生通过情感体验进入作品。

就中国传统绘画的成熟形态（宋元绘画）而言，绘画作品普遍受到儒、释、道三家思想的影响，而作品中情感的表达大致也超不出这三家思想的范围。从中国思想史的发展历程来看，儒、释、道思想在北宋时期已趋于合流，虽然这三家对真理之“道”的阐发有不同的侧重点，并由此发展出不同的理论框架和行为准则，但总体而言，三家之间的同一性大于差异性。这种同一性就表现在它们都是以天及天性作为对人的基本约束。这种自然性思维，让天和天性规定人的行为、约束人的欲望，这使得传统作品在情感表达上大都显示出平和、冲淡、生机、自然等共通的情调趋向。

当选择历史上的一些经典作品，比如宋代院体花鸟画作为临摹对象时，就需要引导学生们去体验这种中庸平淡而又细腻敏感的情感特质。

3. 在艺术观念方面

艺术除了有相应的技法规定和情感表达之外，还必须有与之对应的艺术观念。正如游戏的规则是在游戏的过程中产生的一样，艺术观念也是在作品诞生之后逐渐被提炼出来的。艺术观念一旦产生了，就会反过来对艺术创造产生制约作用。不过，艺术观念产生之后，也会随着时代的变迁而不断发生变化。具体到中国绘画层面，就绘画中的个体自由表达而言，可以唐代为分界点，大致粗略地分为前、后两个阶段，即唐之前的功能性绘画与唐之后的文人画。这种变化在很大程度上体现为观念的更新，而且也正是在新观念的带动下，绘画从题材到技法都得到了更新。比如，魏晋时期基于人物画创作的”形神”观，逐渐发展为宋元时期的”形意”观，并由此带动了山水题材的兴起。

因此，在教学中，除了基本的技法训练和情感体验之外，需要让学生们大致了解中国绘画观念的发展史，并由此获得一个整体的历史性眼光。当然，要获得这样的眼光并不是一件容易的事情。因为对传统绘画观念演进历程的深刻理解，并不能完全依靠有限的绘画技法课去解决。即便有“中国美术史”等相关课程作为补充，也不能完全弥补这个缺憾，这是因为在目前美术史教材的写作中充斥着千篇一律编年史般的碎片化信息。在这样的碎片化信息中，学生们很难通过透视传统而产生某些个性化理解。这就给教师提出了更高的要求，即他们在教授绘画技法的同时，也要培养学生们的批判精神，即根据自己的阅读兴趣，针对某个历史性的结论提出自己的质疑。

（二）中国画教学中创造性精神培养的两种维度

归纳了中国画教学的三个基本特性之后，下一步要有针对性地提出创造力培养的有效途径。在笔者看来，在传统中国画教学中培养创造力，必须立足两个维度。首先是历史的维度。就历史的维度而言，传统绘画也可以分为以下两个层次。

1. 传统绘画的主流形态

这主要是指宋代的院体画与元代之后的文人画。在这一层次中，我们需要提示学生注意每一个绘画风格转折的历史节点（如由北宋至南宋、由南宋至元等）下，新技法和不同皴法的出现。同时，还要帮助学生找出风格转向与观念改变过程中的先驱人物，比如北宋的苏轼与米芾、南宋的李唐、元代的赵孟頫等。从某个角度来看，应该说没有苏轼对王维的称赞，就没有文人画理论的创立；没有米芾对董源的发现，就没有文人画视觉范式的建立；没有李唐的晚年革新，就不可能出现“马一角”“夏半边”这样的新风格；没有赵孟頫的独辟蹊径，也就没有其后“元四家”创造的文人画高峰。这些绘画史中的关键点不能被忽略。在这样的教学过程中，教师要引导学生尽可能地学会去想象并还原当时的历史情境。因为随着后代画家不断模仿和重复，以前的绘画作品可能在现在看来已经稀松平常，甚至会令人产生审美疲劳。我们只有在把握了当时的主流绘画风格之后，才可能去理解这些伟大观念和风格的缔造者在当时是怎样的石破天惊，又有着怎样的孤独境遇。

2. 主流绘画之前的绘画形态

如唐及唐以前的墓室壁画、石窟壁画、画像石、画像砖、帛画、漆画等这些绘画风格的演进更为驳杂，创作者的来源更为多元，有宫廷画师、民间画匠，还有域外画工。从这些早期的民间绘画作品中，我们可以感受到，中国绘画之所以能够形成别具一格的审美特质，正是因为有这些丰厚的民间及域外艺术样式作为养料。比如中国早期士人画通过对佛教绘画的借鉴，很快就发展出了精密的体制与风格。从这些早期绘画中，我们会发现，尽管它们具有某种功能性，或为驱邪，或为祭祀，或为装饰，但工匠在满足绘画功能性的同时，也融合了很多自己对生命、对自然的感悟，充分发挥了其非凡的想象力和大胆的创造精神，从而绘制出了一个个深具生命活力的艺术空间。就上述两者而言，如果说文人画主要倾向于表达超脱的心境和精微的笔墨之美，那么民间绘画则更多体现了画者不专规矩的自由意识和有着勃勃生机的朴拙之美。由此，当我们引导学生在传统的基础上进行创新之时，目光自然要囊括文人画和民间绘画这两个层面。其次是现代的维度。现代的维度也包含两个层面，一是时间，二是空间。

对于时间而言，现代与传统相对应，而传统作为已完成的事物，既是过去的终点，也是未来的起点。在对待传统方面，人们往往会走向两个极端，要么将之视为“非遗”类的死去之物而弃如敝屣，要么将之视为国之瑰宝，不容玷污。其实，传统和一切自然生长的有机体一样，有死去的部分如枝叶，也有鲜活的部分如种子。不过这“种子”需要在新的土壤中吸收新的养分，才能发出新的嫩芽。具体到中国画教学中，我们首先要提醒学生，如今已经是全新的技术化、信息化时代。曾经在传统绘画中占有重要地位的山水画和那种寻山问道、风雨夜归等牧歌式的情感抒发方式在现代似乎没有了可依存的丰厚土壤。因此，我们需要寻求到某种艺术表达方式去真实地表达当下。就空间而言，现代依然是全球化的概念。自“五四”运动以来，我们社会生活的许多方面受到西方影响，而这种影响也必然渗透到了艺术领域，传统意识根深蒂固的中国画创作领域也不例外。

在现代以来的大多数展览中，“中国画”被“水墨”一词所替代，就是这种“西化”潮流的明证。因此，我们在教学中要引导学生合理吸取西方近现代绘画的成就，并提示他们哪些可以与中国画的特征相结合，哪些可以弥补中国画的不足和盲点，以期帮助他们获得更为多样的艺术表达方式。可见，创造永远只能是基于“此时此地”的创造。

（三）通向中国画创新能力培养的路径

那么，什么样的创造才是基于“此时此地”的创造呢？我们可以对应前面所谈过的中国画的三点特性来讨论：

1. 在笔墨技法方面

古人根据笔、墨、纸的工具特性所发展出来的丰富的用笔、用墨技巧，应该予以保留与传承。不过值得注意的是，传统绘画中的笔墨经验主要是对书法用笔经验的移植，而在笔、纸工具日益多元化、颜色开发日益精细化的当下，也应给予笔墨工具突破的空间。比如，中国台湾画家刘国松使用自制的纸张，以“抽筋扒皮”式的技巧来替代传统的笔墨皴法，产生了很多现代的视觉效果；湖北画家刘一原创造性地将白粉作为绘画中的主要颜色，与墨色相对撞，也使画面产生了不同寻常的沧桑感与厚重感。这说明，传统的笔墨美感经验固然有其很迷人的一面，但并非没有开拓的空间。现代人在理解传统笔墨的同时，完全有权利根据自己的表达需要，去创造新的技法和新的作画工具。在这样的意义上，传统笔墨就应当褪去狭隘的文人画光环，重新回归于工具性。

2. 在情感表达方面

古人在儒、释、道思想的辐射下，普遍追求精神世界的超越性，情感表达也趋于中和、平淡与内敛。这种趋向在明清时期愈演愈烈，使绘画逐渐走向了一个只关注内心而不关注现实、一味调弄笔情墨趣的狭小领域，而这也正是传统绘画走向没落并遭到后人诟病的主要原因。当进入一个技术化的时代之后，这种牧歌式的情感表达显然不是这个时代的主流。反观当代画坛中的城市水墨画，无论是李孝萱笔下怪诞变形的路人、李津笔下艳俗的饮食男女，还是刘庆和笔下孤独彷徨的灵魂，无不反映着当下的个体情感，引发了观者的强烈共鸣。当然，这并不是对传统绘画之内在精神的否定。比如在情感表达上，我们可以保留古人的超越意境，但这种超越必须具有新的情感指向，如此才可以获得当下的意义。

3. 在艺术观念方面

古代画论中的“以形写神”“以形写意”“以书入画”“诗画一体”等观念，严格来说都是文人画这棵树上所结的果。当文人之“天道”在当今早已隐退之时，文人画的相关观念就应该得到重新审视。比如，在现代普遍注重艺术张力的画面结构中，题款是否必须是一本正经的书法或是诗词？当代画家朱振庚就常常用题字占据了画面的大半部分空间，而且这些文字都是画家日记式的拉杂感想，其主要目的是与画中的人物形成面与线的组合关系，亦土亦洋，亦正亦邪，富有趣味。因此，在艺术观念上，我们也要启发学生从自己的认知和感受出发，灵活地运用这些绘画观念，开拓新的绘画意境。

第二节　美育对创造性思维发展的影响

美育在促进个体审美能力发展的同时，也在促进着创造性思维的发展。如果说德育偏重于伦理，智育偏重于认识，体育偏重于身体，那么美育则始终为创造性思维的发展提供了广阔的空间。

一、美育教育的核心是培养人的创造性思维

我们在读小说或看电影、戏剧时，都是随着既定的内容发展变化而去思考，而最后的结果也是由其过程所决定，即以被动思维为主。我们在“读”音乐时，如交响乐欣赏或无标题音乐欣赏，在这个过程中，“读”者没有完全受到过程的制约，特别是对结果的定论，完全可以由“读”者的想象来给一个答案。

现在中国的学生在接受教育方面很大一部分都是定式教育，学习的结果是外在决定你的，是由过程所决定。当然，这也是一些学科的属性决定了的，如数、理、化等。但是，以对人的培养角度来说，这是有所欠缺的。我们的教育理念还应该对学生更重要的另一方面给予补养，即美育式的创造性思维培养。达到人的思维平衡发展，这样培养出来的人，才是符合社会发展需要的比较全面的人才（道德教育、理想教育、自立教育、合作互助教育等均在其中）。

我们通过听觉得到的完整信息，都可以用形象思维来处理，其结果（答案）可以是迥然各异的。而通过视觉得到的信息，其结果基本上是一致的。

大型音乐作品欣赏，其在体裁上是像一部戏剧、一部电影或一部小说，有故事情节，当然，音乐的“故事”不像语言文字那样，反映很具体。音乐是抽象的，需要形象思维（主动思维），听者可以根据自己所接收到的音乐信息，充分发挥自己的想象内容，特别对于无标题音乐，想象的内容可以是零碎的。但有一点必须清楚，要有基本的音乐之耳，快乐不能理解为悲伤，反之亦然。快乐或悲伤可以是各式各样的。例如，10 个人同看一部小说，你问他们内容和结果，回答都大体相当（这种思维是没有得到创新锻炼的）。而同样 10 个人同听一部音乐作品，其回答的内容和结果绝对没有都相同的（原因是他们已在发挥不受约束的创造性思维），这就是音乐的主要功能，即可以培养人的独立思维和创造性思维。例如，一段描写雷雨的交响音乐，作品运用绚丽的配器、富有生气的音乐形象，极不协调的和弦，以及高亢威力的铜管声部，加上弦乐和木管声部的半音阶快速演奏，使风、电、雷、雨的描写达到了逼真的效果。有的人听后感到是描写一幅风雨大作、雷电交加的险恶情景；也有人听后感到是在某农村持续的干旱后，农民兄弟所期盼已久的雷风“上帝”终于来到了凡间大地的喜悦情景。同样一段音乐，有的感到险恶临近，有的感到喜悦到来（这就是主动思维、形象思维、创造性思维，当然，听者的不同经历和修养程度会导致这种不同结果）。

一段描写大自然的优美动人的音乐，也会给人以不同的想象结果。像鲍罗丁的交响音画《在中亚细亚草原上》，由于配器上的艺术处理，听者就出现两种不同的反应。第一种：感到草原的美丽，大自然中的任何东西都不可能比它们更美丽了。整个地面形成一片金色带绿的海洋，上面点缀着千万朵各种各样的花。鹧鸪伸长颈脖，在麦穗的细根下面游窜。一只鸥从草丛里有节奏地振翼飞起，飘逸多姿地浮游在空气的蓝色波浪里。第二种：平原上麦子黄了。黎明的风，带着清新的香味，轻轻地从麦梢上滑过。麦秆柔和地摇动起来，沉甸甸的麦穗便一起无声地摇曳着。成群的麻雀，愉快地吱吱叫着，穿过这轻薄的气流从麦田上空飞过。太阳出来了，白色的气流变成了红色；风继续吹过来，气流飘散了，太阳便以它最初的赤金般的颜色覆盖在麦田上；麦田便像海一样，泛起一片金光，涌起无边无际的金色麦浪。

他们在聆听的过程中，音乐是相同的，但进入他们的大脑后，各自的思维过程就发生变异，便出现了不同的感悟和对音乐的描述。这与数学的逻辑思维是截然不同的。

对一首音乐作品的感受，人们可以根据现实生活中的各种现象加以选择、综合，然后创造出具有一定思想内容和审美意义的具体生动的结果（答案），这时，人的思维活动是主动的、有感情的、有创造性的……这也在潜移默化地提高人的思维素质，也是音乐艺术区别于其他运用概念、论证、推理等方法的科学属性的一种反映现实的特殊手段。

创造性思维的具体体现是形象思维（形象思维本身就是创造），它一般不脱离具体形象，而只是舍弃那些纯粹偶然的、次要的、表面的东西。其与逻辑思维不是相互排斥的，而是相辅相成的。听者的思维是在平时通过对现实生活进行深入观察、体验、分析、研究之后，通过想象、联想、幻想，伴随着强烈的感情和鲜明的态度，运用集中概括的方法，创造出完整而富有意义的结果——艺术形象，以表达自己的思维观点。

当然，这种创造性思维的培养有它的科学性，即由易到难、由浅入深、循序渐进，手法丰富多彩，类型各异。我们不提倡学生死记硬背，建议到图书馆、书店自己找参考书，养成独立思考的研究习惯。要多设置实践课、讨论课（学生随意发言，发表见解，轮流叙述他们自己的见解，使人人都有参与的机会和主动思维的机会）。

音乐是富于创造性的，它具有不可定向的特点。个人的领悟和情感不同，对音乐的创造也会各有所异。音乐作为一种情感艺术，它的魅力在于能给人一种驰骋想象的空间。一个人一生中没有想象或不会想象，那是苍白的人生；一个民族如果缺乏想象，那她的前景是可怕的。

在思维方面，不同年龄、不同学段的学生创造性思维类型也有所不同。教师要爱护学生处于萌芽期的思维内容，并善于引导，将学生不完整性的思维游离引导到理性的自觉平台上。在唤起学生的创造性思维工作中，教师要把自己放到与学生平等的位置上，营造民主气氛，这样可以帮助学生进行心理放松。在轻松的环境下欣赏音乐，就连少数缺乏自信心的、有自卑感的同学，也会被激发思维的积极性。

二、美育可以发展思维的功能

（一）美育发展思维敏锐性的功能

敏锐性是创造性思维的第一个品质。具有思维敏锐性的人，善于捕捉那些微不足道、转瞬即逝的现象或特征，善于在别人司空见惯、习以为常的地方发现问题。牛顿从苹果落地的现象中发现了万有引力定律；瓦特从水蒸气冲动壶盖的现象中发明了蒸汽机。格雷格说：“对大自然最细微的逸出常规举动十分注意，并从中受益，这种罕见的才能是否就是最优秀研究头脑的奥秘，是否就是为什么有些人能出色地利用表面上微不足道的偶然事件而取得显著成绩的奥秘。在这种注意的背后，则是始终不懈的敏感性。”

美育具有发展思维敏锐性的功能。从认识角度而言，审美感知不是一种机械的复制，而是一种主动的反映，过去的经验在内心积淀种种“图式”，某些特定的期望决定选择那些“图式”。这种“期望”和“图式”总是自觉或不自觉地支配着人的知觉活动，使人的知觉选择某种事物的一个方面或几个方面，而抑制和舍弃它的另外一些方面；使某些方面突出、鲜明、生动、活泼，而使另外一些方面模糊、沉寂或消失。与普通知觉相比，审美知觉不是和功利目的联系在一起，而是和美的形式联系在一起。这种对美的形式的敏锐性，在艺术美的创造中尤为明显。一个优秀的艺术家往往能捕捉到那些最激动人心的瞬间和最具代表性的素材，塑造出独具特色的艺术形象。倘若审美感知能力迟钝，没有“音乐感的耳朵”，没有“感受形式美的眼睛”，再美的音乐和图画，也毫无意义。固然，人的审美感知与人的修养、禀赋、才华、气质等密切相关，但对审美感知能力影响最大的却是后天的审美活动。马克思指出，“艺术对象创造出懂得艺术和能够欣赏美的大众——任何其他产品也都是这样。因此，生产不仅为主体生产对象，而且也为对象生产主体。”这就是说，经常接触艺术，受到美的熏陶和感染，不但能提高人的审美感知能力，而且对于发展思维的敏锐性有着不可低估的意义。

（二）美育发展思维灵活性的功能

灵活性是创造性思维的一个重要特征。它主要体现在人能摆脱思维定式的消极影响，从新的角度去考察研究对象，并根据观察和实验结果的变化，及时修正自己错误的观点和假说，使思路能够不断服从变化着的客观现实。被恩格斯誉为“近代化学之父”的道尔顿，克服当时化学家解释混合物和化合物区别的亲和理论的思维定式，从大气物理的角度进行考察，结果澄清了许多化学家迷惑不解的混合物均匀问题，提出了元素化合的倍比定律和“化学原子论”。许多科学实践证明，越是解决带有突破性、前瞻性的问题，越需要思维具有高度的灵活性。思维的灵活性源于信息、材料、经验、表象的广阔性。在审美活动中，由于想象活动的参与，使思维的灵活性和广阔性得到了空前提高。想象借助黏合、夸张、变形、浓缩、抽象等多种方法，对感知材料进行充实、丰富、抑制或削弱，从而创造出大量的审美意象。例如，埃及的狮身人面兽、传说中的美人鱼、神话中的九头鸟、宗教中的千手佛等，所有这些都是在艺术想象基础上进行再加工的结果。可见，想象为现实生活中不存在的意象及其建构，开辟了无限的广阔性。在想象中，一切事物的界限都显得模糊而沉寂，生活经验、逻辑规律、时空限制、物种区别等都不复存在；幻想与现实、历史与未来、现象与特征、本质与规律、假说与理念等都融为一体，从而使个体的创造性思维获得了无限的灵活性和广阔性。

（三）美育发展思维整体性的功能

思维的整体性是指全面占有外来信息，从整体上综合地揭示研究对象的本质和规律。马斯洛指出，对于伟大的科学家和艺术家来说，“他们全都是综合者，都能把分离的甚至对立的东西纳入一个统一体中”。我国杰出的科学家竺可桢，从青年时期到逝世前一天，几十年如一日，每天观测当天的气温、气压、风向和湿度等气候要素和物候变化。在别人眼里，这些观测到的数据，可能是孤立的、零散的、杂乱无章的。而竺可桢的光辉创造，就在于他从维护自然界的规律性出发，整体地把握了他观测到的全部数据和搜集的资料，写出了内容丰富的《物候学》和《中国近五千年来气候变迁的初步研究》等重要著作。

美育具有发展思维整体性的功能。因为审美就是从整体上把握现实。在审美过程中，审美感官的感觉不是孤立的，感觉与感觉之间存在着相互联系，并且迅速过渡为知觉，形成对于事物的各个不同的特征——形状、色彩、光线、空间、张力等要素的完整形象的整体性把握。这种知觉整体虽然是由各个要素构成的，但绝不是要素之和，而是一种全新的整体。客体本身并非就是“整体”“完形”，这个整体是主体知觉构建的结果。主体知觉首先感知到对象的整体，然后才关注整体中各个要素、部分。例如，观赏风景，欣赏者并不只是看一棵树，一块石，一条溪流，而是由山林石泉所构成的完整的画面。欣赏文学作品，并非是认识若干词语和句子，而是通过语言描绘在脑海里形成想象性的完整形象。听一首曲子，也不是孤立地感知一个个音符，而是感知它的整体结构，即旋律及其组成的音乐形象。由此可见，审美即对事物的整体把握。通过审美教育发展审美能力，很重要的一点就是增强个体从整体上综合把握事物的能力。这种能力在构造上与思维的整体性有一定的同构关系。在审美过程中，知觉与想象具有运用完形组织原则处理感觉材料，对知觉对象进行综合、叠加、黏合、变形、补充和夸张，形成新的审美意象的能力。因此，以培养审美能力为主要任务的美育应当包含发展思维整体性的功能。

（四）美育发展思维独特性的功能

独特性是创造性思维的本质特征，它主要体现在对思维成果准确、有效的揭示上和新观点、新理论、新模型、新图式的构建上。哥白尼的“日心说”、爱因斯坦的“相对论”、魏格纳的“大陆漂移学说”等，都是运用思维的独特性，进行重新建构的结果。

作为艺术教育的美育，充分鼓励思维的独特性。因为，艺术就是创造，艺术美的主要特征是独创新颖，不可重复。例如，同一个描写田园风光的题材，在不同的艺术家手中，有抒情的，有状物的，有造型的，有想象的，有夸张的，有写意的……风格各异，迥然不同。难怪有人说，艺术就是一种“魔术般的形象综合”。事实上，在艺术创造的过程中，艺术家往往要突破常规，发现或重组他未曾发现、未曾组合、未曾体验过的新的结构或关系，从内容到形式，独出机杼，竭力创造出独特新颖的艺术作品。虽然这种艺术作品有时候表现为追求时髦和肤浅，有时候表现为意蕴深刻和独特，然而它却在一定程度上发展了思维的独特性。不仅如此，在自由的审美过程中，主体还可以放弃过去那种有目的、有方向的思维活动，而任想象力自由飞驰，在自由联想的过程中，构造出独特性的审美意象；而过去那些遮遮掩掩的诸多想法，便完全可以在自由的审美过程中付诸实施；那些曾被蒙上尘埃的个性特征，便在一定程度上恢复了真的面目。此时，主体是快乐的、满足的，处于一种身体无痛苦、灵魂无忧虑的状态，并尽可能通过更多的关照来调整自己的心态，运用自己的知识，独立地发现问题、分析问题和解决问题，在审美活动中，养成自己独特的个性品质，从而成为一个富有独创性的人。

三、美育可以培养和激发创造思维

（一）美育与灵感思维

在创造发明活动中，科学家和艺术家有时会陷入困境，苦思冥想，不得其解，却因某种启发，茅塞顿开，突发领悟，产生创造火花，这种心理状态通常被人们称为灵感。由于灵感的到来带有偶发性，思想者本人也说不清它的来龙去脉，所以它常常被披上神秘的面纱。唯心主义者用神赐、天才、无意识来解释它。柏拉图说，灵感是神赐的狂迷。苏格拉底说，缪斯之神才是灵感的源泉。本格森则强调，灵感是先验的本能等。其实，灵感是一种创造性思维形式，是一种短暂的最佳的创造状态。它在本质上是大脑经过紧张的思考和专心的探索之后而产生的思维质变，也是思维活动中渐进过程的中断和升华。

灵感的出现需要有一定的诱因，而通过艺术活动所积淀起来的艺术修养和正在进行的审美活动，则为灵感的产生提供了经常性的机遇。爱因斯坦在构思相对论的论文时，“喝完了咖啡就走到钢琴跟前，开始弹琴，时而弹几下，时而停一会儿，记下一些什么……然后回到楼上的书房里，谢绝了别人的打扰，两个星期之后，他说自己写的是相对论。”虽然我们不能穿凿附会地断言，是弹钢琴弹出了相对论，但是，我们可以肯定弹钢琴给他带来了灵感。科学史上类似的事例还有很多，例如，开普勒关于行星运行第三定律的提出，是受了他家乡和谐曲的启迪；威尔逊设计的世界上第一个“云雾室”，在很大程度上得力于欣赏山顶白带似的云雾引起的联想。

灵感产生的关键阶段，需要主体给意象的转换造成一种有利的心理状态。这种心理状态正是艺术创造和审美活动中要求的那种精神上的解放和自由。事实上，经过长期的艰难探索之后，创造者受到美的熏陶和感染，必然会产生一种极其自由、和谐的心理状态，使主体的感性与理性、准备与顿悟、兴奋与抑制、意识与无意识、能力与潜能、理念与直觉等得到充分的沟通与契合，从而达到“一种自我、本我、超我和自我理想的融合，一种原发性过程与继发性过程的融合，一种快乐原则与现实原则的融合，一种毫无恐惧的、能够使人达到最高成熟的健康回归，一种人在所有水平上的真正的整合。”此时，主体目标集中，浑然一体，思路敏捷，思维活跃，想象飞驰，联想丰富。各种意象，迅速组合，快速转换，创造者的创造力产生质的飞跃，创造力新的效应出现了，灵感跃出。可见，通过审美教育获得的审美心境不仅是灵感产生的催化剂，还是自由审美之所以成为灵感钥匙的内在心理成因。

（二）美育与直觉思维

直觉是创造性思维的一种基本形式，其本质是大脑对事物的瞬间判断。通常人们通过感性器官的感觉，只能认识事物的现象；而理性的直觉却能直接洞察事物的本质，并产生有价值的设想和预见。所以，许多科学家常把直觉看成是创造的起点，是创造性思维的源泉。汤川秀树在《创造力和直觉》一书中写道："对于物理学进一步发展来说仍然是不可缺少的抽象思维能力，只靠自己是不能起作用的。它总是以直觉能力的存在为其前提，而直觉能力在古代希腊的天才和中国的天才那里都是天赋甚高的。看来重要的问题在于直觉与抽象之间的平衡或协作。"

美育是美感教育，美感作为自由感受渗透着理性的直觉能力。贝弗里奇指出："有相当部分的科学思维并无足够的可靠知识作为有效推理的依据，而势必只能主要凭借鉴赏力的作用来作判断。"他把这种鉴赏力描写为美感或审美敏感性。按康德的哲学术语，称之为审美判断。审美判断和逻辑判断不同，它的根据不是概念而是直觉。这里所说的直觉虽然不同于审美直觉，但共同的本源使得两者之间有许多相通之处。事实上，在我们欣赏美时，无论是一幅画，还是一处风景，不需要做出逻辑的分析与推理，都可以迅速地得到审美直觉的感受和判断。只要主体掌握的信息是全面的，这种感受和判断在一般情况下与主体严密的逻辑分析结果是一致的。这是因为主体在对过去见过的许多相似的形象作分类编码储存时，已有意无意地进行过抽象的、理性的、观念的分析和判断，也就是说，对美的对象的抽象和分析已实际地体现于审美直觉。显然，审美直觉不是单纯感性的猜测与估计，而是感性渗透着理性，是直观的又是推理的。因此，通过音乐、绘画等审美艺术活动，不仅能训练人的审美感知能力，而且从听觉、视觉等方面发展着人的直觉思维能力。

（三）美育与想象力

想象力是创造力最本质的内涵，缺乏想象力就意味着创造力的匮乏。培根说："想象因为不受物质规律的约束，可以把自然界里分开的东西联合，联合的东西分开，这就在事物之间造成了不合法的配偶与离异。"然而，正是这些不合法的"配偶"与"离异"，为科学的创造、发明开辟了比逻辑思维更为广阔的通道。爱因斯坦指出："应该有权让自己的想象力自由奔驰，因为要达到目的没有别的办法。"

美育是培养和训练想象力的最佳途径。在审美教育过程中，主体被带入想象世界之中，使想象空前丰富和活跃起来。由于审美想象较少受对象本身的条件的制约，并且完全不受直接物质功利目的的限制，所以它不仅是一种再现已有的物态形象的再造想象，更重要的还是一种创造性想象。然而，无论哪一种想象，都能打破时空条件的具体限制，追溯过去，展望未来，调动表象储存，进行重新组合，创造出具有独特审美意蕴的全新意象。正如刘勰所说："寂然凝虑，思接千载；悄焉动容，视通万里；吟咏之间，吐纳珠玉之声；眉睫之间，卷舒风云之色。"审美想象的这一特征，使得主体能够领悟到"言外之意""弦外之音""象外之旨"，对客体的评价和判断更加深刻，能够获得更为新颖的、独特的审美意象。事实上，科学结论即将产生的瞬间，推理活动既不单纯借助于理性概念，也不借助于事物的直接形象，而是借助于意象。科学技术的创造与发明，正是在想象中这些意象筛选、碰撞、联系、组合的产物罢了。

第三节　美育对潜意识活动的影响

一、美育心理概述

（一）美育的基本概念

美育是有目的、有计划、有组织地通过各种美的事物，培养和发展学生的审美心理，提高学生认识美、欣赏美、表现美和创造美的能力的特殊教育活动。美育的目标就是要以自然美、社会美、艺术美和科学美等基本内容，促进学生审美心理素质发展和整体心理素质全面和谐发展。

（二）美育心理的基本概念

美育心理是主体在审美或美育活动中的心理特征及规律的总称，是美育心理学的研究对象。美育心理学就是研究美育心理的学问，是研究美育过程中教育者和受教育者心理活动的规律及心理品质的形成和发展的科学。美育心理学作为教育心理学的一部分，填补了传统教育心理学体系较少关注和研究美育活动中的心理问题之不足，使教育心理学的学科体系与完整的教育体系相适应。

（三）美育和美育心理的关系

美育和美育心理的研究各有侧重。美育研究更着重于美育的基本原理、原则、方法和作用等问题的探讨，而美育心理研究更强调美育活动中主体心理活动的过程和规律、美育效应发生的心理机制等问题的研究。在某种意义上说，美育心理的研究必须以美育活动为前提，而美育功能的发挥又必须通过美育心理效应起作用。

二、美育心理活动与美育心理效应

（一）审美心理结构及其发展

1. 审美心理结构

审美是一种特殊的心理活动，它是在客观现实中的美的事物作用下，个体头脑中产生的对美的事物的认知加工、情感体验和行为反应活动。审美心理活动是外部事物的审美特征和个体内部审美心理结构交互作用的结构，既由外界的事务所引起，又受到个体内部审美心理结构的制约。

（1）审美心理状态

个体从接受审美刺激到产生审美认知、情感体验等心理反应，依赖于特定的心理准备状态，即审美心理状态。

1）审美注意

审美注意是在审美过程中，审美主体对审美对象的指向和集中，是审美主体被审美对象所吸引并专注于审美对象而产生的一种特殊的心理状态。审美注意更关注审美对象的外在特征而不是内在品质，具有充分的直觉形象性；具有更大的范围、更强的稳定性，因为知觉对象排列得越集中、越有规律则不仅越被注意，而且越具有形式美；更具有明显的情感色彩和非功利性质，愉悦性强而意志控制少。

2）审美期待

审美期待是指审美主体在审美注意状态下产生的主观上希望审美对象出现或审美活动发生的一种心理状态，是精神上对美好事物的渴求。审美期待的结果是使主体的审美需要得到满足，获得情绪上的愉悦和精神上的享受，一旦产生，主体就会对审美活动表现出积极主动性和渴望感。

3）审美态度

审美态度是审美主体从对客观对象的实用功利性的关注或理性认识转变为对对象的感性特征进行直观把握，从而体味其中蕴含的情调、韵味和精神的一种观照态度。它是审美注意和审美期待的有机结合。审美态度中的情感倾向成分更为强烈。艺术家和常人的重要区别在于艺术家善于用审美的态度去看世界。

（2）审美认知过程

1）审美感知

同其他认识活动一样，审美感知也是以感性认识为基础的。它包括审美感觉和审美知觉，是审美心理活动的基础。审美感觉是人脑对直接作用于感觉器官的审美对象的单个审美属性的直接反映，是审美心理活动的初始环节。审美知觉是指人脑对作用于感官的审美对象的整体属性的直接反映，它是在审美感觉的基础上产生的对审美感觉信息的整合和解释。审美感知具有更强的整体组织性和生动愉悦性，即在审美感知活动中，审美主体总是全神贯注于审美对象，达到入迷状态，并根据相似、接近、闭合及连续等知觉原则对感性材料进行选择处理，从而强化对象的审美表达功能。

2）审美记忆

审美记忆是人脑对审美对象的识别、保持、再认或回忆，是审美心理活动展开的基础和条件。任何审美刺激都依赖于个体头脑中已有的知识经验，才能被理解、同化。学生头脑中原有的图式越丰富审美活动就越容易发生，并顺利进行。关系最为密切的记忆是形象记忆、情绪记忆。

3）审美联想与想象

审美联想与想象主要指一种由审美对象的刺激而联想到与此相关联的另一事物而产生的审美心理活动。通过审美联想，可以把审美对象表现得更为鲜明生动，使审美体验更强烈、更丰富，从而对美感的产生和深化起着重要作用。审美想象包括再造性审美想象和创造性审美想象，比一般想象更鲜明、更生动、更具感染力。

4）审美理解与评价

审美理解与评价是在审美感知的基础上，运用审美联想与想象，对审美对象的意味、内容及象征意义的整体把握，是探求审美对象内部联系的理性认识活动，具有直觉性和领悟性。

审美理解是一种不脱离具体形象的感受与体会，给人的是欣赏而不是推理，是领悟而不是说教。个体的审美有两个层次，即表层理解和深层理解。审美评价是审美心理活动的调控环节。在不同的审美活动中，审美评价的表现是不同的。

（3）审美情感体验

审美情感体验也称美感体验，是个体在审美过程中形成的、与审美认知过程密切相连的、个体对外部事物是否满足审美需要的心理体验。审美情感是一种愉悦的体验，是带有倾向性的体验。

（4）审美个性心理

1）审美心理倾向

审美心理倾向包括审美需要、审美兴趣、审美价值观等成分，它使个体倾向美的事物和回避丑的事物。审美需要是个体对审美活动的把握和感受的强烈愿望。马斯洛把审美需要看作人对对象的结构、秩序、规律、对称性的需要。它是个体审美活动的动力源泉。审美兴趣是个体追求美、向往美、积极地理解美和评价美的审美认知的倾向性。审美价值观是个体根据自己的审美需要对事物的美丑作出评价时的观念系统，它是个体审美心理倾向的核心，具有规范性、导向性的特点。事物对个体而言是美的或是丑的，主要取决于个体的审美价值观。

2）审美心理特征

审美心理特征主要包括审美性格类型和审美能力。审美性格类型分为主观欣赏型、客观欣赏型、联想欣赏型、性格欣赏型。审美能力是影响审美活动得以顺利完成的心理能力，即主体发现、感受、欣赏与评价自然界和社会生活中各种事物、现象的审美特征及价值所必需的心理能力。

2. 审美心理的形成与发展

（1）审美心理的萌芽期

个体在什么时候出现什么的能力，是一个尚未解决的问题。一般认为，人的审美心理在婴儿时期就表现出一定的倾向性，即对鲜艳的颜色、和谐的声音、规则的形状等简单形式具有积极的定向反射或初步的感知倾向，表现为一种本能或潜能。这也反映出个体的审美能力最初来自遗传的普通感知能力，尤其是其感受性的高低。

（2）审美心理的发展期

进入幼儿期，个体开始学习简单的绘画、音乐、舞蹈、体操和手工等，他们在这些活动中能够明显地感到与生理快感不同的审美快感。

（3）审美意识的形成期

到少年时代，由于个体知识范围的扩大、思维能力和想象能力的提高，加上情感的丰富和性的成熟，其审美心理结构有了飞速的发展。包括审美感受、审美评价、审美欲望和审美理想在内的审美意识初步形成了。审美心理发展表现为：第一，审美范围日益扩大；第二，审美评价的形成；第三，审美感受增强。

（4）审美鉴赏能力的提高期

审美是一种高级的精神活动，对审美对象的感受、理解和评价是无止境的，对美的追求是没有尽头的，虽然青年人审美鉴赏能力得到了提高，但对一些高深的艺术作品还缺乏鉴赏能力，对一些专业性较强的艺术领域也无法真正欣赏。例如，有的青年人喜欢交响乐，但对交响乐的丰富内涵不太了解；有的青年人热爱艺术，但对艺术大师的精湛作品常常表示“欣赏不了”。可见，审美鉴赏能力的发展和提高是一个毕生的过程。

（二）美育心理活动

1. 美育心理活动过程

（1）审美准备阶段

在审美准备阶段，主体虽然还没有对审美对象进行认知加工，但它是审美活动得以顺利完成的必要前提。审美准备阶段是指个体进入审美活动的预备阶段，又称初始阶段。其突出特点是：审美主体将自己的心理活动指向于审美对象，引起审美注意，产生审美期望，即形成对审美对象的一种渴求状态；其典型特征是中断日常意识，而转向景色意识，即为对象的形式特征所打动。

（2）审美实现阶段

审美实现阶段是个体对审美对象的认知加工和情感体验阶段，反映的是主体对审美对象的感知、识别、联想和理解，以及由此而产生的审美情感活动。它是个体审美心理活动的主体，其突出特征是认知活动与情感活动的交织融合、交互作用。根据水平不同，审美实现可表现为：审美直觉、审美领悟和审美超越三个层次。审美实现过程就是审美感知、审美联想与想象、审美理解与评价、审美情感体验等一系列心理活动的同步展开过程。

（3）审美效应阶段

在审美活动中，当审美对象离开审美主体时，审美对象的现实加工就宣告结束，随之进入审美效应阶段。效应是多方面的，一是对当前审美活动的直接效应，二是对个体未来审美活动的间接效应。直接效应是对审美对象的继续评价和对审美欲望的强化。间接效应主要是对未来的审美活动的影响。

2. 教学审美心理活动特征

（1）认知形象性

认知形象性指教学审美活动强调以激发和调动学生的形象思维来参与学习和问题解决。教学要实现审美转化，就要以美的形象吸引人、感染人，令人感觉生动、活泼、有趣，从而在生动有趣的形象体验中实现教学目标，达成教育目的。

（2）情感激励性

情感激励性指教学要以情激思，以情启智，通情而达理，一方面，指审美化教学追求的是以情感人而不仅是以理服人，强调情感因素在教学活动中的动力作用；另一方面，指审美化的教学有利于培养学生积极而稳定的情感，实现教学促进学生积极情感的发展目标。情能激思、启智，人的思维需要情感去滋润和培养。卢家楣提出了教学的情感激励策略等。老师不以积极而饱满的情感投入教学，绝不可能使课堂充满爱，充满亲切和蔼的气氛，就绝不可能使学生体验到令人愉悦的美感，也就不可能产生教学的美育心理效应。

（3）自由创造性

自由创造性指在教学审美活动中，教学具有自由创造的特性，其教学影响不是强制的，而是在自由与安全的心理空间中，通过对情感的熏陶、感染，潜移默化而实现的，表现为师生体验愉悦、主动参与，思维不受传统和陈规的约束，敢于创造，善于创造。学习活动中的创造性被苏霍姆林斯基称为“美育中的精灵”。

（三）美育心理效应分析

1. 美育心理的认知发展效应

（1）提高审美能力，完善审美心理结构

美育对个体的影响，首先表现为促进个体审美心理结构的形成、发展和完善，即以美育美。具体表现为：第一，完善审美认知结构；第二，丰富审美情感。“悦耳悦目”“悦心悦意”“悦志悦神”，如崇高感，理智感；第三，形成正确的审美价值观。

实验证明，经过美育训练的学生，其视觉和听觉审美经验丰富而敏感，其审美欣赏、审美表现和审美创造的水平明显优于未经训练的学生。在有目的的美育活动中，学生面对丰富多彩的审美经验，促进了审美情感的发展和深化。学校通过开展符合美育心理规律的美育活动，对学生的审美价值观进行有目的、有计划、系统而正规的教育，有助于矫正个体在社会文化背景中自发形成的一些错误的审美价值观，形成正确的审美价值观。

（2）促进知识掌握，提高学习效率

美的对象与人的大脑神经系统的活动存在一定的对应关系。凡是美的刺激就更易激活大脑的高级中枢，引起大脑对该刺激的精加工，导致对该刺激的深刻理解，从而提高学习效果。在美育或教学审美活动中，由于激发和调动了学生审美心理活动，提高了学生智力活动的加工水平，从而提高了学科学习的效率。

（3）开发认知潜能，促进一般认知能力的发展

正如里德所说：“人的个体意识，尤其是智力和判断力是以审美教育——各种感受力的教育为基础的。”陈红研究发现，审美教育对小学生的创造性思维能力有极大的促进作用，对低年级学生思维的流畅性和变通性，中年级学生思维的流畅性和独特性，以及高年级学生思维的流畅性、变通性和独特性具有明显的促进作用。因为在审美活动中，审美对象以其直观形象性为学生提供了丰富的表象，能促进形象思维的功能，从而开发了大脑的潜能。

2. 美育心理的人格培育效应

（1）培育良好品德

通过美育能丰富学生的道德情感体验，促进道德评价能力的发展，培养良好的道德品质，实现以美促德的功能。符合“寓德于乐”的原则。

孔子评价《韶》（舜乐）是尽美矣，又尽善也，而《武》（武王乐）则是“尽美矣，未尽善也”。

狄德罗认为：“真、善、美是紧密结合在一起的。”在真或善之上加上某种罕见的令人注目的情景，真就变成美了，善也就是美了。

（2）塑造健全人格

美育的人格培养效应更重要的是美育或审美对人的精神和人格的净化与升华。美育的最

终目标是发展人的精神，建构人的人格，培养人们美好、和谐、完善的心灵。重视美育对理想人格的培育无论在教育领域还是在美学领域都是一致的。

儒家理想人格的核心是“仁”，它是一种内在美，极高的人格美。孔子理想人格的基本规定是“礼”和“仁”。礼是外在的行为规范，是行为美的具体特征；仁是内在的精神原则，是心灵美的表征。他认为，理想人格的塑造需要一个艰苦的修养和磨炼过程。孟子曰：“故天将降大任于斯人也，必先苦其心志，劳其筋骨，饿其体肤，空乏其身，行拂乱其所为，所以动心忍性，曾益其所不能。”通过艺术来感化人的心灵，使人们乐于行“仁”，则是创造完美人格的最佳途径。席勒说：“面对人性的完整遭到破坏和分裂的现实，就开出审美和艺术的良方。”他认为，只有通过美育才能实现人格的完善和人性的自由，才能实现由“感性的人”向“理性的人”提升。通过审美塑造出来的具有完美人格的是“既有丰满的形式，又有丰富的内容；既能从事哲学思考，又能创造艺术；既温柔，又充满力量”的人，在他们身上，内容和形式、感性和理性、情感和意志是和谐发展、相互统一的，形成了完善的审美心理结构。

事实上，当人处于感性冲动和理性冲动的分裂和矛盾中时，必须通过审美来弥补这一分裂，从而使人性得到圆满完善。研究发现，对小学生进行一年以上系统的审美教育明显促进了小学生的抱负水平、独立性、好奇心、坚持性、求知欲、自我意识等个性心理特征。

3. 美育心理的行为习惯养成效应

美育心理的行为习惯养成效应主要表现为：能优化个体的生活趣味，美化言谈举止。趣味就是一个人的生活态度和爱好。趣味高尚，其思想就会高尚，其行为就会文明而优雅。其言谈举止总是既符合道德规范，又符合审美范畴，显示出高雅而高尚的生活情趣，表现出文明而优雅的社会行为。

“以美助行”效应的表现为：审美使个体行为中感性冲动的盲目性得以净化，走向理性自觉，又使行为中理性冲动的强制性得以弱化，走向感性自由，从而使社会成员的道德行为习惯更和谐、自由、有序。

具体来说表现为：提高个体行为习惯的优良性，使个体行为习惯更文明，行为举止更优雅，具有亲社会性；促使个体行为习惯的自觉性，使个体自觉自愿表现良好的行为习惯。

三、以美育心的基本途径——教育审美化

（一）教育审美化的含义

1. 教育审美化

教育审美化是指在教育过程中，按照美与审美的规律来设计和实施教育活动，实现教育活动向审美活动的转化和融合，从而促进师生身心愉悦且健康发展。

教育活动向审美活动的转化表现在以下三个方面：一是将教育要素转化为具有审美品质或审美价值的审美对象；二是将教学过程转化为师生共同进行的审美活动，即审美欣赏、审美表现与审美创造活动；三是将纯粹的教学关系转化为师生共同欣赏的审美关系，也就是将原本生硬、呆板、紧张的教学关系转化为师生共同欣赏、共同发展的审美关系。

2. 教育审美化的条件

（1）教师必须充分了解学生审美心理发展的水平和特点

学生审美心理发展的水平和特点有差异性、年龄特点、阶段性。教师生动形象的表演性教学，可能会引起中小学生的审美感受和体验，而对于大学生则可能会相反；中小学生可能喜欢教师工整板书的整洁美，而大学生则更会欣赏教师板书的潇洒和流畅的动态美。

（2）教育教学活动要注重引导学生进入审美心理状态

心理状态尤其是注意状态是学生认知过程的积极准备状态。必须注重激活学生的审美需要和愿望，只有这样，教学审美活动才能启动、维持。

（3）教育教学要输入审美信息和审美化的教学信息，使学生产生审美体验

这是教育审美化的基础和前提，是产生美育心理的具体刺激物。

3. 教育审美化的作用

①丰富的审美刺激使学生感受美、体验美、欣赏美，提高其审美能力。

②有效调动教与学的潜能，提高教学效率。

③有利于集中注意、陶冶情操、开发智力。

④减轻教与学的心理压力，促进心理健康发展。

（二）教学审美化设计

教学审美化设计指在课堂教学中运用美与审美的思想、方法和手段，改进教学活动，实现教学审美的转化，使整个教学活动成为内在逻辑美和外在形式美的高度统一的审美活动，从而提高教学效益，促进师生素质和谐发展。它是教学审美化的表现，是提高教学效率的有效途径。

1. 教学审美化设计的原则

（1）审美施教原则

审美施教原则是指教学要按美的规律来进行，要受审美规律的支配。

（2）和谐发展原则

和谐发展原则是指要以促进学生审美素质和其他素质的完美和谐发展为目的。

（3）艺术化原则

艺术化原则是指通过审美化的方法和技术，科学组织教学过程，使教学过程具有审美特征，达到艺术化境界，从而实现教学审美化，产生教学审美心理效应。

艺术手法可以使教学表达自由流畅、清晰标准，加强教学效果，优化教学过程，改善教学氛围，使教学成为培养学生表达能力的过程；可以提高教学的吸引力、感染力，调动学生积极学习和热爱学习的情感，增强教学内容的可接受性；可以升华文学艺术中的理性，也可以活化理论中的情感，实现文理交融，使教学的每个环节都充满着审美的魅力。

2. 教学审美化设计的内容

（1）教学目标审美化设计

教学目标审美化设计就是通过有效的手段使教学目标具体、清晰、生动，使之成为可测量、可观察和可体验的具体行为，激发学生对教学的最终结果产生向往和期待之情，进而感

受到学习目标的诱人性和吸引力。

教学目标不仅包括知识、技能、思维方法和策略，还包括情感领域的目标，尤其是学科教学目标中的情感、态度、价值观备受关注。

大量实践证明，不同学科的教学内容蕴含着丰富的审美因素，充分利用这些因素就能有效促进学生审美心理结构的形成和发展。教学目标的审美化设计就是要使一般教学目标同审美发展目标有机结合起来，即教学不仅要达到育德、启智的效果，而且要实现美育的目标。

（2）教学内容审美化设计

教学内容审美化设计是教学审美化的基础。事实上，各科教材都蕴含着丰富的审美内容，如自然美、社会美、艺术美、科学美等。在教学中，教师要充分挖掘并通过各种直观方法呈现出学习材料中的各种审美因素。

（3）教学手段与方法审美化设计

教学手段与方法审美化设计是教学审美化的载体和外在条件。没有教学手段与方法的审美化，教学过程的审美展示和教学内容的审美传递都不可能实现。

教学手段与方法审美化设计的主要表现为：

①教学语言的审美化。它是教学审美化的基本技术。教学语言的审美化主要表现为：要善于运用声调，以便准确、生动地表述思想和情感；要善于把教学语言的科学性和教育性用艺术化的优美形式和方法表达出来；对问题的点拨、提醒要注意语言的启发性和思考性，使学生产生一种“似隐似现，若明若暗”之美感。

②教学板书的审美化。板书将教学内容系统化、条理化、形象化、简洁化，有助于突出重点。板书设计要注重形式结构美、简洁美、对称和谐美。

③教育体态的审美化。体态要求：表情开朗、和蔼，手势准确、适度，眼神亲切、聪慧。

④现代化教学媒体设计的艺术化。要具有声、形、色、光等的不同变化和恰当配合，产生丰富的视觉和听觉的审美效果。

（4）教学过程审美化设计

教学过程审美化设计指教学过程、教学环节的审美设计，它是教学审美化的具体展现，体现了教学的动态美。通过具体的教学环节和灵活的教学结构具体、生动地展示出来，使学生不知不觉地获得了知识，培养了能力，并受到了美的陶冶。

四、案例分析

美育与意识形态安全教育，看似是两个不同的领域，实则有着莫大的关联。

（一）大学生意识形态安全现状

当前，经济全球化、信息网络化迅猛发展，特别是新媒体技术的快速发展，使大学生意识形态领域面临着严峻的现实挑战，为大学生意识形态安全教育带来了诸多困境与难题。

从总体上看，大学生思想政治状况的主流呈现积极、健康、向上的良好发展态势，但是我们也应当看到，大学生意识形态认识中仍存在一些问题：有些大学生对中国的历史和国情缺乏深入地了解，在各种不良文化思潮的影响下，他们否定我国主流意识形态、民族文化和革命传统的科学性和价值性，对我国主流意识形态出现逆向化认同；有些大学生受当今社会浮躁、功利等不良风气的影响，把马克思主义意识形态当作一种应付学业、入党、升学、求职等的工具，而不是自己的精神支柱和信仰，对我国主流意识形态出现功利化认同；还有些大学生对马克思主义意识形态并不掌握甚至并不接受，但由于客观环境或主观需要等各种原因，表面上表现出非常理解、非常接受、非常信奉的样子等。

以上问题表明，在世界全球化、网络化和我国社会转型的背景下，复杂的国际国内形势时刻影响着大学生的思想观念和价值判断，作为大学教育工作者，我们必须予以高度重视，对大学生的意识形态安全教育丝毫不能放松。

（二）美育对大学生意识形态安全教育有着良好的促进作用

1. 美育与大学生意识形态安全教育的终极目标具有一致性

高校的首要职能是培养人才。人才培养的过程有很多种方式，其中便包括大学生美育和意识形态安全教育。

大学生意识形态安全工作是党的意识形态工作的重要组成部分，它直接影响到大学生培养质量，影响到学校与社会的稳定，影响到中华民族伟大复兴的进程。大学生意识形态安全教育归根结底也是为了培养社会主义合格建设者和接班人。美育是塑造理想人格的灵魂工程，对培养造就德智体美全面发展的社会主义人才，具有不可替代的作用。从这一点上来讲，美育和大学生意识形态安全教育的旨归是一致的，都是为了高校培养合格的社会主义建设者服务的。

2. 美育有助于丰富大学生意识形态安全教育的内容和形式

做好大学生意识形态安全教育工作，首先要创新大学生意识形态安全教育的内容和形式。目前，我国大学生意识形态安全教育的主要途径有两条：课堂教育和课外实践。然而，这两种教育形式普遍存在课堂教育的方法单一乏味、课外实践环节效果不明显的问题。其主要原因跟教育内容与形式有很大关系。比如，有的老师上课呆板枯燥，有的老师因循守旧仍然用最传统的教学方法，这种灌输式的教育方法难以被大学生所接受，有些甚至遭到大学生的反感。真正行之有效的意识形态安全教育应该是“润物细无声”的。在这方面，国外的隐形教育、情景教育和行为教育是比较典型的代表，比如在美国，好莱坞电影俨然已成为西方政治理念和价值观念的重要载体，它用一部美国大片向全世界推销美国式的意识形态观念和政治理念。所幸的是，我国主流意识形态，也越来越多地运用人民群众喜闻乐见的方式进行传播。因此，大学生意识形态安全教育可以借助对中华民族优秀传统文化、中华传统艺术审美来丰富其内容，可以通过对艺术美、自然美的欣赏来创新，从而激发大学生的爱国主义热情，促进大学生意识形态安全教育更利于其接受。

3. 美育有助于大学生树立正确的理想信念

大学生是青年中的精英，正处于世界观和价值观形成的重要时期，他们信仰什么主义、举什么旗、走什么路，决定未来国家和民族的命运。这也是大学生意识形态安全教育的重要内容。高校承担着为国家培养和输送人才的重大使命，必须用当代中国马克思主义引领大学生的思想成长，帮助大学生树立坚定的社会主义理想信念。习近平总书记指出：“理想信念就是共产党人精神上的‘钙’，没有理想信念，理想信念不坚定，精神上就会‘缺钙’，就会得‘软骨病’”。同样，理想信念也是大学生的“精神之钙”，大学生缺乏理想信念，就禁不住各种诱惑，极易被极端分子利用，或被极端思想蛊惑，从而缺乏对社会主义的道路自信、理论自信和制度自信。党的十八大报告指出，要“广泛开展理想信念教育，把广大人民团结凝聚在中国特色社会主义伟大旗帜之下”。而美育将能在帮助大学生树立正确的理想信念方面起到促进作用。因为美育不仅能提升人的审美素养，还能潜移默化地影响人的情感、趣味、气质、胸襟，激励人的精神，温润人的心灵，并能激发学生对祖国山河的热爱，培养学生爱国主义情操。

在审美活动中，大学生通过对审美对象的鉴赏，辨别出什么是“美”“丑”“善”“恶”。可以说，美育正是通过生动活泼的审美活动，传达出正确的世界观、人生观和价值观。

4. 美育有助于大学生养成良好的道德行为

道德是一种社会意识形态，是人们共同生活及其行为的准则和规范，是以善恶评价为形式，依靠社会舆论、传统习俗和内心信念用以调节人际关系的心理意识、原则规划、行为活动的总和。瑞士心理学家让•皮亚杰（Jean Piagct）和美国心理学家劳伦斯•科尔伯格（Lawrence Kohlberg）通过研究发现人的道德发展是分阶段的，是由低阶段、低水平向高阶段、高水平发展的过程、是由他律到自律发展的过程。在这个过程中，各种法律和规范只能起到最初的推动作用，而激励个体走向道德完美的、永恒的、内在的动力是人的审美需求，因而美育就是个体道德发展的最后依托。

美育之父席勒指出：“要使感性的人成为理性的人，除了首先使他们成为审美的人，没有其他途径。”可以看出，美育是培养道德的一种有效手段，美育能够使感性和理性尽量的和谐，促使人的精神获得彻底的解放。大学生意识形态安全教育的目的之一便是促使大学生养成良好的道德行为，使大学生社会行为符合规范要求。而美育正具备这一功能，它通过审美实践活动能够提升个体的道德认识、培养个体的道德情感、增强个体的道德意志，从而使个体在无形之中实现道德行为。

第四节　科学创造中的美感动力

一、科学美

（一）科学美的实在性

通常认为，科学的王国是枯燥乏味的，这其实只是对不懂科学的人而言，在科学家看来，科学的王国如艺术的王国一样，也是奇妙无比的自由天地。科学也有境界，对于神游在科学境界中的科学家来说，也有着类似艺术欣赏一样的审美愉快。英国著名物理学家狄拉克说：

“那些在普通人看来枯燥无味的科学理论，而在科学家看来具有无比的美。”所以，科学理论常被比喻为艺术作品，而且给人的感受也常被描述为类似于艺术的享受。

譬如，欧几里得的《几何原本》被人称为“雄伟的建筑”；玻尔的原子模型被爱因斯坦称为“思想领域中最高的音乐神韵”；德布罗意把爱因斯坦的相对论看作20世纪数学物理学的一座最优美的纪念碑而永垂不朽。虽然科学理论不具备形象特征，但科学家在创造和欣赏某一科学理论时所产生的美感与艺术家在创作和鉴赏某一艺术作品时产生的审美感受在本质上是相同的。

由此可见，科学中是存在美的，正是因为有科学美，才使得科学家战胜了种种难以想象的困难，甚至心甘情愿地为之牺牲。彭加勒认为，科学的理性美“可以充分地达到其自身，科学家之所以投身于长期而艰巨的劳动，也许为此缘故甚于为人类未来的福利”。

为什么有的人又不承认科学美的存在呢？这是因为科学美与一般的美有所不同，它是一种“比较深奥的美”。对这种美的欣赏必须具备相应的科学素养，又由于它的形式不像自然美、艺术美那样是感性的形式，而是抽象的形式，因而只有纯粹的理智才能把握它。因此，正如欣赏音乐需要有懂得音乐的主体一样，能欣赏科学美的人，也必须具备相应的自然科学文化知识，才能成为审美主体，与自然规律构成审美关系。否则，即使被物理学界普遍认为美妙绝伦的麦克斯韦方程组，也会感到是一堆索然无味的数字和古怪符号，毫无美感可言。这也是一般人不承认科学美存在的一个重要原因。一台春节文艺晚会可以雅俗共赏，一处优美的山水风光可以老幼皆喜。但是，一个公式、一项实验、一个理论所具有的美，却只有懂得相关专业的审美主体才能欣赏。

（二）科学美的含义

对科学美的认识关键在于对它的形式如何看。美是不能离开一定的形式的。形式有两种，一种是外在的形式，另一种是内在的形式。我们通常说的形象是事物的外在形式，这种形式是美的载体：事物的内在形式是指事物内部诸因素的组合，它实际上是内容。事物内在诸因素的组合如果是有机的、和谐的、完整的，也能产生美，这一点在艺术中也是如此。科学美重视“各个部分的和谐的秩序”，也就是重视内在形式的美。事物的外在形式是显露于外的，因而凭感官就可以把握它；而事物的内在形式并不显露于外，只能凭理性理解它，这样它就必然诉诸理智了。这种情况不只是科学美如此，艺术美也是如此。只是在艺术美中，作品的这种内在结构被隐没在事物的具体形象中，通常为人所忽视，而科学美因为外在形式也是抽象的，于是它的内在形式就凸显出来了。

科学美在本质上是一种价值，科学美不仅与科学创造的主体有关，而且和科学研究的对象有关。自然界的和谐与秩序是其固有结构的基础，而科学家身上则存在着“理解这种秩序的渴望”。科学家正是在这种渴望和激情的支配下，通过对宇宙和谐有序地逐步深入理解，而不断地进入自然界的本质层次，从而实现了自然界固有的结构与人类心灵深处的渴望在本质上的吻合，亦即产生了科学美。由此可见，如果自然界不美，科学家就不可能产生任何科学美感；如果科学家没有对美的执着与渴望，他们就无法同大自然的美妙构造产生共鸣，也就不可能通过科学美所特有的美学形态把自然界固有的和谐、对称等特性呈现出来。因此，科学家的科学美感是通过他们的科学创造活动而实现的。

二、科学创造

（一）科学创造的含义和特点

关于科学创造是“发现”还是“发明”，或两者兼而有之，在科学家和哲学家中间，对这个问题的看法存在着较大的分歧。一些人坚持传统的看法，认为理论始终存在于可观察的对象之中，科学家“发现”它，就像哥伦布发现美洲一样。科学家并不是发明家，他们用感官看见可观察的现象，而用“思想之眼”洞见到理论。另一些人则坚持认为，理论是科学家“发明”的，在科学家找到它之前，它并不“存在”，这与贝尔发明电话相似。

科学创造主要是指科学家通过“思维的自由创造”来揭示客观事物的本质和规律。科学创造有以下特点：

1. 新颖性

科学创造与其他活动的最大区别是其具有新颖性。新颖性主要表现在创造活动的成果上。任何科学创造之所以是创造活动在于其活动结果有不同于其他已经存在事物的某种特性，尽管可能每种结果的新颖程度有所不同。新颖性是科学创造的生命，没有新颖性就没有科学创造。

2. 否定性

新的事物总是对旧的事物一定程度的否定，科学创造活动是新事物的产生活动，必然包含着对现存事物的否定，即使是全盘接受旧事物而增加某些特性也是对旧事物没有增加的特性所产生结果的否定，这才导致增加新特性。比如，爱因斯坦的相对论是对牛顿力学和麦克斯韦电磁学一定程度的否定。没有否定就没有科学的进步。

3. 过程性

科学创造是一个在时间上甚至在空间上有一定持续性并且有资源消耗的过程。有的科学创造要花费科学家一生甚至几代人的努力，才能出成果。目前有许多学者提出了不同的过程模式，如美国人提出的三阶段模式：发现问题、提出假说、解决问题；英国人提出的四阶段模式：准备、酝酿、豁朗和验证。

4. 求知性

科学创造在本质上是创造主体探索客观事物的本质和规律，并把未知转化为已知的活动。这些客观事物、属性、规律是人类未知的存在物，某一科学创造主体第一次认识了它，才把未知的东西转化为已知的东西。事实上，对未知世界强烈的求知欲也正是推动科学家不断探索的动力之一。尽管人类在认识自然界的道路上已经走了很远，但在我们的周围仍然充满了许多的未知。

5. 非功利性

科学创造除部分开发研究和应用研究具有满足技术需要的功利性动因，其成果具有应用性功利前景外，许多重要科学创造成果的获得，并不是直接出于功利动因或者市场需求的推动，而是科学家为了满足自己的某种好奇心，或者为了追求某种审美境界，从而做出了伟大的科学发现。随着科技对社会发展的重要意义日益显现，科学的非功利性慢慢淡化了。

6. 审美性

科学创造的全过程都贯穿着科学美的作用。在准备阶段，科学美成为创造主体确定选题的重要依据；在酝酿阶段碰到困难时，科学美是激励科学家坚持探索的强大动力；在豁朗阶段，科学美是帮助科学家选择突破口、选择材料构成假说的奇妙工具；在验证阶段，实验验证之前科学美是评价创造成果的重要指标"。正因为科学美对科学创造如此重要，数学家彭加勒才说："这就充分地说明，缺少它的人永远不能成为真正的创造者。"

（二）科学创造的风格

艺术有风格，这是我们都知道的。因为艺术尽管是现实生活的反映，但进入艺术作品的生活形象与自然形象无不经过艺术家心灵的重塑，无不打上艺术家特有的情感色彩、个性色彩。风格就其构成来说，是主观与客观的统一，但起决定作用的是主观，是人的创造性的活动。

为什么科学创造同艺术创造一样，也存在多样的风格呢？

1. 科学创造与艺术创造一样，也是主观改造客观，主客观统一的过程

那种认为科学研究像照镜子一样反映客观世界而不加任何主观作用的观点是机械的反映论。由于科学创造主体的生活经历、立场观点、科学素养、个性特征并不一样，因此，在科学创造过程中他们选择的研究方向与课题、所运用的思维方式、语言符号及表现手法等就有差异。这样，也就形成不同的风格。例如，同时研究量子力学，海森堡和薛定锷从不同的角度出发，运用不同的思维方式和不同的表述语言，得出殊途同归的结论，体现了两个不同的创造风格。

2. 科学家的艺术趣味也在一定程度上影响着科学家的研究风格

科学家都有自己的艺术趣味，由此形成了自己的艺术审美观点，这种艺术趣味、审美观点潜移默化地影响着科学创造，使他们的创造体现出如同他们的艺术爱好类似的风格来。因此，艺术审美在科学创造风格的形成中起了重大作用。凡在科学研究上有独特风格的科学家大都有比较好的艺术修养。例如，俄国生理学家巴甫洛夫十分喜欢文艺和音乐，达尔文也爱好美术和诗歌，爱因斯坦是个出色的小提琴手，罗蒙诺索夫是个著名的诗人。道理并不难理解，因为艺术思维与科学思维是相互渗透、相互补充的。久而久之的艺术生活可以形成某种审美心理定式，在头脑中形成某种审美理想，这种审美理想不自觉地指导着科学创造的过程，在一定程度上左右着科学创造的审美导向，影响着科学成果的美学风格。

三、审美和科学创造

审美在科学研究领域中的重要意义在于它能推动科学创造。这种作用就是我们通常所说的"以美引真"。美就建立在真的基础上，又将真包含于其中，因而在美的现象之后隐藏着真的奥秘。

（一）审美的动力作用

科学创造是一项极其艰苦的脑力劳动。无数杰出的科学家从事科学创造废寝忘食、呕心

沥血，其献身精神可歌可泣。他们这样做自然有着巨大的动力在支持着。科学家的动力往往是多方面的。人们一般只注意到渴求人类进步这一主要的动力因素，相对较为忽视热爱美、揭开客观世界美的奥秘这一内在的动力因素。其实，对美的热爱如同对真的追求、对善的献身一样，都是人类的本质力量。它在科学创造中的动力作用是不可忽视的。由此可见，对美的热爱和追求往往成为许多科学家从事科学创造的直接动机和永恒动力。

自古希腊毕达哥拉斯以来，无数杰出的科学家对宇宙的和谐之美有着近乎宗教信仰般的崇拜。他们为这种美所陶醉，所吸引，以至乐而忘忧，废寝忘食、呕心沥血地去探索宇宙之奥秘。爱因斯坦把这称为“宇宙宗教感情”。无论是自然现象的绚丽多彩，还是自然界结构的和谐有序都能激发科学家们探索的欲望，形成持久的创造动力，激发其天才的创造性思维，从而获得科学的成就。例如，我国明代地理学家徐霞客出于对祖国壮丽河山的热爱而走遍神州写下地理科学史册《徐霞客游记》；英国著名科学家达尔文更是因其对自然美的神奇的兴趣而放弃上神学院的机会，通过环球航行和长时期考察研究发现了生物进化的规律，创造了被誉为十九世纪三大发现之一的进化论。再如，德国天文学家开普勒因欣赏哥白尼体系之美，陶醉于天体运行的简单和谐而发现著名的行星运动三大定律，德国物理学家海森堡因震惊于自然界内部数学结构之美而创立量子力学矩阵理论。这种例子不胜枚举，他们的共同特征是出于对科学研究对象美的追求而终于发现真的规律。

由此可以看出，科学美作为科学创造的深层动力来自科学家心灵深处对自然和谐与秩序的渴望与追求，以探索自然的和谐与秩序为动力的科学家又往往可以摆脱私欲的束缚和尘世的烦忧。他们深信宇宙是和谐的，有秩序的，一旦通过自己的科学劳动洞察到了这种宇宙秩序的合理性就会感到心灵的震撼与狂喜，就会激起对科学创造的更大热情，这种狂喜与热情成为科学创造的无穷毅力和耐心的源泉。

（二）审美的启迪作用

审美不但有动力作用，而且有启迪作用。审美的启迪作用是指科学家在科学创造中由于受到美的启迪，从而改变思维通道顺利完成科学创造的现象。审美启迪主要有以下三个特点：

1. 审美启迪具有形象性

审美启迪是美的启迪，美是通过事物的形式表现出来的，因而具有一定的感性直观性。因此，科学创造活动中的审美启迪也具有形象性特点。魏格纳提出大陆漂移理论，就是得益于此。大陆漂移说是魏格纳受到地图上大陆边缘图形吻合的启发而提出来的。

2. 审美启迪具有情感性

人们认为情感只表现在艺术创作中，科学创造中并无情感，这是不妥当的。其实，科学创造活动中也有情感的活动。科学家被研究对象的美所吸引、所感动，从而产生强烈的喜悦之情，这在科学研究中是屡见不鲜的。开普勒说他在面对哥白尼天体运行体系时，是“以难以相信的欢乐心情去欣赏它的美的”。这种审美感受显然是感性的。

3. 审美启迪具有非自觉性

审美的启迪往往处于非自觉的精神状态，是美对创造者的一种突然性的启示，往往是“踏破铁鞋无觅处，得来全不费工夫”。审美启迪与直觉和灵感密切相关。

世界上的万物是相互联系的。任何一种事物身上都存在着众多的联系，事物的性质也就由此物与他物的多种联系来决定。基于这一点，我们认识世界就可以由此及彼、触类旁通了。审美的启迪作用就建立在这个哲学基础之上。

（三）审美的预构作用

审美预构是科学家在科学资料、实验设备缺乏的情况下受到相关领域中事物的美学特性的启发，以美引真，提出科学假说的过程。它的突出特点是超前性和审美性。顾名思义，这个预构是按照美的方式进行的，它虽然缺乏实验基础，也缺乏严密的逻辑推导，也许不符合科学理论构建的程序，但却符合美学规律，因而它的产物必然是美的。

科学的审美预构途径通常表现为两种：一种是理智地以美求真，另一种是非逻辑的直觉推导。

所谓理智地以美求真就是科学家在科学创造过程中，运用美学手段，探求客观事物的规律是相当自觉的，通常的程序是：一是以真构美，在已获得的科研成果的基础上，大胆地构想一个美的科学理论或模型；二是以美求真，就是根据这个美的科学理论或模型去推测那些目前不能获得证明的科学理论。

门捷列夫的元素周期表的创制是以美求真的范例。门捷列夫总结了前人的科学成果，根据自己现有的材料和审美，提出了元素性质按原子量递增而呈现出周期性变化的规律的理论。门捷列夫根据他的科学美思想，将当时已知 63 种元素排成了一张周期表，并探讨元素化学性质和原子量之间的关系。他认为周期表的基本依据就是原子量，如果原子量有误差，就会被排错位置，完美性就要被破坏。为此，他大胆地对某些元素的原子量进行了修正。

科学审美预构的第二种途径是非逻辑的直觉推导。科学审美直觉力是科学家非逻辑的直观科学美，并由此洞察背后的客观规律的一种能力。它是科学家长期的科学实践和审美实践所获得的心理成果。在科学研究中，具有很强的审美直觉力的科学家往往可以迅速地抓住研究中的关键环节，透过纷繁复杂的现象，准确地抓住事物的本质。在手中现有材料不充分的情况下，他不必经过逻辑论证和科学实验，而凭借美的创造规律，提出一种新的科学构想。

海森堡是量子力学的奠基人之一，他在量子力学领域有许多重大的发现。由于当时量子力学处于初创时期，有许多问题并未被深刻理解，因此，海森堡对于自己的量子力学理论难以透彻地阐述。海森堡的量子力学理论是从感悟自然界之美出发，根据美的规律而大胆预构的。有两句著名的拉丁格言："美是真理的光辉"，"美是真理的印记"，恰如其分地说明了由美引真的道理。海森堡是这样理解这两句格言的："探索者最初是借助于这种光辉，借助于它的照耀来认识真理的。"

（四）审美的评价和选择作用

在科学创造中，人们衡量科学创造成果的真理性的标准为：一是实践标准，即理论不应当与经验事实相矛盾；二是逻辑标准，指科学理论在逻辑上必须是无矛盾的，自洽的；三是审美标准，即科学理论在形式上要合乎简洁、对称、和谐、统一等科学美的规范。在这三个标准中，实践是检验科学真理的根本的、最终的标准。而审美标准是判断科学真理的一个不可缺少的参照。

实践是检验真理的唯一标准，这是大多数科学家的信条。但是，现代科学向微观和宏观世界迅速发展，许多观察对象已远离我们五官可直接接触的范围，而且会明显地受观测仪器的影响，科学幼年时期那种边实验边探索的理论构造方法已经不可能。逻辑证明作为检验真理的一种辅助方式，也只能在已有的科学规范下发挥作用，不可能带来革命性的新理论，而且在很多问题上逻辑证明很费时日，比如哥德巴赫猜想的证明历经几百年还未彻底解决。在这种条件下，科学理论内在完备和美的评价与选择标准在科学家的心目中，就占有越来越重要的地位。

当代著名美国科学哲学家库恩明确指出在科学革命中这种审美价值的重要性，他说："在旧规范和新规范中进行选择时，富有审美感的科学家就会拒绝旧规范而支持新规范，这时，新的理论被说成比旧的理论更美、更适合或更简单。在新理论的建立和选择中，美的考虑的重要性有时可以是决定性的。"

物理学家韦尔说："我的工作总是力图把真和美统一起来，但当我必须在两者中选择一个时，我通常选择美。"正是基于这点，他在提出引力规范场理论之后，该理论优美完整的结构和纯逻辑的推理连他自己也不相信是"真"的，只是因为太美了，他不忍放弃才坚持下来。多年以后，当规范不变性的体系纳入量子力学时，韦尔的直觉变得完全正确了。这里我们看到美在科学创造中的超前功能，即在"真"尚未被发现和证实之前，为"真"的探寻照明道路。

虽然，科学理论的美学评价标准随着科学的高度抽象化和形式化的发展将会起着日益重要的作用，但是，我们仍不能忘记，科学理论的美学评价标准不是最终的标准，更不是唯一的标准。科学理论检验与评价的最终标准仍然是科学实践。科学的美学标准可以看作实践标准的一种补充。这样，就使得科学理论中真与美这两个方面密切地结合起来。

第四章　当代高校美育的新形势与新任务

第一节　当代高校美育本质的双重规定性

一、美育的本体存在及其特殊质的规定性

美育的本质即美育的本体存在及其特殊质的规定性，历来国内外都有不同的看法，从而导致了对美育作用与地位的不同认识。20 世纪 80 年代以来，我国学术界对美育的理解开始泛化，对美育本质的认识出现多种说法，较有影响的有“从属论”“娱乐论”“情感论”“完人论”等。

（一）从属论

所谓“从属论”是指美育从属于德育、智育和体育，即认为德育、智育、体育中包含美育的成分，美育可以不必另提。“从属论”还有另外一种解释，即认为美育是德育的一种手段或途径，是为德育服务的，以德育的目的为目的。坚持上述观点的学者，其理论依据主要是马克思、恩格斯的全面发展说和毛泽东同志对教育方针的论述。

例如，周冠生指出：“毛泽东同志在其个性全面发展的学说中不列入美育……在教育科学是一个了不起的卓见。……个性心理学把人的个性分为低层的自然素质系统、中层的认识素质系统和高层的行为（意志）素质三个层面。德育训练人的行为素质系统，智育促进人的认识能力或智能发展，体育则促进人的自然素质及其与精神（心理）系统之间的和谐而完善的发展。如果有人要在个性全面发展中硬塞进美育，岂非是画蛇添足？”

显然，“从属论”的观点认为德育、智育、体育中包含美育，这就从根本上否定了美育的独立地位和特殊功能。“从属论”的一个逻辑结果是美育“取消论”。过去这是一种很有代表性的观点，现在坚持的人已经为数不多了。

（二）娱乐论

“娱乐论”者以蒋孔阳先生为代表。1984 年，蒋孔阳先生发表了《谈谈审美教育》一文。他摆脱当时我国美学界对苏联美学理论的依赖，开始借鉴现代西方美学理论，探讨美育的本质问题。在该文中，蒋先生始终把人的尊严和幸福置于最突出的位置，来思考美育的本质和价值。他指出：“审美教育……应该首先是一种娱乐教育……生活主要包括工作与学习、休息与娱乐两个方面。……一个全面发展的人，既要懂得工作与学习，也要懂得休息与娱乐。”

蒋先生认为，美育的内涵非常丰富，美育既是爱美的教育，又是情感的教育、人品的教育，还是艺术的教育，但是美育“应该首先是一种娱乐的教育”。这就是说，他把美育本质的

第一层规定性置于娱乐层面之上，其他的规定性都是从属于此的。“在这一角度提出的美育本质论是极为独到的，意义在于，把审美活动的本原性的、本然性的性质还原。审美是一种快感，是一种享受，不管对此有多少种限定，但是首先是作为直接的幸福感来呈现的。”蒋先生的这一观点，对于当时学术界存在的认识论倾向是一种反拨，使美育从玄奥的空洞讨论中走向了现实人生。

但是，把美育的本质定位在娱乐层面是值得商榷的。因为蒋先生的“娱乐论”与传统美育“教化论”有很大的衍生关系。正如蒋先生说的那样，通过“审美方式来打动人的感情，来对人进行教育，使人在心灵深处受到感化和感染”，很容易把美育作为伦理教化的一部分，美育的独立性和不可替代性的作用也容易被忽视。

（三）情感论

“情感教育论”是一个由来已久的观点。在康德的哲学体系中，人的心理被分为知、情、意三部分，美学是研究情感的科学，所以与此相关的美育自然也会被视为情感教育。20世纪初，王国维、蔡元培、朱光潜等美学家在创建中国现代美学理论时，多作如此理解。受上述美学大师的影响，新时期许多学者都认为美育应当是情感教育。例如，滕守尧指出：“美育，归根结底是一种情感教育，它所要得到的，是一种使人格变高尚的内在情感。”

有关美育是情感教育的论述，曾繁仁先生的观点是应当引起重视的。1985年，他在《试论美育的本质》一文中，较早地从学理的角度审视了这一命题。他指出：“将美育的本质归结为情感教育的基本思想是可取的。”他认为：“美育就是借助于美的形象的手段（包括自然美、社会美和艺术美）达到培养人的崇高情感的目的。”后来，曾先生在“情感论”的基础上，吸收中国传统美学思想的精髓，提出了“中和美育论”，对美育本质的理解达到了一个新的高度。

当然，把美育界定为情感教育，学术界同样也有不同的声音。潘必新指出：“对这种观点（指美育是情感教育）细加推敲，就会疑窦丛生。特别是当前心理学界至今对情感一词尚没有一个共同的、统一的认识，那么要进行所谓的情感教育，试问从何着手呢？”杨杰也认为，在心理学界对“情感”一词的厘定还存在差异的情况下，笼统地将美育认定为“情感教育”显然是不妥的。

（四）完人论

所谓“完人论”即认为美育是一种培养完整人格的教育，是一种完人教育。德、智、体、美几个方面都得到发展的人，才能称得上完人；“四育”并行才能称为完人教育。

完人教育与“美的教育”意思很接近。所谓“美的教育”实际上是把教育作为审美的对象，讲求“教育”之“美”，“美”就美在使人身心和谐发展。如李戎指出：“美育从根本上讲，是一种对人的全面教育，是为实现崇高的理想，充分发挥人的潜能，实现人的全面发展的特殊教育方式。”

很明显，上述界定不是把美育拘泥于情感教育、艺术教育、审美教育、美学教育等范畴，而是从系统论的角度，强调美育的全面育人功能。换言之，该观点主要从美育的目的是培养全面发展的人着眼的。可是，其他教育也旨在培养全面发展的人，所以此观点也未能准确反映美育的本质。而且这种观点还模糊了作为独立成分的美育的性质，夸大了美育的作用，把德智体美“四育”的任务（促进人的全面发展）全加给美育，实际上则无助于美育的实施。

二、美育的“生命论”维度研究

近年来，受西方生命哲学、存在主义哲学的影响，我国美学界开始运用“感性”“生命”等范畴来解释美育问题。尤其是韦伯、海德格尔、马尔库塞等人对工业文明、工具理性的批判，被很多中国学者所接受。为警惕“单面人”的危险，马尔库塞提出通过艺术和审美建立“新感性”。他所说的“新感性”，就是把感性从理性的压抑中解放出来，使感性与理性达到和谐统一，从而以新的感觉方式知觉世界。而能够发挥这种功能，形成和建立新感性的，正是艺术和审美。

在我国学界，李泽厚先生较早提出了建立新感性问题。他指出要从工具本体发展到情感本体，并把情感本体与新感性、美感的本质等问题联系起来。在《美学四讲》中，他专门辟出一节论述“建立新感性”。李先生的这一提法意义是重大的，它为美育开拓了应然的空间。然而，李先生这里的“新感性”是从“内在自然的人化”来观照的，内涵限定于通过人类世代文化承袭而不断丰富、巩固和发展起来的心理本体，特别是其中的情感本体。显然，李先生触及到美育的本质，但却未能将它打开，他所说的“新感性”在内涵上仍然是片面的。20世纪90年代后，不少学者开始借鉴西方生命哲学、存在主义哲学的观点，从感性的维度探讨美育的本质问题。1998年，樊美筠在《美育作为感性教育初探》一文中，以工具理性过度膨胀、造成感性能力的迟钝为出发点，探讨了美育的感性教育本质。她指出：“感性即人生之所以然者，它包括人的本能、欲望和情感，是人格的一个重要方面，没有这一方面，人格就会是片面的，甚至是病态的。”对于美育作为感性教育的作用，她指出：“美育作为一种感性教育，是以人们对对象的直接感知为基础的，也是以人的感性不断敏感和丰富为目的的。人的感官如果长期不去感知，就将变得迟钝，就将逐渐退化。美育正为人的感官提供一片广阔的感知天地。”

1999年，杜卫发表了《感性教育：美育的现代性命题》。他认为，美育作为现代化进程中被提出来的命题，其现代性意义是感性教育。感性与理性自古以来就是美育思想中的核心范畴，但是，古代美育思想总体上偏重于感性的理性化，而现代美育思想则强调理性的感性化。这是不同历史阶段美育的不同意义和作用的体现。他指出：“感性是一个贯通了肉体和精神的个体性概念，它以情感为核心，所以美育被不少学者界定为‘情感教育’。但是，由于从严格意义上讲，情感只是感性的一种形式，不可能包含感性这个概念的丰富内涵，因此还是把美育界定为感性教育更合适。”他对感性的具体规定是：首先，感性意味着生存的具体性，即个体性。也就是说要尊重个体，发展个性，充分强调和发挥个体的能动性，这是美育作为感性教育的最基本、最关键的宗旨。其次，感性意味着人的“肉体性”。这里“肉体性”不是纯生理学的范畴，而是指人性、人格中与生理有直接关联的方面，如感觉（感官）、知觉、想象、情感、直觉等。最后，感性意味着生命活力。感性以人的本能冲动和情感过程为特征，感性的发达意味着生命活力的充沛。

徐碧辉在《美育：一种生命和情感教育》一文中，则从培养人的生命意识的角度，对美育的本质进行了阐释。她指出："美育本质上是一种生命教育和情感教育。它通过最直接最本真的生命活动——审美活动的激发、培养和引导，直达生命的本源，从根本上对生命存在加以影响和引导，使生命中那些不受理性控制的因素能够符合理性的要求，朝着健康、美好、高尚的方向驱动。……总之，美育是对人的生命本身进行塑造，使之更加完美合理的一种教育。"她认为，美育的核心是培养人的生命意识。生命意识是人作为一种生命的自我意识，其内涵是尊重、珍惜和热爱生命。只有当一个人具有生命意识、能够珍惜和尊重所有生命存在时，他才能真正具有宽广的胸怀，才能不为世俗和眼前的功利所遮蔽，发现生命真正的美。她这里所说的"生命意识"与"感性"是两个不可分离的概念，因为生命本身就是感性的。是故，她得出结论，美育从根本上讲就应当是感性的、心灵性的，而不是理性的、知识的、技巧的。

从上述分析可以看出，"感性论"与"生命论"并不矛盾。虽然它们论述的角度和语言表述不同，但阐发的道理却是一致的：美育是诉诸人的整个感性生命存在的。事实上，"感性"（包含"情感"）"生命"等范畴在内涵和外延上有很大的关联性。如果放弃"二元对立"的思维模式，用整体性来把握美育的本质，我们也可以说，美育是一种感性的情感的生命教育。

当然，从语义学角度讲，"情感"是感性的一种形式，包含不了感性的全部，而"生命"又是一个比"情感""感性"更大的概念，用其来界定美育的本质，显然较为笼统。"感性"则是一个大于"情感"、小于"生命"（比"生命"一词内涵更具体）的范畴，同时，它又包含丰富的内容，既涵盖"情感"又融通"生命"。所以，把美育界定为"感性教育"在内涵上比"情感教育"更丰富，在形态上比"生命教育"更具体。这样一来，思路就比较清晰了：从感性的维度来探讨美育的本质是可行的，也是较切合美育实际的。舍此，将缘木求鱼，舍本逐末。

在我国，"感性教育论"的提出有着复杂的学术背景。长期以来，占据主流地位的认识论美学、实践论美学，热衷于探讨美的本质的"客观性"问题，人生问题被所谓的"客观性""社会性""必然性"等所淹没。而作为感性存在的人、作为一次性生命存在的人，却完全被不屑一顾地疏忽或者遗忘了。部分年轻学者不满足于这种对美的纯理论的思辨式探讨，他们将这种探讨批评为"形而上"，并从生命哲学、存在主义哲学等角度出发，探讨美与人的生存的关系问题，旨在促使美学研究关注当前条件下人类日渐困惑的生存问题，表现出对人类命运的终极关怀。

正是在这样的学术背景下，美育本质的"感性论"、"生命论"便出现了众多的声音。"感性""生命"等范畴以更加丰富的历史与哲学内涵被美学界提出，同生命本体、人的生存意义及人类的前途命运紧密相关，并赋予美育更新更丰富的意义。

三、美育的"感性论"维度研究

从"感性"的维度研究美育的本质问题是一条比较可行的学术方向，这也符合席勒最初提出"美育"的本意。仔细研读席勒的《审美教育书简》（又称《美育书简》）可以发现，席勒提出美育的出发点是人性和美的统一性。他指出："从人的天性的概念来推导美的一般概念……有了人的理想也就有了美的理想。"这就意味着，美与人性的理想是一致的，即感性与理性、内容与形式、肉体与精神的完善和谐。如果说这个出发点还是思辨性的话，那么席勒提出美育的现实性的出发点则是人性的残缺，即理性过分压抑感性和肉体。席勒具体描绘了人性分裂的现状："现在，国家与教会，法律与道德习俗都分裂开来了；享受与劳动，手段与目的，努力与报酬都彼此脱节。人永远被束缚在整体的一个孤零零的小碎片上，人自己也只好把自己造就成一个碎片。他耳朵里听到的永远只是他推动的那个齿轮发出的单调乏味的嘈杂声，他永远不能发展他本质的和谐。他不是把人性印在他的天性上，而是仅仅变成他的职业和他的专门知识的标志。……死的字母代替了活的知解力，训练有素的记忆力所起的指导作用比天才和感受所起的作用更为可靠。"

在席勒看来，现代文明的病症就在于理性过分压抑感性、情感和肉体，从而导致人心灵丰富性的消失。他指出："分析功能占了上风，必定会夺走幻想的力与火，对象的范围变得狭窄，必定会减少幻想的丰富性。因此，抽象的思想家常常有一颗冷漠的心，因为他们的任务是分析印象，而印象只有作为一个整体时才会触动灵魂；务实的人常常有一颗狭隘的心，因为他们的想象力被关闭在他职业的单调的圈子里因而不可能扩展到别人的意象方式之中。"

席勒提出，不仅需要理性的一般法则，还需要感性的特殊法则，以保持或恢复个体性格的多样性，从而保证人格的完整。"培养个别的力，就必须牺牲这些力的完整性，这肯定是错误的……通过更高的艺术来恢复被艺术破坏了我们天性中的这种完整性，也是我们自己的事情。"这里，"更高的艺术"指的就是美育，其着眼点正是人的感性。

由此可见，席勒论述的美育的这种意义完全是现代化进程的产物，也是针对现代化所发生的文化危机而提出的一种生存理想和策略。正如马尔库塞评论的那样："他（席勒）诊断出文明的病症就在于人类的两种冲动（感性的冲动与形式的冲动）之间的对立，以及对这种对立的残暴'解决'：以理性压抑的既存专制体制去压倒感性。所以，对立着的冲突的和解，就涉及取消这个专制——也就是说，恢复感性的权利。……换言之，拯救文明将包括废除文明强加于感性的那些压抑、控制。而这些正是《美育书简》所欲阐发的义理。"

追溯席勒提出美育的本意，理解美育的本质就比较简单了：美育首先是感性教育，它通过审美能力的培养，发展人的感性。这是美育本质的第一层规定性。美育以发展感性为目的，它就不同于德育和智育。德育和智育以发展理性为目的，这样就把美育与德育、智育区别开来，美育因此可以作为一种独立的教育成分，与德育、智育、体育相并列。另外，美育还有第二层规定性，即通过发展人的感性，促进感性与理性的协调发展，以此来塑造完美的人性。这就是说，美育作为感性教育，"发展感性"既是目的也是手段。在第一个层面，"发展感性"是目的，在第二个层面，"发展感性"则是以塑造完美人性的手段出现的。这一点，席勒在第20封信中的一个尾注里表述得非常清晰："有健康的教育，有审视力的教育，有道德的教育，也有趣味和美的教育。后一种教育的意图是，在尽可能的和谐之中培养我们的感性力和精神力的整体。"

这里所说的"趣味和美的教育"指的就是美育，其基本任务是通过审美能力的培养，来发展人的感性，但是美育的终极目的不在于“感性的发达”，而在于“在尽可能的和谐之中培养我们的感性力和精神力的整体”。这样，就把美育提到了一个新的高度：综合、中介、协调。也就是说，通过德育、智育培养的理性力量，通过美育培养的感性力量，最终还要通过美育最后起综合协调作用，即将感性与理性有机融合在一起，以此来塑造完美的人性。

美育的这种综合、中介作用，正是由美育本质的第二层规定性所决定的。曾繁仁先生借鉴中国传统美育“致中和”的思想，提出了“中和美育论”，核心观点表达的就是这个意思。他以孔子《论语》中君子的培养为例作了说明。孔子说:“兴于诗，立于礼，成于乐。”其中,“兴于诗”意思是指从诗歌中获得启发,“立于礼”是指从礼教中掌握处世和做人的规范,“成于乐”是指君子的培养要通过“乐教”才能最后完成。“成”即含有综合、中介、协调之意。德育、智育、体育都各有其独特的不可替代的作用，但和谐人格的最后塑造还得依赖美育对其他各育的综合、协调。换句话说，无论一个人接受多少文化知识教育和道德规范教育，但是只有在他接受了美育之后，文化知识教育、道德规范教育才能最后发挥作用，才能最终成为一个“和谐的人”“全面发展的人”。

需要指出的是，部分学者对席勒的这一尾注是误读的，因而导致了对美育的两种片面理解：一是仅把“美育”作为同“体育”“智育”“德育”并列的教育，强调美育是发展审美能力的教育，却忽视了美育对人格培养的综合、中介作用。比如，有的学者指出:“美育即审美教育，它要求培养年青一代感受美、鉴赏美和艺术创作的能力。”二是把“美育”理解为“教育本身”,“美育”即美的教育，美的教育应当是使感性和精神力量的整体达到尽可能和谐的教育。按照这种理解,“美育”仅在德育、智育、体育之间和在每一育之中寻找协调，它实际上是一种抽象的“个性全面发展”的概念。这种认识显然消解了美育的独立地位和发展审美感受力的作用。

对美育本质认识的上述两种片面倾向，归根结底是因为没有认识到美育本质的双重规定性，而是孤立地、片面地去看待、理解美育。笔者的基本观点是，美育作为一种独立的教育成分，首先是感性教育，其基本任务是通过审美能力的培养来发展人的感性力量。但是作为感性教育的美育，其最终目的不在于发展人的感性，而在于通过发展感性促进感性与理性的协调发展，以此来塑造完美的人性。这正是作为感性教育的美育的特殊性之所在。

第二节 当代高校大美育观与艺术教育问题

一、当代高校大美育观

纵观人类数千年文明史，“美”是人的永恒追求，它如一缕微光，伴随人类文明的不断积累与进步。它以永恒的姿态，激发出人类无穷的想象力和创造力。对美的追求，已经成为人的一种存在方式，进行关于“美”的教育，是人类文明传承的重要方式。自古至今，中外教育家也充分认识到了“美”对于教育的价值:《论语·泰伯》中记载了孔子“兴于诗，立于礼，成于乐”的教育思想；柏拉图在《理想国》中将培养“身心既美且善”的公民视为教育的归宿。

（一）美育的本质是人性的教育

“美育”即“审美教育”。它于1793年由德国著名诗人、哲学家席勒在《美育书简》一书中首次提出，并于20世纪初经梁启超、王国维、蔡元培等美育奠基人引入我国。此后，美育在我国经历了百余年的曲折发展历程。1999年，中共中央、国务院在《关于深化教育改革全面推进素质教育的决定》中第一次正式将美育写入国家教育方针，并与德育、智育、体育并列共同成为素质教育的重要组成部分。

21世纪的今天，我国已经进入现代化发展的新阶段，随着经济崛起、社会进步、国际化程度日益增加，社会的方方面面正在发生深刻的变化。在现代化进程中，马尔库塞所说的“单向度的人”、德国古典哲学提出的“异化”的人对当前高校的育人工作仍是有力警醒，而要拓展人的思维、健全人格，就必须恢复“美学的向度”。这是因为，传统的智育很难解决思想观念和人的发展问题，单纯的德育手段在价值观多元化的现代社会也往往有现实局限性，而美育作为感性与理性的桥梁，“入人也深、化人也速”。审美的培养和情感的陶养，可以使人以审美的态度对待社会和生活，以情感升华道德操守和行为，以艺术想象拓展心智和创新思维。因此，美育可以成为人格培养中知与意的中介，个人行为中自律与他律的中介，社会生活中科学与人文的中介，学校教育中德、智、体的中介。总之，美育是一种行为健全的人格的教育、全面发展的素质的教育、心理健康的情感的教育，美育的本质是人性的教育。

纵览美育的发展史，众多大家先哲都对美育的本质和价值进行过深入探讨，为我们在今天重新认识美育的现代意义提供了借鉴。蔡元培在《美育与人生》中论述道:“美育之目的，在陶冶活泼、敏锐之性灵，养成高尚纯洁之人格。”认为美育的作用是陶养人的“伟大而高尚的行为”，并提出著名的“美育代宗教”说。王国维在《论教育之宗旨》中竭力倡导美育，主张以美育培养“完全之人物”。可见，人性的教育既是美育的本质，也是美育的最高价值。

我们还应看到，美育是一个历史的概念，它的意义随着历史的发展而不断变化，并被时代赋予新的意义。在全球化时代，“人的自由全面发展”成为从精英化转向大众化的高等教育的至高追求，在此背景下，美育作为人性的教育，比以往任何时候都更为重要。当代的高校美育，要紧紧抓住人性教育这一本质，立足大学生身心成长规律，消解现代化对青年人的各种异化，发挥美育的育人功能，通过艺术美、自然美、社会美、生活美等多样化途径，在潜移默化中对大学生进行心灵情操的陶冶、健康审美能力的培育和人文素养的提升，从而塑造学生健全人格，促进学生全面发展。

（二）高校美育现代化建设

当前，国内外高校对美育都十分重视，我国教育部门近年来也多次发文强调各层各级学校要重视并发展美育工作，美育工作已取得了较大进展。但相较于其他教育阶段，高等教育层次的美育实施和普及工作进展缓慢，在当前整个高校的评估体系中，也几乎不包含美育的成分。从总体上看，高校对美育现代化建设的重要性和必要性缺乏统一认识，对美育工作缺少统一规划，美育仍是高等教育中的薄弱环节。

早在2003年，教育部就曾在全国普通高校艺术教育工作会议上指出，我国高校的公共艺术教育工作存在“三个不到位”，即“领导认识不到位”“课程设置不到位”和“教育管理不到位”。十余年后，2015年国办印发的《关于全面加强和改进学校美育工作的意见》中再次指出，“一些地方和学校对美育育人功能认识不到位，重应试轻素养、重少数轻全体、重比赛轻普及，应付、挤占、停上美育课的现象仍然存在；资源配置不达标，师资队伍仍然缺额较大，缺乏统筹整合的协同推进机制。”《关于全面加强和改进学校美育工作的意见》实施一年多以后，这些问题在高校美育工作中仍普遍存在，管理机制、师资队伍、课程设置、经费资源等方面都缺乏保障。要突破高校美育工作困境，必须从根本上重视高校美育“以美育人、以文化人”的育人功能。

1. 美育是德智体各育的“综合中介”

美育的价值和功能突出体现为对德智体其他各育具有渗透协调作用，是德智体各育的“综合中介”。

①美育是培养高尚道德情操的必不可少的重要手段，有辅以道德的天然属性。在高等教育中，德育是规范性的教育，偏理论化，而审美具有情感驱动力，德育借助美育，则能够达到“潜移默化、熏陶感染”的效果，美育在不知不觉中施以教化，给人深入心灵的道德启示。另外，美育是培养想象力和创新思维的重要途径。一个人的智能中最活跃的因素是心智能力，包括抽象思维能力和想象思维能力，想象思维能力是一种创造性思维能力，它不仅是艺术的核心，更是从事科学研究的关键。

②审美活动可以调节大脑机能，提高用脑效率，创新人才与创新思维的培养都离不开美育。

③美育与体育作为身心两个方面的教育，相互之间的关系是相辅相成的。精神生活有利于身体各个器官的调节，而体育运动本身也包含着美的因素。美育以心灵的健康为其目标，体育以身体的健康为其目标，心灵的健康一定会促进身体的健康，身体的健康又是心灵健康的基础。

2. 美育具有不可替代的独特育人功能

美育作为“综合中介”与德育、智育、体育相辅相成、相互促进，但不能因此就把美育视为从属于德智体各育，把美育工具化和边缘化。1999年颁布的《关于深化教育改革全面推进素质教育的决定》中对美育有明确定位：“对于促进学生全面发展具有不可替代的作用”。因此，高校美育在教育功用上是同德智体各育有同等地位的，并在高校立德树人和促进大学生全面发展方面有独特的育人作用。

美育不同于工具理性（知识）、价值理性（道德），它强调人文精神，有其特有的培养审美世界观的作用、情感协调作用和文化养成作用，不仅能够提升人的审美素养，还能够潜移默化地影响人的情感、趣味、气质、胸襟，激励人的精神，温润人的心灵，其强烈感染力是一般的教育形式所不具备的。高校美育是沟通科学与人文的桥梁，是感性与理性、形象与思想、情与境、知与意的直接统一，对大学生人格的塑造更全面、更立体，方法更形象、更生动、更丰富，在高校分学科专业化的人才培养体系中，其育人作用是任何其他教育形式都不可代替的。可以说，没有接受过任何形式美育的学生，其人格发展和文化结构上将会存在着缺陷，既不能成为“高素质人才”，也无法很好地应对现代社会的挑战。

3. 美育是传承创新中华优秀传统文化的重要载体

文化传承创新是高校在育人、科研和社会服务任务之外的第四大职能。高校既是培养学生文化认同、促使文化薪火相传的重要场所，也是繁荣文化、发展文化和创新文化的主要阵地。高校美育是传承创新优秀传统文化的重要载体，承担着优秀传统文化传承创新的重要任务。高校美育应当站在民族文化传承创新的高度，深入挖掘中华优秀传统文化，借鉴传统文化精髓，汲取中华文明优秀成果，创造新的文化艺术元素，通过人才培养，使中华文化走向世界。在高校美育实践中，则应立足我国现实，以文化本位、中西交融的立场，以审美和人文素养培养为核心，引领学生树立正确的审美观念、陶冶高尚的道德情操、培育深厚的民族情感、激发想象力和创新意识，使其拥有开阔的眼光和宽广的胸怀，强化青年学生的文化主体意识和文化创新意识，增强其传承弘扬中华优秀文化艺术的责任感和使命感。

（三）构建以美育人、以文化人的“大美育”环境

当我们对美育的本质及其对于高等教育现代化发展的重要意义进行了分析与探讨之后，美育在实践层面上的核心问题随之而来，即美育要培养什么样的人，以及如何培养这样的人。美育的目的，是培养具有健康的审美观、较强的审美能力和创美力，能以审美的态度对待自然、对待社会、对待自身的人才。换言之，美育的任务，就是要使受教育者具备健全的人格，成为“生活的艺术家”。

在高等教育领域，《关于全面加强和改进学校美育工作的意见》发布之后，学术界与教育界同人已经进行了多次研讨，对美育的时代意义在认识上进行再次深化。可以说，我们迎来了新形势下高校美育发展的又一次绝佳契机。为此，高校无论是在人才培养还是在学术研究中，都应当按照新的时代要求，广泛吸收当代教育学、美学、心理学等多学科的研究成果，建设新的美育理论和实践体系，突出时代性和现实性，打造以美育人、以文化人的高校“大美育”环境，促进现代化美育的实施，补齐高等教育美育的短板。

1. 在顶层设计上突出“大美育”的理念

加强高校美育，首先要在指导思想上树立“大美育”的理念。由于美存在于人们生活的各个领域，自然美、社会美、艺术美一切审美对象都可能成为美育的教材，社会生活中处处都可以成为美育的场所。因此，在高校的育人过程中，美育必然要渗透在学校全部学习和生活过程之中。应当看到，虽然艺术教育是高校美育的重要手段，但美育的实施还有多种途径、多样形式。我们在对高校美育进行顶层设计时，不能把美育局限于公共艺术教育课程和通识教育之中，而要经过专门的规划和设计，将美育体现在各门学科、各门课程的教学活动中，形成课堂教学、课外实践、校园文化的育人合力，建立全面综合的审美教育。

“大美育”的重要特征是美育的社会化和社会的美育化。即除了学校把美育视为本职工作之外，文化、政治、经济、科技等系统都要责无旁贷地担当美育角色，发挥好美育的功能。《关于全面加强和改进学校美育工作的意见》中也明确规定，要建立学校、家庭、社会多位一

体的美育协同育人机制，推进美育协同创新，整合各类美育资源，探索建立教育与宣传、文化等部门及文艺团体的长效合作机制，建立推进学校美育工作的部门间的协调机制。因此，美育的主体不应局限于学校，而应该通过“大美育”的设计，搭建开放的美育平台，与政府单位、社会机构、艺术团体等开展广泛合作，建立起艺术展览、馆藏参观、主题讲座、社会实践等美育的课外活动体系。通过推进学校与社会的互动互联，打造开放合作的“大美育”环境。

2. 深化美育教学改革，完善美育课程体系

推进教学与课程改革是高校美育建设的重点环节。美育不是一门具体的课程，而是相对独立的教育体系，当前高校美育实施的关键是在整合现有文化艺术类课程的前提下进一步找寻新的体系。首先，高校应将美育纳入教学计划并计入学分，使美育全面进入第一课堂。课程建设方面分为两个层次：第一层次是美育学和美育的基础理论课程；第二层次是文化艺术课程，涵盖文学、美术、音乐、影视、戏剧、舞蹈和园林建筑等丰富内容，以文化艺术的鉴赏和批评类、历史和思想类、知识和技能类这三大类课程为主体。高校美育课程建设要以艺术课程为主体，开设艺术鉴赏类、艺术史论类、艺术批评类、艺术实践类等方面丰富优质的美育课程。课程设置方面要符合教育运行规律和高校学生身心发展规律，一方面，要重视美育基础知识的学习；另一方面，要处理好知识、技能与素养的关系。知识是美育的前提，技能是美育的基础，但高校美育的主要目的不是培养专业艺术家，也不是培养美学理论家，而是培养具有健全人格和审美素养的高素质人才。因此，在课堂教学中要注重对大学生艺术感受力、审美能力、思想感情的培养，多采用启发式、引导式教学。其次，开展以美育为主题的跨学科教育教学，围绕美育目标，发挥各个学科的优势，将相关学科的美育内容有机整合，增强课程的综合性，并根据社会文化发展新变化及时更新教学内容。最后，实践性是美育的重要特征，美育实践活动是高校美育课程的重要组成部分。高校应遵循美育的规律，加强美育实践活动环节，并纳入学生培养方案，实施课程化管理。在现有条件下，也可以开发利用当地的美育资源，建设美育实践基地，拓展教育空间。

3. 加强校园文化建设，营造美育的文化环境

校园文化环境是美育的重要载体，是“大美育”格局的组成部分。对于高校而言，校园文化不仅是学校办学理念、办学特色的体现，也是高校管理者和广大师生人文素养和文化品位的集中展示。作为师生生活、学习、工作的主要场所，校园的文化环境对师生的审美教育发挥着潜移默化的作用，深刻影响着高校美育的导向和质量。

根据《关于全面加强和改进学校美育工作的意见》中提出的要求，各级各类学校要充分利用广播、电视、网络、教室、走廊、宣传栏等，营造格调高雅、富有美感、充满朝气的校园文化环境。要让社会主义核心价值观、中华优秀传统文化基因通过校园文化环境浸润学生心田，引导学生发现自然之美、生活之美、心灵之美。此外，高校应当充分重视学校的美术馆、博物馆等文化场馆和设施建设，对学生免费开放，并充分发挥其功用，引导学生重视对文化和艺术场馆的利用，增强高校美育贴近学生的体验感和以美育人的实效性。高校还要与地方政府加强合作，吸引政府将更多的文化建设项目布点在学校，推动校内外文化资源设施

共建共享。

当前，我国高等教育正着力深化综合改革，社会对高素质人才的需求、国民对高品质教育的需求都十分迫切。适应经济社会发展需要和满足受教育群体的需求是教育改革的动力和依据。增加高品质、内涵化高等教育的供给是当前深化教育改革的首要任务，也是高等教育供给侧改革的题中之义。美育是基于受教育者全面发展需求的教育形式，是人性的教育，具有不可替代的育人功能。发达国家高等教育的发展经验也表明，美育是高品质教育、全人教育的象征。因此，高等教育的改革创新和结构升级需要改变当前美育的现状，重视新形势下美育的现代价值和意义，把美育作为高教改革的突破口和着力点，努力在全社会打造现代化的“大美育”体系，形成全社会关心支持美育发展和青年学生全面成长的氛围，推动高校美育的整体发展，为建设高水平大学、推进高等教育现代化进程发挥应有作用。

二、当代高校艺术教育问题

在大学阶段，美育和艺术教育都是大学生素质教育的重要组成部分，关系到学校能否完成高素质人才的培养。艺术教育课程目前承担美育实施的重要任务，以培养大学生审美能力和艺术素养为目标。实际上，大学美育与艺术教育之间存在一定的差别，不能仅依靠艺术教育进行美育的替代，还应加强美育与艺术教育关系的分析，以便更好地实施大学美育。

（一）大学美育与艺术教育的关系

在大学阶段，美育与艺术教育之间的关系十分密切，既存在一定的涵盖关系，又存在一定的差别。对二者的关系进行深入分析，有助于更好地开展实践教育，进而更好地完成学生审美能力和艺术素养的培养。

1. 概念上的包含关系

从概念上来看，美育的范围十分宽泛，艺术教育只是其中的一种形态。在大学阶段，诸多艺术课程都承担着大学美育实施责任，如美学原理、音乐欣赏等。实际上，除了大学美育为专门的美育课程，美育都要借助其他课程实施。而艺术天然的审美对象，艺术教育也需要以学生文化素质教育为主要目标，所以其主要需发挥美育的功能。不同于其他教育手段，艺术教育在学生身心教育方面均能发挥一定的作用。由于拥有丰富的情感，艺术活动的开展也能使学生的情感需求得到满足。所以在美育实施方面，艺术教育具有重要的作用。从广义角度来看，美育将依照美的规律引导人们完成灵魂塑造。而美的实践活动不仅发生于艺术领域，也存在于社会生活和自然界中。艺术教育在实施的过程中，同样要遵循美育的教育逻辑，即从认识到创造的过程，需要引导人们主动接触美，然后逐步形成鉴赏美的能力和相应的价值体系，最终实现艺术美的创造。按照国家对高校艺术教育的要求，还要将艺术教育当成是实施美育的重要途径和内容。在大学艺术教育课程开设上，美术鉴赏、音乐鉴赏等多门艺术课程的教学要求首先都强调引导学生学会鉴赏美。因此，尽管大学课程中缺少美育课程，也不能认为艺术教育能够代替美育，不能只在教育中强调艺术教育而忽视美育。因为，美育除了包含艺术教育，还包含社会审美和自然审美等方面的内容，还要开展系统美学知识教育，以便使美育得到全面的实施。

2. 实质上的区别差异

尽管美育在概念上对艺术教育进行了涵盖，但二者在实质上仍然有一定的差别，这种差别能够在教育实施方面得到较好的体现。

（1）美育不仅能够在教学和学习活动中得到实施，也能在生活、工作中得到实施，所以美育为一种隐性教育。不同于美育，艺术教育还要更多的通过教育者实施，因此尽管内容上具有一定的随意性，却依然属于显性教育。从教育目的上来看，美育和艺术教育虽然都希望能够引导学生学会鉴赏美和创造美，但是美育的最终目标是对学生人生价值观进行培养，艺术教育则是以培养学生艺术文化素质为目标。

（2）从教学范畴上来看，美育强调进行人的审美感受和个性情感等方面的培养，艺术教育则不仅需要强调这些内容，还要完成艺术知识的教学。而知识教学属于"智育"的范畴，并不在美育范围内。从这一角度来看，艺术教育中也包含美育无法涵盖的内容，所以二者之间仍然存在明显的差异。而值得注意的是，目前大学艺术教育过于注重知识教学，在欣赏艺术作品时过于强调理性分析，总是直奔作品主题内容讲解。但是，艺术教育具有美育的性质，还应围绕审美进行知识讲解，不能忽视学生的情感体验。忽视艺术教育的美育性质，反而强调其"智育"性质，则违反了艺术教育课程的开设初衷，并且无法发挥艺术教育的美育实施作用。

（3）在艺术教育实施的过程中，不仅要重视审美理论教学，而且要强调审美实践教学。通过审美实践，才能真正加深学生美的感受，从而在得到审美教育的同时，获得艺术素养的提升。然而就目前来看，大学艺术教育缺少实践技能训练，开设的课程大多为《影视欣赏》《文学欣赏》等理论课程，几乎不涉及实践操作。从美育实施的角度来看，学习审美理论尽管有助于学生学会欣赏美和鉴赏美，却无法给学生带来更多的情感体验，所以无法真正实现美育功能。因为，只有开展审美活动，才能建立主体与客体之间的联系，从而使学生的身心得到发展。从艺术教育的角度来看，开展实践活动才能使学生得到技能的锻炼，进而使学生艺术素养得到真正提升。

此外，正是由于美育中还涵盖社会美育和自然美育等艺术教育中不具有的内容，才需要开展实践活动帮助学生接触其他形式的美。艺术教育实践活动的开展有两方面的目标，一方面是落实美育特殊任务目标；另一方面则是达到艺术素养培养的目标。从这一角度来看，美育和艺术教育尽管有一定的差异，却需要采取相同的途径实现教育目标。

（二）对大学美育实施途径的思考

通过分析可以发现，大学美育与艺术教育存在一定的差异。未能厘清二者的关系，导致目前大学美育未能得到较好的实施。为此，还应加强大学美育实施途径的思考，以便使目前美育的实施情况得到改善。

1. 美学知识的学习

艺术美仅为美育的一部分内容，所以艺术教育无法真正代替美育。想要真正实施美育，还应完成专门的美育课程设置，从而引导学生更好地完成美学知识学习。为达成这一目标，还应重新认识美育在大学教育中的地位，避免将美育与艺术教育混淆，开设专门的美育理论和实践课程，以确保美学能够作为一门课程被学生学习。在此基础上，学生可以真正掌握美学基本知识，并学会认识美、发现美和欣赏美，进而为美的创造奠定良好基础。只有将美学当成是一门课程，才能使学校忽视美育的情况得到改善，进行美学公共必修课的建设与开发，并通过加强美育评价引导师生关注美学知识学习，同时不断进行美育工具的完善，进而达成培养高素质人才的目标。

2. 审美实践的开展

在学习美学知识的同时，还应注重审美实践的开展。因为通过审美实践，才能引导学生将理论与实践结合起来，利用理论为实践活动的开展提供指导，进而获得更好的美育效果。而开展审美实践，也能使美育教学内容得到进一步丰富，引导学生学习自然美、社会美等各种美。在当前社会背景下，普遍存在人情冷漠、精神空虚等不良现象。在社会审美实践中接触这些情况，并以美学知识为指导解决人的精神困境，则能帮助学生完成完美人格的塑造，进而实现美育的最终目标。为此，大学阶段还应进行内容丰富和形式多样的审美实践活动的开展，并在全校范围内完成审美氛围的营造，以达到引导学生参与审美实践活动的目的。采取该种措施，则能将美育从课堂延展到课外，因此能够为美育的实施提供更多保障。

三、案例分析

公共艺术课程是我国高等学校深层次推进素质教育，促进学生综合、全面发展的主要途径，其中音乐是众多公共艺术教育课程门类中的一种。而在多种音乐表演形式中，合唱是最具艺术性与群体性的形式之一，其在我国各高校公共艺术教育中起到了举足轻重的作用。案例从合唱团教学的角度出发，以美育为主线来进行相关问题的分析与研究。

（一）感受、欣赏美

早在魏晋时期，就有着“丝不如竹，竹不如肉”的说法，声乐（歌唱）是最能贴近与打动人心的音乐表演形式，合唱是一种多声部的声乐表演形式，可以通过其不同的声部组合形式向学生传递美。合唱具有柔美、协和、表现力丰富等特点，被称为音乐体裁中最美的表现形式之一。

合唱依据不同的人声组合表现形式，可分为同声组合与混声组合两种。其中同声又可分为童声、男声、女声三种。不同的人声组合有着不同的音响效果，例如，童声合唱具有清脆、明亮等音色特点，给人一种阳光、活泼的听觉感受；女声合唱具有柔和、圆润等音色特点，给听众的是一种优美、抒情的听觉感受；男声合唱则具有嘹亮、浑厚的音色特点，给人一种苍劲有力、宽广深厚的听觉感受；混声合唱因其综合了各种人声音质的特点，而使其音色丰富多彩且极富表现力。在合唱团的课程中，有一部分是对世界各国不同风格、不同形式的合唱作品进行赏析。

在合唱团指导教师的引导下，学生通过视觉与听觉、理论与实践相结合的方式，从风格各异的合唱作品中感受与欣赏音乐的美。更值得一提的是，学生还能通过对不同人声组合形式音响的聆听，从中感受到其不同的音响组合特点，对各种人声音色特点的认识也会逐渐清晰，这对于之后自己参与排练有着很大的帮助，使其能尽快适应多声部音乐的训练。另外，加之音乐作品本身还具有音调之美、结构之美等特点，学生在长期聆听的过程中，会对音乐越来越敏感，也由此逐渐产生与形成对音乐的浓厚兴趣。

（二）分辨、鉴赏美

音乐是文化的载体，能反映不同时期社会、经济等方面的特点。同时，音乐与文学、绘画等门类都有着密切的联系。在各类音乐作品中，合唱作品浩瀚如海，无论是从西方文艺复兴时期到现代的外国作品，还是在我国近代到现代的中国作品当中，都不乏经典优秀之作。这些作品都是特定时期作曲家感情的凝结和思想的凝练，极具人文性，能够一定程度上反映所处时代的特征。

正因如此，学生在通过大量合唱作品的聆听与相关背景知识的了解后，能够积累丰富的音乐听觉感受与理论知识并加以综合，使其能够对各类合唱艺术风格进行大致区分，从而进一步具备了从感官上分辨与掌握不同时期、民族、风格音乐特点的能力。例如，贝多芬第九交响曲中的合唱片段《欢乐颂》，就是根据德国著名诗人席勒所写的诗歌《*An die freude*》谱写而成。席勒在诗中表达了对自由、平等生活的渴望，通过贝多芬具有古典、浪漫派特征的音乐创作后，情感得到进一步升华，描绘出一幅人类经过长期艰苦奋斗，终于得到了自由、欢乐并进入共和的理想生活的景象。又如，在我国，将具有很高文学价值的词曲作为歌词进行音乐创作的例子比比皆是，很多优秀的作品实现了文学美与音乐美的高度融合。音乐家杨荫浏、李抱枕就曾以南宋抗金名将岳飞的代表词作《满江红•怒发冲冠》为歌词，创作了一首男声合唱作品，其作品旋律悲壮，气势磅礴，描绘出岳飞“精忠报国”的英雄志气。同时，中华民族奋发图强，不甘屈辱的壮烈气概也被体现得淋漓尽致，是我国不可多得的经典合唱作品，具有很高的艺术价值。

学生长期在合唱团的课堂里，对中外优秀作品进行大量与宽泛的学习，并常以这种理论与听觉相结合的方式进行学习后，就能知道何为“美”，“美”在哪里，并逐渐能自主地从音乐作品中提炼出“美”，对“美”的理解也会越发深刻。

（三）参与、创造美

理论离不开实践，艺术也是，音乐更是如此。要想获得音乐深层次的体验感受，要想感受其中更深刻的“美”就离不开艺术实践。在行内更是有许多人提出，音乐的实践相对于理论来说更重要，离开了实践，音乐就只是纸上谈兵而已，没有任何意义。虽然观点中的细节有待商榷，但也由此可见，实践对于艺术，特别是对于音乐来说，其重要性是不言而喻的。合唱是音乐的表演形式之一，合唱团更是一种体验感绝佳的音乐实践团体，因其具有受众面广、参与度高、艺术性强、经济成本低等特点而易于被人们接受和喜爱。国内几乎所有高校，无论是综合性大学还是专科学院，都有自己的合唱团，合唱团在许多高校都是最受欢迎的艺术团体之一。你只要有一颗对音乐赤诚的心，加之持之以恒与认真的学习态度，经过一段时间系统与科学的训练后，就定能乘上合唱艺术之船，扬帆在音乐的海洋上。

你加入合唱团后，拿到一首即将排练的合唱作品时，你与它“亲密接触”的旅程就开始了。通过排练，你会与他人合作演唱作品中的每一个音符、每一条旋律与每一句歌词。同时，在老师的引领下，你还可以从音乐学、社会学、心理学、民俗学、美学等角度了解与学习到有关这首作品的相关知识。接着，结合自己对作品的理解，对其进行“二度创作”，即通过自己的演唱表现出来，这个过程是最为重要的。最终，在自身实践创造“美”的同时，也通过这种特殊途径感受到每一首作品的“美”，更进一步强化了自己对“美”的理解与感受，这样的美育过程相对于单纯且被动的欣赏、鉴赏更为主动、丰富与完整，美育的最终目标也更能得以实现。

众所周知，公共艺术教育是一种提升个人修养、提高个人综合素质的新型教育，能提高人们对美的理解与感受，培养人们在艺术上的表现力和创造力，且在其教育过程中还要注意，技能的训练是十分有必要的，不能只停留在单纯理论知识的传播与感受上。只有在亲身实践后，才能更进一步、深层次地感受到“美”，辨别与理解何为“美”，从而建立健全的审美心理结构。

通过以上分析可以看出，合唱这一音乐学科的自身特点完全符合公共艺术教育的教育理念，正是因为这一特点，我们还需要注意，在合唱课堂乃至所有公共艺术教育课程的教学上，都应当反映当代思政教学的特征，在教学内容上可以适当引用红歌，这对学生的思想教育，特别是爱国主义教育，其作用可以说是立竿见影的。在传统的思想政治课上，无论是在教学目的，还是在教学内容上，都是以“晓之以理”为主。虽然内容充实，但往往因教学形式单一，学生经常觉得课堂上缺乏生气，久听便提不起兴趣，常感枯燥乏味；而合唱属于音乐众多形式中的一种，具有音乐的所有典型特征，例如能陶冶情操，让听众感受到美，听众自身与音乐的情感内容能产生强烈的共鸣，体验到音乐作品丰富的情感内容等，以“动之以情”为主，是完善人格的重要手段。一个以理为主，另一个以情为主，两者看似毫无关系，实则不然，若将两者进行融合与互补，在音乐课堂的欣赏与创作中融入更多的思政内容，在思想政治的课堂上用音乐来丰富其形式，这样在教学上可以起到画龙点睛的作用。课堂气氛活跃后，学生也会提起学习的兴趣。

第三节　当代高校美育的任务

美育是教育的重要组成部分，它是一种按照美的标准来培养人的教育。高校美育的任务是培养大学生的正确审美观，提高审美能力，促进其全面、和谐发展，成为21世纪社会主义建设的合格人才。

一、培养大学生正确的审美观是高校美育的首要任务

审美观是世界观、人生观的重要组成部分，它同真理观、伦理观一起，构成人们对世界、对人生的总的看法。具体地说，审美观是关于美、美感、美的创造等问题的基本观点，它主要包括审美趣味、审美标准、审美理想等，它是从审美角度对客观事物进行判断和评价的原

则体系，直接指导和制约着人们的审美实践和创造美的实践，规定着审美的方向。因此，培养大学生正确的审美观，是高校美育的首要任务。

正确的审美观不是天生的，而是在不断的审美实践中逐步形成的。由于大学生缺乏社会阅历，许多方面都还处在动荡不定当中，加上大学生家庭、经历、文化素养、志向目标、性格气质等的不同，他们的审美观带有鲜明的个性特征。对于每个人的审美爱好，我们不能强求一律，但我们应该明白审美趣味、审美标准、审美理想有正确和错误、进步和落后、高尚和低下的区分，不能听之任之，而要积极引导。没有正确的审美观，就不可能有正确的审美实践。一些青年大学生不懂得什么是真正的美，缺乏正确的审美标准、高尚的审美理想，虽然爱美、想美、追求美，但却适得其反。个别学生以丑为美，甚至走上犯罪的道路；一些学生以洋为美，过分打扮，忸怩作态。凡此种种，光靠正面的道德教育是远远不够的，这就要求加强大学生的审美理想教育，帮助他们从根本上分清美与丑、真与假、善与恶的界限，养成良好的习惯，形成谈美、爱美、审美的氛围。

（一）要确立正确的审美态度

审美态度是指人们在从事艺术活动和审美活动时所持的一种审美观。大学生要获得正确的审美观，必须树立正确的审美态度。也就是说，在审美活动中，既不能单纯从功利价值的角度衡量对象，也不能用经济占有的态度去看待对象，更不能对对象完全取生理欲求的态度，而应当在主客体之间保持较大的距离，以便进行审美欣赏。审美态度的核心是超越实际利害和个人得失的考虑，只是欣赏对象的美。马克思曾说，忧心忡忡的穷人对最美的景色也无动于衷，贩卖矿物的商人看不到矿石的美丽。人只有在超越了个人的利害得失时，才能见到美、欣赏美和创造美。培养青年学生确立审美的人生态度，有助于他们克服患得患失的弱点和由于学习生活等方面所遇到的困难挫折带来的各种消极情绪，促使他们能正确认识个人在社会生活中的位置，逐步树立正确的世界观和人生观。同时，帮助青年学生养成一种宁静淡泊的生活态度，在艰难困苦之时仍能勇往直前，在权力荣誉面前不为所动，在平凡的岗位上做出不平凡的业绩。可见，培养青年学生确立审美的人生态度，与树立共产主义远大理想是一致的。它要求的是艰苦奋斗和无私奉献，摆正个人与集体的关系，确立符合社会发展要求的人生目标和价值取向。

（二）要加强审美修养，在实践中塑造好自己美的形象

人和动物不同，人不仅要有物质生活，还要有精神生活。审美就是人们的一种高尚的精神生活。人们可以按照健康的审美标准和高尚的审美情趣，遵循美的规律，去组织和创造美的生活，塑造美的心灵。因为高等学校是为社会主义建设培养全面发展的人才，当代大学生要使自己成为社会主义建设急需的合格人才，在学习期间，就应加强审美修养以塑造好自己美的形象。每个大学生都有自己的兴趣、爱好、特长和理想，但是，只有符合社会需要的形象才是进步的。任何超越时代需求的形象，要么陷入空想难以实现，要么不合时代潮流，造成形象与时势的反差。因此，大学生在塑造自我形象时，必须以为大多数人谋利益，合乎广大人民群众的愿望为指针，以对社会的物质文明与精神文明建设起促进作用为依据，以顺应

社会进步潮流和满足时代的要求，符合社会主义高等学校的培养目标为标准。这就要求大学生必须努力塑造自己美的心灵，达到内在美与外在美的统一。

二、提高大学生的审美能力和审美创造能力是高校美育的基本任务

培养和树立大学生正确的审美观固然重要，但如果缺乏应有的审美能力和审美创造能力，大学生面对纷繁复杂的审美对象就会不知所措，也不可能对审美对象进行正确的鉴别和判断，更不可能按照美的规律创造美。再则，提高审美能力和审美创造能力与培养大学生正确的审美观是紧密相连的，因为大学生正确的审美观，只有在充分提高审美和创造美的能力的基础上才能实现。可见，培养和提高大学生的审美能力和审美创造能力是高校美育的一项基本任务。

（一）帮助和引导大学生提高审美能力

所谓审美能力，是指在审美活动中发现、感受、判断、评价和欣赏美的能力，它主要包括审美感受力、审美想象力、审美理解力、审美鉴别力、审美欣赏力等。这种能力主要是在艺术创造和艺术欣赏中形成和发展的，它是评价美和发掘美，以美的理想去改变世界、发展人们精神生活的重要心理条件，是培养全面发展的合格人才不可缺少的一种能力。要提高大学生的审美能力，要做到以下两个方面。

①对学生进行美学和美育基本知识的教育，使学生了解美的本质和特征，了解美的内容和形式，了解美的存在领域，树立正确的审美标准，增强进行审美修养的自觉性和积极性，起到在理论上的引导作用。

②培养他们的形象思维能力。以形象思维为主要特点的美育，对促进人的想象力和创造力的发挥是非常明显的。爱因斯坦说过："想象力比知识更重要，因为知识是有限的，而想象力概括着世界上的一切，推动着进步，并且是知识进化的源泉。严格地说，想象力是科学研究中的实在的因素。"因此，可以通过大学生的社会实践活动及运用电化教学手段引导帮助学生通过眼睛、耳朵等审美感官，培养欣赏、鉴别自然美、社会美和艺术美的能力。通过观赏领略或观看影视片，欣赏自然景观，帮助学生如何鉴赏重在形式的自然美；通过学习了解毛泽东等老一辈无产阶级革命家的光辉事迹，帮助学生如何鉴赏重在内容的社会美；通过欣赏优秀的绘画、雕塑、建筑、音乐、舞蹈、文学作品，帮助学生如何鉴赏形式美与内容美相统一的艺术美。美育通过指导学生对美的欣赏，促使学生面向大自然，深入审视社会生活，走入艺术殿堂；促使他们的知识结构趋于完善，情感得到升华，从而培养和提高他们的审美能力。

（二）重视和培养学生的审美创造能力

所谓审美创造能力，是指在审美实践的基础上进一步按照美的规律创造美的事物的能力。大学生正处于心智发展的关键时期，是未来社会的建设者，不仅要能欣赏美，更要能创造美。从我国各大中型企业和科研院所反馈的信息看，我们的大学毕业生在实际工作岗位上，不是所学专业知识不够，而是智能结构不合理，心智技能和操作技能偏低，需要很长一段时间才

能适应工作。为适应改革开放和经济建设的需要，高等教育不能只限于传授知识，而应着重于开发智能，培养全面发展的创造性人才。因此，引导大学生在美育实践中感受美、欣赏美、理解美，目的就是提高他们表现美、创造美的能力，从而使他们能自觉地按照美的规律来美化主观世界和客观世界，用美的尺度来评价、指导自己的生活。爱因斯坦曾深刻指出："用专业知识教育人是不够的。通过专业教育，他可以成为一种有用的机器，但是不能成为一个和谐发展的人。要使学生对价值有所理解并且产生热烈的感情那是最基本的。他必须获得对美和道德上的善有鲜明的辨别力。否则，他——连同他的专业知识——就更像一只很好训练的狗，而不像一个和谐发展的人。"著名科学家钱学森也曾说，艺术里所包含的诗情画意和对于人生的深刻理解，使得他丰富了对世界的认识，学会了艺术的广阔思维方法。或者说，正因为他受到了这些方面的熏陶，所以，他才能避免机械唯物论，想问题能够更宽一点、活一点。可见，美育能够激发主体的创造欲望，培养主体的审美创造能力。因此，高等学校应该重视美育，加强美育，开展各种创作活动，不断培养学生的创造精神，提高他们的创造能力，使他们成为社会主义建设的创新型人才。

三、促进大学生塑造完美的人格获得全面、和谐的发展，是高校美育的根本任务

所谓完美人格，是指人的本质力量的完满与充实，也就是人的生理和心理素质得到充分的提高，人的智力、品格、情操和体魄得到全面而和谐的发展，即通常所说的人的全面发展。塑造完美人格，实现人的全面发展，是一项复杂的社会系统工程，德育、体育都不可缺少，但是美育具有特殊的重要作用，它通过主观心理活动形成对审美对象中人的本质力量的观照，使人们在感受美、鉴赏美、创造美的活动中心理和身体都得到更健康的发展。因此，促进大学生塑造完美人格，获得全面、和谐的发展，是高校美育的根本任务。

（一）以美储善，提高大学生的思想品德

改革开放以来，随着国民经济的迅速发展和综合国力的大大增强，人民物质生活水平有了很大提高。但应看到，由于西方资产阶级思想、价值观念和生活方式的乘隙而入，加上党内和社会上种种腐败现象的存在，对青年学生的思想意识和社会风气带来严重的侵蚀。和平演变的威胁依然存在，他们的重要手段就是通过文化艺术的途径灌输他们的价值观念，使我国青年一代从情感趣味的变化到价值观念的变化，进而到政治信仰的变化。针对这种情况，我们必须加强教育，其中包括审美教育，使年青一代树立共产主义信念，并具有正确的审美能力。美育通过以情感人、以美育人使青年学生在轻松愉快的氛围中，不知不觉地受到美的熏陶，使之产生为共产主义而努力奋斗终生的强大情感动力。

（二）以美启真，开发大学生的智力美育

美育作为情感教育能够牵动受教育者的理智感，激发他们对真理的追求。列宁说："没有人的情感，就从来没有，也不可能有对真理的追求。"因此，在高校开展审美教育，会进一步促进大学生的想象力和创造力的发挥。

1. 美育是培养和训练想象力的最佳途径

美育把受教育者带入想象世界之中，使想象丰富活跃起来，进而调动表象储存，进行重新组合，构成现实中没有的新的意象，从而使智力得到开发，创造力得到增强。

2. 美育有助于创造心理的形成

审美教育是美感教育，美感教育作为自由感受具有自由直观的因素，易于引发受教育者浓厚的学习兴趣，从而集中注意力，调动起学习的积极性、主动性，激发敏锐的创造灵感。美感总是给受教育者带来惊奇和喜悦，这种由审美体验引起的惊奇感，有利于情感中枢内涵丰富而变得活跃，并为大脑皮层中的想象与思维功能增强活力，从而成为追求真理和发明创造的动力。

（三）以美怡情，增进大学生的心理健康

对美的理解、欣赏和创造，总会给人带来精神上的享受，令人怡神悦态。因此，美育具有调节心情、疏导情感、增进身心健康的功效。大学生情感丰富、热烈，又处于紧张的学习时期，同时新的思维方式、快节奏的生活、就业的压力等，使得他们的忧患意识和心理压力日益增强，产生了这样或那样的心理困扰和心理障碍，甚至引发病态。因此，为保证合格人才的培养，除做好政治思想教育和心理教育外，审美教育成为一种重要的辅助手段。因为审美教育以一种精神升华的方式对人进行一种情感上的疏导与净化，有利于促进人的身心健康，从而更好地成长、成才。审美教育是一种情感教育，它不同于心理咨询和治疗工作。心理咨询和治疗工作是从心理学角度，有针对性地帮助人们调节身心和人际关系以达到和谐，维护心理健康；而审美教育是引导人们在一种审美的境界中升华，从生理情感升华到审美情感的高度，解除人们的心理紧张和压抑，达到愉快和谐状态。经常保持审美心态的人，身心是健康的、和谐的、愉悦的，有能力调节平衡内心的矛盾冲突，处理好人与社会、人与人之间的关系，走向人格的完美。正如蔡元培先生所讲的："美育之目的，在陶冶活泼敏锐之性灵，养成高尚纯洁之人格。"

另外，美育以潜移默化的方式影响、塑造着人的心理、气质、情操和性格，从而培养人们具有健全的心理结构。美育是一种情感教育，它用"以美感人、以情动人"的独特形式影响和教育着人们。实践证明，经过长期美育熏陶的人会形成一种完满的心理结构。这种审美心理结构属于健全人格的内在素质，只有具备了这种心理结构的人，才能进一步提高对挫折的承受能力和适应高强度心理压力的能力，及时调整不良情绪对身心的危害。这种良好的心理素质一经形成，便具有较大的稳定性，对人的全部精神生活乃至事业的成功与否产生深远的影响。更重要的是，个体内在的和谐、个体和社会的和谐，都会有助于人们创造力的发挥，以推动社会的和谐与进步。

（四）以美助健，增强大学生的体质，提高健康水平

审美心理结构与智力结构一样，都以体质或生理结构为物质基础，反过来，审美心理结构对体质结构的建构和完善又有调控功能。首先，这种调控功能能够增强体质，造就健全体魄。由于美育是美感教育，它引导受教育者进入审美状态，从而获得愉悦的心理感受。现代

心理学和生理学研究表明，愉快感使人心情舒畅，肌肉放松，心律舒缓，机能协调，能消除各种有害健康因素的干扰，有益于健康的生物化学物质的分泌，从而增进体质，提高健康水平。更重要的是，美育可以为健康的身体带来旺盛的活力和饱满的精神，从而造就健全的体魄。其次，这种调控功能能够增进健美，塑造美的形体及运动形式。

审美心理结构对体质结构的影响机制主要体现为以情感为中心的多种心理功能的和谐运动对人体结构、身体运动形式的和谐的调控，即内部心理和谐对外部形体动作和谐的调控。在这种调控下，通过适当的运动和锻炼，使人体结构和运动形式向整齐、对称均衡、比例协调、层次分明、节奏规整、多样统一的方向演进，从而使人体及其动作达到匀称和谐、强壮有力和生机勃勃，即达到健美。

第四节　当代高校美育与德育、智育、体育的关系

德育、智育、体育及美育是教育中相互独立又紧密相连的四个方面，四者的结合构成了一个较为完整的教育体系。正如席勒所说：“有促进健康的教育，有促进认识的教育，有促进道德的教育，还有促进鉴赏力和美的教育。这后一种教育的目的在于，培养我们感性和精神力量的整体达到尽可能和谐”。

一、美育与德育呈现出辩证统一的关系

美育和德育两者之间紧密结合，不可相互替代。一方面，美育的落实是进行德育的重要途径，美育通过富有感染力和吸引力的方式，可以提高德育的效果。美育主要凭借美的形象来打动人，把品德教育寓于美育之中，能够让人在获得美的感受的同时受到潜移默化的德育教化。另一方面，德育为美育提供思想理论基础和充实的内容，确保美育的正确方向。美育本身也包含羞耻心、荣辱观等道德教育，但其并不等于全部。作为一种高级的情感，审美能力本身就包含着必不可少的伦理道德因素，特别是关于美德的评判方面。因此，实行美育能够极大程度上使得人们在伦理道德方面明辨是非、知羞耻，但终究无法替代德育。

（一）美育与德育的关系——以美引善

德育主要是对人们进行政治思想和道德品质方面的教育，解决人们世界观和人生观的问题，体现着“善”的要求。德育能使人们分清善恶，偏重于说理，并要求人们用一系列的道德规范要求自己，约束自己。而美育主要靠美的形象打动人，把思想品德教育寓于美育之中，以美引善，使人在榜样的影响下实现道德教育，使人乐善好为。虽然美不是善，但它离不开善，善是美的灵魂，美的事物从本质上讲应该都是善的。正因为美中包含善，所以历来重视德育的人也都重视美育，使人在对美的追求中，明确美恶，振奋精神，归心向善，从中接受道德教育。正因如此，美育在道德教育中具有十分重要的意义。尤其是改革开放的今天，面

对经济的发展与道德水平的提高越来越不能同步的现实，美育的这一职能显得更为重要。一些艺术性很强又有道德教育功能的影片上映，如《焦裕禄》《孔繁森》等，使全社会的人普遍地受到了一次心灵的洗涤，对于提高党员干部的思想素质及整个社会的道德水平，具有深远的影响。

（二）美育与智育的关系——以美启真

智育主要是传授知识和技能的教育，其目的是提高人们认识和把握客观世界规律的能力，解决一个真的问题。智育是教育活动的基础环节。一个全面发展的人必须具有丰富的科学知识和一定的劳动技巧。美育对于智育的实施，也有着不可忽视的作用。通过美育，能够以美启真，这是人们通过对于自然美、社会美、艺术美的欣赏，可以在愉悦精神的同时，了解历史、了解自然、了解社会，获得各种自然科学和社会科学的知识。美育对智育的这种影响，它能深入到生命初期的智力启蒙和人生最重要的学校教育时期，同时对科学家们探索真理的奥秘也有很大的影响。

现代科学证明，受到过胎教的儿童，无论是从性格气质还是从智力上，都要比未受到过胎教的要好得多，作为人所接受的最早教育，它能使生命获得一个最佳的发展基础。

幼儿期是一个人智力发展的关键期，这一时期家庭环境对孩子来讲尤为重要。一个具有审美气氛的家庭环境，是开启其孩子心灵大门的一把金钥匙。

在日常学校教育中，运用以美启真的原则，也会大大有利于调动学生学习的兴趣，更便于使学生认识和掌握事物的内在规律。以美启真，还吸引着科学家探索真理的奥秘，能够大大开阔他们的视野，调动他们学习、钻研的积极性。

（三）美育与体育的关系——以美健身

美育与体育的关系是十分密切的，通过体育训练，还可以使人身体健康，具有良好的耐力、力量和技巧，具有发达的肌肉、健美的形体。通过美育活动，提高人的鉴赏美的能力，无疑会促进人们对于健美的自觉认识，不断提高身体的健美素质。一个全面发展的人，要求身体健康，精神充实，才会在体格、行为及心灵各个方面都是健美的。所以健与美在总要求上来看，它们是一个统一的整体，体育与美育有时也是难以区分的。

由此可见，美育不仅是培养全面发展的人才不可缺少的一个环节，同时又与德育、智育、体育有着千丝万缕的联系，它能从人与现实的审美关系角度，通过审美实践陶冶性情，美化心灵，丰富人的精神生活，启发人的智力，促进人的身心健康。所以，加强美育对造就一代新人、建设社会主义的物质文明与精神文明有重要意义。

二、智育是引导人们认识和掌握事物发展规律的一门教育

智育是教学活动过程中最为基本的环节。美育对智育环节有着不可忽视的独特作用。

（一）一个人的智育主要由知识、能力和见识三个方面组成

能力是智育当中最为活跃的因素，主要包括形象想象能力和抽象思维能力。形象想象能力的机制就是从事物原有的形象中创造出新的形象的能力，这种想象的能力正是个人审美能

力的体现。

（二）人们通过对自然美、生活美、艺术美的欣赏

可以透过事物了解历史、了解自然和了解社会，从而获得社会科学知识和自然科学知识。

（三）通过审美活动的锻炼，可以调节个人的大脑机能，从而提高学习和工作效率

如在进行一些较为紧张的思维锻炼以后，再进行一些较为轻松的娱乐活动，劳逸结合，往往可以起到事半功倍的实际效果。由于美的事物在其外表感性形态下，其中包含着对事物内部规律的探索，因而对于美的追求会引导人们加深对于客观事物规律的探寻和理解，以修正和完善自己的看法和见解。美育与体育之间相辅相成，不可分割。

1. 体育的作用在于增强个人的体质，促进身体的健康。根据现代健康概念，健康并不单是指身体上没有疾病，还必须保持心理上和精神上的健康。美育是以心理健康为目标的，通过审美教育，可以陶冶高尚的情操、净化个人的心灵，从而促进身心的健康。

2. 美育可以提高个人的鉴赏能力和创造能力，也是促进自身形体美的重要条件。体育的一个目的就是培养身体运动的正确姿势，训练人们正确运用人体机能，提高个人身体机能的正确度和灵活性，从而使个人的姿势达到美的状态。

3. 体育运动当中本身就蕴含着美的因素。如花样滑冰、花样游泳等体育项目当中，美和体育是融于一体的，音乐的旋律、节奏和舞蹈的优美造型已经渗透到一切体育运动中，它们既是体育项目，也是美育和艺术。

第五章 当代高校美育的瓶颈及其问题辨析

第一节 美育重视程度不够

一、重智育而轻美育

尽管素质教育已得到人们的认可，但是长期“智育第一”的观念很难一下就改变，尤其在社会竞争日趋激烈的今天，人们更是把竞争的胜算押在学业成绩上，即使高校也不例外。高校的教育者更有一种观点认为美育主要是中小学的事，只有中小学开设音乐+美术课，通过课程教学和课外活动进行审美教育，到了高校，学生的审美教育似乎告一段落。这种观点将中小学美育与高校美育割裂开来，是十分有害的。长期对美育重视不够，导致有些人把高校的美育优势误解为高校不需要美育。似乎只有中小学生缺乏自制力和自觉性才需要美育的吸引，有了自觉性的大学生就不需要美育；似乎只有要求全面发展的中小学基础教育才需要美育；从事专业学习的高等教育，美育就可以废弃。

二、办学目的功利性

现在高校正有一种可怕的趋势，那就是办学思想和行为的功利主义倾向，它滋生和助长学术活动的投机浮躁心理，诱发办学的短期行为，直接冲击包括审美精神教育在内的人文精神教育，实在是高校全面推进素质教育的巨大障碍。加强高校美育的呼声虽然十年有余，但是教育主管部门对学校的评价定位存在着与社会需求的严重错位，大学生素质能力与审美能力没有被置于管理者的意识中，也没有被置于高校教育质量的评价体系范围。教育的原动力是社会人才的培养，是社会发展的需要。然而，各高校为利益驱动都忙于筹集资金、忙于扩校、忙于应对扩招后师资的困乏、忙于动员各种力量“跑”学位点等，高校教育管理者们如何有闲情忙于学校美育？如何有财力支持素质教育？

一类院校比谁的学位点多、一级学科多，二三类院校则比谁的考研率高，似乎谁的学位点多、一级学科多、考研率高，谁就会在同类学校中有更多的面子，有更多的发言权，更能坐在主桌上。高校本科学生开始为跻身硕士、博士而钻进了新的应试的套子，但目前学位教育同样把审美教育拒之门外，除专业研究者外，我们的博士、硕士又有多少审美能力？如此循环，我们培养的学生拿什么去对得起社会的期盼？

众多高校将计算机课程、英语、国际贸易等热门学科作为重点课程要求学生务必学好、学精、学深，这样做的目的很显然：使学生具备更高适应市场经济的素质，在知识经济时代让学生掌握更多的技能为以后谋求职业带来便利。这种急功近利的思想把美育排在了绝对滞后的地位，甚至忽视了美育的陶冶情操、增强综合素质、完善人格等潜移默化的效能。

当前高校美育实施虽进展可喜，但其力度、速度、深度、广度却还远远不够，效果差强人意。目前也仅是停留在开设几门选修课程上，对其认识与重视程度还远未获得与德育、智育、体育同等的地位。一个毋庸置疑的事实是，美育在很多人眼里仍是“中看不中用”的点缀和装饰品；“好听、好看、好玩但不实用”的心态使得很多人对美育抱有漠视、轻视、忽视之态度，美育在学校教育中地位窘迫。

第二节　缺乏完善有效的美育课程体系

一、高校美育课程内容应遵循的原则

高校美育课程作为美育教学中的一门课程，应当遵从美育课程内容选择和组织的原则。

（一）目标性原则

课程内容是为实现课程目标而存在的，课程内容的选择要依据课程目标来进行。因此，有必要先对高校美育课程的目标进行分析和梳理，以便选择适宜作为高校美育课程的内容。高校美育课程目标根据高校美育目的制定，是高校美育目的的具体化。冉祥华指出，“大学美育”课的目的是：传授美学、美育、艺术基本知识，使大学生理解“何为艺术”“何为美”“何为审美”“为什么要审美”“怎样审美”等一系列美学美育的基本问题，为审美鉴赏提供方法上的指导。还有学者提出大学美育课程的目的是树立正确的审美观，培养健康的审美情趣，发展感受美、鉴赏美和创造美的能力，在审美活动中达到陶冶情操、完善人格的目的，提高自我美育的自觉性。

（二）美学为基础的原则

各种教育都有自己所要实现的教育目标，各方面教育目标的达成，才能真正促进学生的全面发展。因此，美育目标的实现，也是全面发展重要组成部分。美育自身所应具备的目标是提高学生发现美、感受美、鉴赏美、创造美的能力，使学生的感性世界得以发展。美学理论知识的学习对学生树立正确的审美观、审美能力的提高和感性世界的发展起到了重要作用。

1. 美学基础知识的学习，对人的审美活动具有指导意义

从认识论和学习心理的角度来看，只有在理解事物是什么的前提下，才能对事物有进一步的认识。因此，只有在认识了什么是美，什么事物才算是美，美的事物有哪些等一系列问题的前提下，才能使学生形成正确的审美观。美学常识的缺乏会导致审美的偏差，造成以丑为美、以怪为美的错误审美观。在社会中经常会看到奇装异服和发型怪异的人，这就是审美观念出现了偏差，没有形成正确的审美标准。

2. 对美的本质了解有助于学生自身审美观的形成

美学所研究的对象是美、审美对象、审美主体，以及审美主体与审美对象的关系。其中美学对美的探讨由来已久，美的本质一直是美学研究的主要课题。但决定事物是否是美的，往往取决于审美主体的感受。因此，与其他科学不同的是，还没有人能够对什么是美这一概念进行准确的定义。虽然至今仍无定论，甚至可能永远也没有统一的说法，但是从古至今学者们对于美的认识都有其正确性，了解这些不同的观点也可以让学生从不同的角度认识美，最终形成自己对美的认识。

3. 美学源于哲学，是哲学的一个分支

美学是从理论的高度，对美、美感和艺术进行思辨的研究。因此经过美学理论的学习，也有助于在实践中学会以批判的角度看待问题。美学知识的学习有助于人发现美、鉴赏美和创造美能力的发展。

（1）对美的形态的认识，有助于提高人发现美的能力

美学的基础知识包括了对美的形态的认识。美的形态包括了自然美、艺术美、社会美和科技美等，对这些美的形态的了解，可以使人对美的事物的范围有更加清晰的认识，拓宽人对美的事物范围的界定。可以说美存在于各个方面，它无处不在。对于美的这种认识，有助于人们发现生活中美好的事物，提高人发现美的能力。

（2）美学理论的学习，有助于提高人的鉴赏美能力

在鉴赏美的互动中，不仅包括了对美的欣赏，还要对其进行品鉴，也就是对其进行批判，进而形成自己对事物美的认识。美学理论是对美的事物所存在的美的规律的研究，它是评判事物是否为美的标准。美学理论可以为批判提供理论依据和专业词汇，提高人鉴赏美的能力。

（3）美学理论的学习有助于创造美能力的发展

人的生活就是不断地创造，科技的创造、知识的创造、文化的创造，正是创造使社会不断地进步。

（三）理论与实践相结合原则

美育又可称为审美教育，目的是培养人的审美能力，促进情感世界的发展。审美本身是一种实践活动，美育作为一种审美教育，审美实践必然是美育课程中最重要的一部分。感受美、发现美、鉴赏美和创造美的能力的培养，都需要通过对大量美的事物的欣赏才能实现。审美实践活动主要包括了对事物的鉴赏和审美创造，审美鉴赏需要欣赏者对审美对象不仅要欣赏还需要做出评判；审美创造则需要人们发挥创造力在自己经验的基础上产生新的想法或事物。对事物的鉴赏和创造都需要建立在一定的理论基础之上。理论是对事物产生和发展规律的总结，只有掌握了事物为美的标准，才能对其进行审美判断。同时审美实践也是对理论知识进一步的验证，通过实践能够加深学生对于理论知识的理解。在进行美育内容的组织时要考虑到理论与实践相融合，在以往的美育教材中往往将美育的理论和实践部分，分别设置不同的章节进行教授。

学生先进行理论的学习，再进行实践的训练，这种内容组织的形式会降低学习效率。根据艾宾浩斯遗忘曲线，我们了解到，记忆的最初阶段遗忘的速度很快。学生在进行实践时，

已经对前面学习的理论知识有所遗忘，根本无法将学习的理论与实践相联系，审美实践活动无法发挥其应有的效果。因此，在美育内容组织时应注意将理论知识与审美实践活动相结合，二者相辅相成以加强教学效果。

（四）艺术是主体的原则

艺术欣赏的对象是艺术作品，是由艺术家创作而来。艺术品是美的物化形态，是美的集中体现，是美的结晶。对艺术品的欣赏、创作等一系列艺术实践活动，是提高审美能力的最直接的方式。艺术是抒发情感和丰富感性世界的最好形式。弗洛伊德在其《诗人和白日梦的关系》一书中指出，人在现实中始终处于不满足与受压抑的状态，形成一种自我的焦虑，要想摆脱这种焦虑，就得寻找替代性或补偿性满足，于是艺术便起到了幻想与白日梦的作用。艺术的本质就是个人幻想的感性显现，是个人欲望、情感的变相满足，是自我的被压抑的各种能量和欲望的升华，是人类的一种自我实现的方式。我们之所以说任何人都是艺术家，就是因为任何人都有自己的幻想——白日梦。

高校学生经历了长期的理性思维的训练，一切的活动都是为了能在高考中取得好成绩。在枯燥反复的学习中，教学与学习的方式都有固定模式。学生的思维被禁锢，理性思维占据着主导地位。除此之外，高考需要学生付出很大的精力，在学习中，很少有时间娱乐放松，压抑的情感无法得到释放。在这种情况下，学生进入高校后往往会出现过度放纵或持续紧张的状况，需要高校对其进行适当的引导。高校学习环境放松，学生自由学习的时间较多，学校需要培养学生一些健康的兴趣，避免学生沉迷于低级趣味的事物。艺术知识的学习和艺术作品的鉴赏，有助于学生开阔视野，也有助于学生树立正确的审美观，培养健康的兴趣爱好。

（五）结合地域文化特色和优势学科的原则

在进行课程内容的选择时还要考虑到各个学校不同的情况。高等教育与其他教育阶段相比，具有更强的自主性。学校可以根据自身专业特点和地域特点，进行课程的建设。选择学校所处地域具有特色的文化，充分发挥地缘优势。地方特色文化资源丰富，发展成熟，如北京的京剧、四川的川剧、陕西的剪纸等，都是地方具有特色的文化形式。这些文化在地方上历史悠久，资源丰富，艺人众多，为教学提供了便利。这些具有艺术特色的传统文化，应该作为高校美育课程内容的一部分，促进高校美育的发展。

高校也要根据自身优势学科选择美育课程内容，充分利用师资、教学设备等优势资源。美育课程本身就是综合性较强的课程，高校可以将自己的优势学科与美育相融合，设置跨学科的美育课程。这样既有学校特色，又与学生专业课程相联系，使学生发现本专业领域的美，同时增加了学生对所学专业的兴趣。在非综合性的大学里尤其如此，学校设置的专业大多是一个门类，如政法大学、财经大学、医学院等高校，更有必要结合学校自身学科优势有针对性地设置美育课程。美育作为教育的一部分，应承担教育文化传承和传播的使命。地方高校应充分利用所处地区的特色文化资源，推动传统文化的传承和传播。除了以上提到的广为人知的地方传统文化，还有很多濒临消失的优秀传统文化，这些文化亟待挽救。高校具备有传承和传播文化的功能，应充分利用这一优势，推动地方传统文化的发展。美育与其他教育形式相比，在传统文化传承上更具有优势。传统文化多是艺术形式的文化成果，艺术是美育课程的主要内容，在美育中占据着主要地位。智育、德育和体育分别是针对人的智能、道德和身体的教育，与专门进行审美教育的美育相比，传统文化在其中只能作为附属品。因此，高校美育具备传承和传播传统文化的优势，并应将传统文化作为其内容的一部分。

（六）综合性原则

美育本身具有综合性的学科性质，是美学、教育学、心理学、社会学、人类学等多个学科相交叉的学科，有利于课程综合化的实现。高校美育课程作为面向全校学生开设的公共基础性课程，在高校美育课程内容的选择上也应该更加的综合化。高校美育课程内容的综合性应体现在以下四个方面：

1. 时间的综合

（1）高校肩负着创造知识的使命，只有对教授的知识进行随时的更新，使学生了解最新的动态，把握文化发展的趋势，才能更好地进行知识的创新。高校教育同时是为学生进入社会的准备工作，要选择当今最新的内容，避免教授内容与社会实际相脱节，造成大学生无法适应社会生活。

（2）高校美育课程内容过于陈旧，会使美育与现实生活相脱节，无法激起学生的兴趣，也不能引起学生的共鸣。选择具有时代性的美育内容，有助于学生将学习到的知识与现实生活中的实践相联系，提高了教学效果。

（3）人类历史上创造了灿烂的文化成果，高校肩负着文化传承的使命。由于从人类出现至今留下的文化成果数量庞大，学校需要在其中选择最有价值的、经典的文化作为课程内容。学生的时间和精力都是很有限的，因此更要有选择性地传授学生人类文明中的精华。

2. 空间的综合

现今世界各国交流频繁，教育处在多元文化的背景之下。高校美育课程内容也不应该仅仅只限于中国文化的传播，也要涉及对其他国家文化的了解。这样可以开阔学生的视野，加强对于各国、各民族文化的理解，培养他们拥有国际化的视野。

3. 学科的综合

①美育与相关学科知识的综合。如美学、教育学、心理学和社会学等学科知识的综合。

②美育与其他学科相综合。跨学科美育课程的设置，有助于学生学习的迁移和不同知识之间的贯通，有助于学生从多个角度认识所学知识。

4. 艺术理论知识的综合

艺术作为美育的主要内容，在进行艺术学习时，应综合美学、艺术史、艺术批评等知识。

（七）主体性和主导性原则

教育教学的目标是促进学生的发展。学生是教学的主体，在课程内容选择时要考虑到学生的特点，才能有针对性地进行教学。

1. 要了解学生现有的知识水平

对高校学生现今所处的审美状态有初步的了解，以便查漏补缺选择适合学生需要的审美教学内容，有针对性地实施教学。

2. 选择符合学生兴趣特点的内容

兴趣是最好的老师，在课堂教学中选择符合学生兴趣的内容，可以激发学生的参与性，提高课堂教学的主动性，从而提高教学效果。教师在课堂教学中起主导作用，在课程内容选择时应考虑教师自身的特点。根据教师自身的专业特点，选择教师所擅长的领域作为课程内容。在高校中教师大多数是对特定专业领域进行深入研究，根据教师的专业特点选择课程内容，也使教师更容易把握课堂教学，能够更加自如地进行教学。

二、当代高校美育课程内容存在的问题

（一）美育理论与美育实践相脱节

近年来，我国美育教育机制得到了很大程度的完善，但高校层面仍存在一定的误区，主要表现在美育理论与美育实践脱节。目前，大学的审美教育呈现出艺术专业较为缺乏系统的美育理论学习，人文社科专业缺乏具体的艺术实践培养，理工科专业的大学生则在理论与实践两方面都较为欠缺。同时，高校中也存在美育等同于艺术教育的问题，究其原因主要是高校混淆了艺术教育与美育的内容与关系。艺术教育主要以音美为依托，但美育则不仅仅局限于音美的培养，而是以文学、艺术等为途径和内容的综合审美教育活动，艺术只是其重要组成部分之一。

另外，我国长期偏重对于艺术实践的教育而轻视对于美育理论的培养，造成了广大学生缺乏深厚的文化底蕴，缺乏相应的审美情趣和审美能力，这也是我国培养了大量艺术工作者，却缺少艺术大师的原因所在。艺术大师不仅需要精湛的专业技能，还需要深厚的文化内涵作为强有力的支撑，但在理论与实践相脱节的情况下，大部分学生都处于重技能轻内涵的状况。

（二）美育课程与专业课程相脱节

无论哪种教育活动形式，如果它不包括审美教育成分，就不能达到巨大的效果。当下社会分工日益精细，对技术人才的要求也越来越专业，因此高校的专业设置越来越细化，教学也越来越模式化，教育中存在着美育课程与专业课程相脱节的现象。同时，专业教师是相关学科的杰出代表，他们都受到了严格的学术训练，由于大学生不能在短时间内通过美育的熏陶见到教育的实效性，因此专业教师大都更加注重专业技能的传授，而遗忘了美育的教学。即使部分教师会在课程中穿插美育的语言，绝大部分也是枯燥的理论知识，并不能做到美育与专业课程相结合，所以在日常教学活动中专业教师并没有将美育渗透到专业课的教学过程中。教师不仅是课程的设计者和实施者，也是美育的示范者和传播者，教师的课堂活动深刻影响着大学生世界观、人生观、价值观的形成，由于美育课程与专业课程相脱节，导致大学生重视专业技能的训练而忽视了美育的熏陶。

第三节 德育与美育融合不足

一、美育融合浅表化

我们所希望达到的融合效果是，在德育实践过程中借鉴美育的精神，关注人的价值、体现人文关怀，尊重个体的自我选择，做到美善相融，德育内容美、手段美，学生行为美，最终实现由美生善。

美育与德育的融合，绝不是简单地将美育和德育如同做加减法，简单加加减减，这样美育与德育在事实上是割裂开来的。如有的高校简单地认为只要开展许多美学选修课程，开展各种类型的歌唱比赛、书法比赛、读书竞赛等校园文化活动就是促进美育与德育的融合了，却忽视了美育课程中进行道德渗透教育，让学生在审美过程中获得精神的升华，甚至许多比赛到最后都变成为了比赛而比赛，而忘记了艺术活动的初衷。简单让美育和德育同时放入一锅，进而生硬地搅拌不是二者的融合，它讲究的是自然而然的融合，即在道德教育的同时，有机地渗透审美教育，不生硬、不机械，更不浮夸，两者融合无间，让道德教育在审美的愉悦中，在情感的迸发中实现，在轻松的审美氛围中达到学生道德的提升和完善。

美育与德育并不是谁附着谁的关系，二者有着各自独特的鲜明特点和任务。当然，美育作为德育的一种手段，或者说美作为德育的一种手段，是实现美育与德育有效融合，由美生善的十分自然的阶梯，这是教育的进步。我们也必须“研究在德育过程中运用美的手段的必要性、条件和分寸”等。但是由于传统主客二分思想的影响，人们总是习惯性地从主客体框架内谈美育与德育，这种思维使得审美活动仅仅是感知、反映、认识客体的活动，也就使得高校德育一味停留在将美育当做是德育的附庸和工具，将美育作为德育活动的一种手段的水平而停滞不前，甚至大有表演化趋势。所谓表演化，即是“指教学主体已经忘却了为了实现德育美而具有的本质内容，为艺术而艺术，为美而美，程式化使主体丧失了内在自由，形式上的美的德育压制了真正的美的德育的创造”。

因此，美育作为德育的一种手段，可以合理借鉴美育的内容及精髓，如注重人的情感，注重人的精神解放等。并不一定要整个过程都以一种艺术的直接应用形式去展现。从某种意义上说，这种直接应用是美育与德育融合过程中一种比较初级、生硬的状态，这种展现也只是教学方法、层面上的改善，而不是从根本育人目标上的变革，因此仍会回到德育实效低下现状这一原点。

二、美育功能极端化

除了美育与德育融合的浅显化错误倾向外，还有一种即是美育的极端化。将美育与德育的融合变成纯粹的艺术教育，以艺术教育代替德育，认为美即是善。当今高校存在脱离德育的主题和教学目标，进行纯粹的艺术教育和审美鉴赏教育，这种教育方式认为美即是善，只要在课堂中展现美的内容，便可有道德的提升，这种做法让学生无所适从。“缺少‘主题化’这个环节，德育美育化就会失去德育自身，蜕变为美育的活动课，甚至是娱乐性活动。”

其实，我们倡导美育与德育的融合，倡导建立一种审美化的德育过程，是因为美育具有储善性，具有导善性。但是美育的育德功能也是有阈限的，它的育德功能要在美育领域内进行，而不是将它直接等同于德育活动，将美育极端化。因为德育具有多端性，即从知情意信行的任何一端都可展开，但是美育若要发挥其育德功能，则必须是由审美情感入手，它作为一种“对诗意人生的彻悟与向往之情”，促进学生的内心情感的转换，进而促进道德成长。

（一）大学生思想道德的世俗化

当下，不少大学生关于生命与生活、人生与意义等方面的价值认识日益趋向世俗化，呈现出对社会流行、新异文化的追崇，在语言和社会交往等层面有着较为典型的反映。从语言层面来看，大学生嘴边时常挂有网络词汇、影视“台词”、坊间“戏语”，这些新的词汇被大学生运用于日常生活中，甚至出现于他们的课程书写里，它除了显示语言“娱乐化”对其吸引力和影响力巨大，还表明“娱乐化”语言背后的世俗化思维价值已“入侵”他们的“大脑”。不置可否，语言作为思想的外衣，是一个人认识事物的情感、思维、价值的载体，语言的运用能反映出主体的精神风度，而“娱乐化”“大众化”的语言往往是一种“消遣动作”而缺乏灵魂深处的叩问，难以生发人们学习生活的“诗意栖居”。

因此，大学生语言需要锤炼，要让语言成为其“存在之家”，而非一个“言说的动物”，通过“诗意”语言的表达展示大学生对社会人生深度的思考，体现出对苦难与不幸的悲悯、社会正义与道德的反思和生命的热爱向往，也即大学生语言不应被“戏谑、暴力、消沉”所充斥或主宰，需要形成一种美的语言及其思想来面向其学习生活。从社会交往层面来看，大学生校内社会交往主要是在同学之间、师生之间围绕着学习而展开。在这个过程中明显缺乏“爱”的情感交流，虽然同学之间朝夕相处和日常“嬉笑相伴”，可一旦因评奖、评优时，经常出现力争“名利”而没有“宽容”之举，或一味躲避而漠不关心；至于师生关系也变成一种“法权”关系而无思想碰撞和情感共鸣，只要“履行”正常的教学计划任务即可。

并且，大学生在校内社会交往中计较“得失”的功利思想“蔓延”至校外，如大学生社团、班干部向社会拉赞助而搞各种“企宣活动”以显才能，而所谓的贫困生或一些大学生往往投入“打工挣钱”的社会实践中。虽然这些活动不能简单用正确与否进行评判，但在此过程中更多充满了对名利的获取而少了怀抱理想、探求真理的诉求以及为之付出努力的意志行为。

可以说，大学生作为引领社会文明发展的主要力量，“美”的人格塑造并未在大学校园里得到较好的培育。

（二）大学生学习过程的异化

学习和研究学问是大学生学校生活的重心，要为之“废寝忘食”方能有所成就。可许多时候，高等学校往往变成一些学生自我放松、消遣的场所，他们在这里没有经受挫折和失败的经历，有的只是如同“婴幼儿”般的溺爱和宽容。课堂教学中的旷课、“人到心不在”以及种种“联谊、文娱”活动成了大学的一道“风景线”，然而这并不影响他们通过考试前的突击记忆而考核及格甚至获得优异成绩的结果，甚至连考试中的作弊也仅仅只有形式上的“警告”而无实质性的教育惩处。

总之，大学生在学校里缺乏研究学问的取向和为之付出努力的情感意志，他们没有将推动知识和文化的创新与发展、社会问题的解决、人类文明的进步作为自己的使命，更多看重的是借由专业学习所带来的谋取职业之回报。因此，一批批大学生在“泾渭分明”的专业内部“各自为战”，他们成为名副其实的“专业人”，从专业—职业—金钱、名利的互置中而使自我变成工具、手段，将完整物质生命和精神生命的统一加以割裂而异化为单向度的实体存在。可以说，大学生的学习目的是功利的，在功利目的指引下他们的学习内容往往局限于自己专业内部知识而不顾其他，因为在其看来，非专业的知识或学习内容是无用的，和自己将来的职业选择是没有关系的。与学习内容狭窄化对应的是大学生学习方法、方式的封闭化，常常停留于课堂、学科教材的理论化学习中，而如何使用这些理论来发现和分析问题的能力却难以滋养，所以在大学生学习过程中普遍存在的一个现象是某个学期可以通过多门学科课程的学习而获得众多概念、理论，然而这些知识缺乏实践的“转化、评价”而容易忘却，最终难以形成自己的知识体系和思想个性，出现“考完试即忘”且没有内化为能力与品质的学习状况。可以说，大学生的学习过程整体呈现出异化倾向，从目的、内容、方法都将自我进行“作茧自缚”，使其完整的知识、生命、思想变得碎片化。总之，大学生审美教育的缺失已然普遍化，思想自由、精神独立的大学之道让位于经济、政治的外在控制和被多变绚丽的物欲所主宰，学生的人性之善、人格魅力、独立个性在工具教育、物质教育中失去了美的境界追求。

三、大学生审美教育回归的必要性

审美教育在高校里缺位，大学生学习生活出现工具化倾向，其存在的危机是巨大的，一方面是造成大学生个体生命的异化；另一方面是整个大学教育精神的崩塌。因此，大学教育必须进行反思，需要摆脱功利化的办学导向，回归教育的本质属性，培养大学生德、智、体全面发展，并以美的价值和情感对其进行统一，其缘由在于：

1. 美是教育的本质属性

关于教育的本质人们往往停留于“培养人的活动”这一界定上，然而这种界定虽然避免了许多争议，却也使得人们对教育本质的认识过于笼统模糊而失去方向性和操作性。所以，什么是教育的本质？必须先要回答教育培养人什么方面的发展？

毋庸置疑，教育的对象是人，而人立足于天地系统中从出生到死亡都必须面对三大关系，即人与自然、人与社会（他人）、人与自我的关系。从人与自然的关系看，人类为了保存自我、延续种族及不断提升物质生活水平，通过对自然物质、现象背后规律的探寻而利用自然、控制自然，与此形成相应的自然科学知识体系，其特征和价值是求真；从人与社会（他人）的关系来看，人类为了对社会资源进行有效分配而相互之间分工、合作，逐渐形成相应的秩序、规范、法律等，目的是使社会更好地得以管理和运行，其指向是社会的正义、公平、和谐，其特征和价值是向善；从人与自我的关系来看，人们以追求幸福生活为鹄的，但不同的人因信仰、价值的差异而对幸福有不同的理解，但不可忽略的是，任何人都有幸福的体验，而且这种体验更多地排除了经济、物质而有了美的共性特征，如人际互动中的互信、理解、宽容、仁爱；情感价值交流中的真诚、认同；工作实践中的自由、发现、创造等。可以说，教育作为培养人的活动，其目的在于人性在面对人与自然、人与社会（他人）、人与自我关系的过程中求真、向善、达美，且因美是对真与善的个性化、创造性的统一，所以教育的本质属性必然包含美，美育既兼顾了教育对象的群体性和个体性，也整合了教育价值的普遍性与特殊性。

因此，美是教育的本质属性，大学是研究学术的场域，理应培养的是有怀疑、批判、反思、创新精神的高素质人才，而这恰恰契合了美育在追求真、善过程中的不拘泥于常规、敢于标新立异、独辟蹊径的品性。

2. 人文精神是美的核心

美是一种情感体验，美的感受既可以来自人与大自然交融一体的“亲切”或发现大自然神奇的“惊叹”，又可以来自物质、名利、身份地位获得时的满足，还可以来自人们实现自我目标、理想和价值时的精神享受。

可以说，美具有多元化、个性化、历史性的特征，不同时代不同的审美主体有着对美的不同追求和判断，但我们不可否认的是美的普遍性，这种普遍性源自人性中对真、善、美统一的历史性的价值追求，是人类社会不断迈向文明的标尺。因此，教育的本质属性虽然包含美的追求，但其重心应该有所区别。我们不排斥物质或名利追求过程中给人带来的动力及心理、情感满足，但这不应成为人们审美或生活的全部，颠倒了人发展过程中目的与手段的关系，并使人的生命、生活被工具、手段或物质主宰所异化。所以，在教育回归美的本质的过程中，对大学生进行的审美教育需要突出人文精神，防止其思想道德发展的庸俗化和学习生活的功利化，将仁爱、自由等普适价值作为自我思想道德境界提升的价值维度，而不再沉溺于大众媒体所宣扬的娱乐文化及其价值标准，理应对其进行反思和抵制，自觉弘扬人类社会发展所积淀的永恒价值。

此外，大学生的学习需要体现出与大学生身份相符合的精神气质，即大学生学习不应被专业划分而“画地为牢”。他们有着一个共同的身份“大学生”而非单一的“专业”，评价大学教育质量的高低，绝对不是某一专业学生的所谓就业率的高低，而应是整个大学生群体在接受高等教育后是否受到“启蒙与解放”，成为有自由思想和独立精神的社会个体。

第四节　美育师资与经费的投入问题

一、当代高校的师资问题

（一）国家层面的美育政策

2010 年 7 月 29 日，《国家中长期教育改革和发展规划纲要（2010—2020 年）》指出："加强美育，培养学生良好的审美情趣和人文素养。"2013 年 11 月 15 日，中共中央《关于全面深化改革若干重大问题的决定》要求："改进美育教学，提高学生审美与人文素养。"2014 年 3 月 30 日，教育部出台《关于全面深化课程改革全面落实立德树人根本任务的意见》，强调从幼儿教育阶段开始重视美育。2015 年 9 月 15 日，国务院办公厅《关于全面加强和改进学校美育工作的意见》要求："全面加强和改进学校美育工作"，提出了"通过多种途径提高美育师资整体素质"及"整合各方资源充实美育教学力量"的具体要求。2016 年 8 月 29 日，2017 年 6 月 30 日，2018 年 4 月 21 日，教育部分批与 31 个省（区、市）和新疆生产建设兵团签署完成了美育改革发展备忘录。

纵观 21 世纪以来美育的发展，国家已经从政策层面对美育在各级各类学校的人才培养中的重要性给予了充分肯定与支持，昭示了高校应加强美育师资队伍建设的必然性。

培养当代的社会主义建设者和接班人，是国家和人民赋予高校教师的神圣使命。现代社会竞争的加剧、就业的压力、社会的影响等现实，造成了当前高校片面强调学生的专业学科，即技能的发展；忽视了美育在个体成长中的重要性，即综合人文素养不重视的事实。表现在部分学生成为"有知识缺能力、有文化缺文明、有理想缺责任的知识面单一、创新能力贫乏的不健康的'教育产品'"。对高校人才的培养质量能否胜任社会发展需求有影响。而当前"智力水平和道德修养的提高使人趋向于理性的高度发展，但感性的丰富性和生活热情的提高使人趋向于感性的高度发展，二者的结合才能达到人的完善"的现代社会的人才培养诉求，凸显了高校应加强美育师资队伍建设的迫切性。

（二）基于实践的美育问题

美育不是素质教育，也不是艺术教育。教育决策部门与教育者应从美育的高度来认识教师队伍建设的价值和意义。高校美育应坚持育人为本、面向全体，正确处理好知识传授与专业技艺间的关系，应摒弃学习功利化的价值取向。大学美育不仅仅在于开发学生智力，更多地应表现为完善自我情感、强调个性发展、体验甚至娱乐，尊重个人的艺术感受和体会中的互相交流，以满足学生们的需求。然而，当代大学美育中存在学科定位上视美育为智育内容的组成部分，美育研究者固有知识结构的影响以及认识上对世界美育发展趋势的重视不足等问题，"作为知识型学科的美育实际上抹杀了美育在情感、想象、创造等领域的独特作用，美育的知性思维遮蔽了美育作为人文学科的地位和价值。"表现在美育师资队伍建设方面：

1. 课程体系不完整问题突出

在课程设置上，高校美育课程主要围绕音乐作品欣赏、影视作品赏析、美术作品欣赏等相关艺术类课程进行的传统育人观念固化，课程内容单一。大学英语、信息技术、马克思主义原理及其他与学生的人文素养密切相关的人文学科通识课程，没有被纳入到美育课程内容，人为造成美育归属艺术教育范畴内，学生审美情趣的提升仅仅与艺术课程教师授课质量有关联的教育错觉，不利于学生综合人文素养知识结构的形成。如郑州大学的位俊达，在《美育在高校教育中的实施现状与改革途径——以郑州大学在校大学生为调研对象》中就呼吁，郑州大学的美育课程存在结构偏失。文科设置较多，理科设置较少；理论课程多，实践课程少；多为选修课。与国家政策层面对美育改革内容的级级强化，教育部与地方政府签署美育改革发展协议的重大举措，多源资源优化整合，美育数据库建设，应具有中国特色的美育课程体系等内容严重脱节，不利于当代学生的全面发展。

2. 育人理念不俱进普遍存在

美无时不在、美与大众生活息息相关。对高校教师而言，美育实属全体教师的分内之事。把学生培养成为社会需要的某一专门人才，是高校人才培养方案中课程设置的基础。然而，教育者认为学生只有扎实掌握相应专业技术本领，才能适应社会发展的育人理念在高校人才培养环节影响深远。殊不知传统理念驱使下的，针对学生进行的机械、浅层的技能训练，只是学生的知识体系内容，同属美育内容的有机组成部分，是学生能立足社会的基础，并不代表是学生成长的全部。这是高校教师、特别是美育工作者育人理念没有与时俱进的客观存在。如西藏大学艺术学院的肖八一，在《西藏高校美育课程开设现状调查研究》中对所在地域部分高校美育教育现状的分析，美育课程主要以教师的讲授为主，教学内容紧紧围绕教材展开，没有给予学生充分的时间和空间进行交流和沟通，美育课程的形式化现象严重；美育课程的教学主要集中在艺术鉴赏类课程中，引导学生对艺术进行纯理论的鉴赏，理论与实践相脱节。这不利于高校美育改革的稳步推进。

（三）师资队伍不完善亟待解决

高校美育师资队伍结构，因素质教育、艺术教育就是美育的误导，组建成以公共艺术课程教师为主、部分人文学科课程教师为辅的教学团队。与社会大力倡导的跨学科、全学科美育教学团队不匹配。学生惠及面广的大学英语、大学体育、信息技术等公共必修课程，尽管长期以来在学生群体中实施，但因其课程没有纳入美育课程系列，加之师生尚未能从美育高度对其进行理解，造成了相应设置课程的价值考量有一定影响的遗憾。如甘肃中医学院的苏金萍，在《高校美育教学存在的主要问题及其对策研究——以甘肃高校为例》中归纳，基于问卷调查、个案访谈等调研方法基础上的，对选择的甘肃省内十二所高校的110名高校教师的第一手调研材料的结论分析，除师范类、综合类大学外，高校美育专业教师普遍存在着边缘化、挤压型生存的客观现实；缺乏建立高校美育专业化教师队伍的保障机制；缺乏对专业教师进行系统的美育方法培训。至于把地方艺术院团、民间艺人、地方剧种传承人等代表地域特色的优质师资，统筹整合到高校美育师资队伍中来的，更是少有成行。这不利于高校美育师资队伍建设。

二、当代高校美育的资源建设问题

（一）高校美育资源的构成要素分析

高校美育资源是高校开展美育的基础，发展美育的保证。

1. 美育人力资源是关键

教师是教育教学活动的组织者，是实施高等教育的核心。国家教育方针落实得如何，培养出的学生能否满足社会的需要，关键因素是教师。“有一流大师才会有一流学生，有一流大师才会有一流学术成果。”高校美育人力资源主要是以教师为主体的教育资源，包括美育教师、美育管理人员和研究人员，其在高校美育生态系统中占据着重要的地位。同时，高校美育教师的规模、年龄、学历、职称等都是教师人力资源的重要构成因素。

（1）规模

高校美育教师的规模即美育教师的数量，一定数量的学生需要有与其相对应的符合一定比例规模的教师，高校美育教师的规模应当满足学校美育教学需要。

（2）年龄构成

年龄构成主要是指在教育组织构成之中，不同年龄段的教师在所有教师总数中所占的比例。年龄构成不同，对于教育教学的方法和经验不同，对教学效果也产生着直接的影响。

（3）学历构成

学历构成是指在教育组织构成中，各个不同学历层次的教师在所有被测教师总数中所占的比例。通过分析美育教师的学历层次可以对美育教师的专业素养水平有一个基本的判断。

（4）职称分布

职称分布主要是指在教育组织构成中，不同职称级别的教师在所有被测教师总数中所占的比例。高校美育教师的职称在一定程度上反映了高校美育教师的学术水平。

2. 美育物力资源是基础

“经济基础决定上层建筑。”物力资源作为基础性资源，是一切高等教育活动开展的基础，只有以充足的物力资源作为保障，才能实现高等教育人才培养、科学研究及社会服务的任务。同样，高校美育也必须以一定的物质基础作为保障才能维持其正常的发展。高校要实现其美育目标，就必须要以一定的设施设备、图书、活动场所等物质条件作为基础。因此，高校美育物力资源主要是指高校进行美育所需要耗费的包括教学设施、图书资料、活动场地等在内的物质资料的总和。教育生态系统的能量流是物力资源的投入，而物力资源的投入，以财力消耗为表现形式。教育科研经费的投入，是维持高校教育生态系统正常运转的基础和保障，教育科研经费最终将转化为实物形态，因此，把教育科研经费划归为物力资源。

3. 美育信息资源是核心

信息资源是高等教育的基本资源之一。伴随着社会信息化的发展进程，信息资源在教育系统中的地位也在不断提升。高等教育纵向、横向间的交流主要通过信息资源的传递得以实现。高等教育的信息资源越充足，纵向、横向之间的相互影响程度就越深。大学美育资源主要由三类组成，人力资源是关键，物力资源是基础，信息资源是核心。其中，作为关键的人力资源，在高校美育中集中表现为教师，高校美育资源的建设发展离不开美育教师的参与奉献；作为基础的物力资源，在高校美育中集中表现在教学设施、教育场所、文献资料等方面，大学美育要实现其提高学生审美情趣、培养学生文艺素养的功能，离不开物力资源这一基石；信息资源是高校开展美育所需要的最核心的资源，高校美育教师通过课程这种形式，将美育的核心与理念传播给学生，借助课程这样的手段，培养学生感受美、鉴赏美、创造美的能力。它是建立起教师与学生沟通的桥梁。通过以上分析，我们可以看出人力资源、物力资源和信息资源是建构高校美育的基础，无论离开哪一种资源，高校美育都不可能顺利地开展，这三种资源相互作用，彼此联系，共同支撑高校美育的发展。

（二）高校美育资源的生态透视

高校美育的发展依赖于高校美育环境中的各种生态因子，尤其是资源。只有确保高校美育资源的输入、输出保持动态平衡，才能保障高校美育系统生态平衡。

高校美育系统与其赖以生存的周围环境共同组合构成了高校美育生态系统。高校美育生态系统作为学校生态系统、教育生态系统和社会生态系统中的一个子系统，它的运行依赖于学校系统、教育系统、社会系统为其源源不断地输入能量和资源，只有保证高校美育生态系统正常的输入输出，才能维持高校美育生态系统的平衡，高校美育系统才能向学校和社会输出具有审美能力的人。从输入上看，输入的高校美育资源包括人力资源、物力资源和信息资源。高校美育资源作为高校美育的投入要素，是高校开展美育的基础和前提，其数量的多寡与质量的高低直接影响着高校美育目标的实现、内容的确立、方法的选择等。高校美育资源供给是否充足、分布是否均衡、利用效率高低直接影响着高校美育生态系统的发展。由此可见，高校美育资源与高校美育生态密切相关。这里分别介绍高校美育人力资源、物力资源、信息资源与高校美育生态之间的相互关系。

1. 人力资源与高校美育生态

社会系统的运行以人为核心，教育离不开教育者与受教育者，所以，高校美育系统的发展也必须以人为根本。高校美育系统的人力资源范围很广，包括美育教师、美育管理人员和研究人员等，其中主要是教师。高校美育教师作为高校美育系统的重要资源，其素质的高低直接影响着高校美育系统输出的质量，即学生审美素质的高低、审美文化的优劣。而高校美育教师的规模、学历、职称等都直接影响着高校美育的输出。高校美育教师的数量、学历、职称等因子都是影响高校美育系统功能发挥的重要因素。

2. 物力资源与高校美育生态

物力资源作为基础性资源，是一切高等教育活动开展的基础，只有以充足的物力资源作为保障，才能实现高等教育人才培养、科学研究及社会服务的任务。高校美育物力资源是构成学校和课堂物质环境的重要组成部分。物力资源的丰歉、分布及利用率的高低直接影响和制约着高校美育生态系统的发展。离开物质条件，高校美育将失去存在的基础。物力资源作为高校美育生态系统的基础性资源，直接制约着高校美育生态系统的运行与发展。当高校美育物力资源的供给较为充足时，高校美育生态系统的运行就会更加顺畅，高校美育系统可以充分利用美育资源实现美育目标；而当高校美育物力资源的供给不足以满足高校美育的发展要求时，高校美育系统的运行就会受到阻碍，甚至是停滞，从而致使整个高校美育系统的生态失衡。

3. 信息资源与高校美育生态

与高校美育人力资源和物力资源不同的是，高校美育信息资源可能是以非物质形态存在的。这种资源虽然是无形的，但其在高校美育生态系统的发展中却举足轻重，因为高校美育系统对高校美育信息资源的依赖程度非常高，因此，美育课程在整个高校美育系统的运行与发展过程中有着举足轻重的地位，它是高校美育教师与学生进行美育教育的直接连接者。“美育课程系统是大学课程体系的有机组成部分，是进行美育的专门时间和空间保证，也是培养大学生审美素养的基本要求”。而且美育课程直接凝聚着传统审美文化、汇聚着美育教师的审美思想，是高校美育的核心。它虽然是无形存在的，却是文化发展最直接的呈现。美育课程质量的优劣直接影响着高校美育发展的好坏。

（三）高校美育资源建设的分析

结合教育生态学的学科特性，高校美育资源建设问题的生态学研究分析维度可以是：主体与生态环境，遗传与变异，平衡与失衡。

1. 主体与生态环境

主体与生态环境是普通生态学研究的基本视角，因为生态学是研究有机体与其环境相互关系的科学。在生态学看来，没有一种生命有机体是可以孤立存在的，任何一种有机体都必须依赖于周围的环境——生物和非生物，都必须同周围环境进行物质、能量和信息的交换才能生存。当然，高校美育资源也不例外。高校美育资源作为高校美育生态环境因子，影响着高校美育生态系统的发展。同时，高校美育资源也有其外部环境，影响着它的供应、分布与利用。

2. 遗传与变异

科学技术日益发达的今天，生态学领域的研究也不断深化，过去生物学常用的专业名词“遗传”和“变异”等，也被转嫁到人文、社科类的学科中。“这对分析视角是基于高等教育中的某些活动和现象与生物学的类比性，遗传是以保持物种特性为本位和出发点，而变异则是以物种的异化、对物种的辩证否定为本位和出发点”。在人文社会科学中“遗传”和“变异”被赋予了新的定义，成为新的分析视角。在本研究中，主要从遗传角度来分析高校美育资源建设困境的原因。高校美育系统获取资源的困境既有现实原因，又有其历史因素。

3. 平衡与失衡

在生态学上，平衡表明生态系统的结构与功能，物质、能量和信息的输入和输出都处于相对稳定的状态。当生态系统受到外界干扰，而超过自身调节范围时，就会引起生态系统结构和功能的紊乱，物质、能量和信息的输出量和输入量不等，使整个生态系统的平衡被打破，出现生态失衡现象。这时，就需要在人为的有益影响下，建立新的平衡，达到更合理的结构、发挥更高效的功能和取得更好的生态效益。可以说，正是这种由平衡到不平衡再到新的平衡地反复循环过程，才推动了生态系统整体和各组成部分的发展和进化。所以，高校美育生态系统的平衡是一种动态的平衡，美育资源的丰歉、分布与利用都在一定程度上制约着高校美育生态系统的发展，需要不断地对其进行调节与控制，才能使高校美育系统达到新的平衡，促进高校美育的发展。

（四）高校美育资源建设的生态失衡现象

高校美育资源作为高校美育生态系统的重要环境因子和输入要素，是高校美育生态系统运行的基础，同时也是高校美育系统与外界环境系统进行能量交换、输入输出的基本。因此，它的供给、分布和利用状况直接会造成高校美育生态系统的发展变化。

1. 高校美育资源供给不足

从整个高等教育目前的发展趋势来看，多元化的筹集渠道拓展了高等教育资源的投放力度，相比中小学，高等教育在资源的获取上优势更加明显。我国高等教育资源的投入力度不断加大，因此，高校美育资源在整个大环境中也获取了相应的提升，其供给呈整体上升趋势。但是，通过对比德、智、体在高校的建设，仍然可以明显看出高校美育资源建设的不足：

（1）高校美育人力资源短缺

高校美育人力资源主要是以教师为主体的教育资源，其在高校美育生态系统中占据着重要的地位。一定规模的学生需要一定数量的教师。《全国普通高等学校公共艺术课程指导方案》中对公共艺术教师的规模进行了明确要求：各高校美育教师的人数应当占到学校总学生数的0.15%~0.2%，其中专职美育教师应占到所有美育教师总数的50%。

另外，由于高校美育教师素质的高低直接决定着高校美育教育教学效果的优劣、直接影响着高校美育生态系统的输出，所以，对于美育人力资源的质量（教师素质）也必须做出必要的考察。美育教师的年龄、学历及职称等都在无形中影响着高校美育生态系统的发展。高校美育教师的学历结构主要是指高校美育教师群体中不同学历的教师人数所占的比例，主要反映的是高校美育教师的受教育水平。对高校美育教师受教育水平的考察，可以一定程度上看出高校美育教师的理论水平及其在教学科研方面的发展潜力。

（2）高校美育物力资源供给不足

高校美育物力资源主要是指高校开展美育教育教学活动所需的教学基础设施、活动场地、图书资料等。美育不同于传统的知识教育，它更侧重于学生的审美体验，要求受教育者在理解相关原理的基础上，去感受美、鉴赏美进而去创造美，所以，它对设施设备的需求相比于其他教育内容就更加高一点。但是，不同于西方许多国家已经形成了从政府到地方及社会各界参与的完备的艺术教育资助体系，在我国美育经费来源主要靠政府拨款，虽然也有一些非政府部门的资助，但尚未形成规模。虽然政府先后出台了很多文件，要求高校提升认识，逐步建设、发展美育。但是，作为学校层面的考量，由于经费有限，加之高校决策者对于美育育人功能认识的偏差，所以，他们更愿意将资金投放到优势学科中去，对于美育这种“可有可无”的学科，则放置一旁。在这样一种错误观念的支配下，高校美育所需的基础性物力资源建设推动乏力，高校美育开展所需的设施设备拥有量明显不足。

（3）高校美育信息资源短缺

信息资源作为高校美育资源中的核心资源，是美育教师传播美育理论、美育思想，进行美育教育教学的最重要也是最主要的途径。目前，在我国高等教育体系中，遵从国家相关文件规定，大学美育课程主要以公共艺术课程为主。《全国普通高等学校公共艺术课程指导方案》中明确要求，“公共艺术课程作为培养大学生审美素养的重要课程，所有在校大学生接受培养计划期间，都必须至少选修一门通过考核，并获得相应的学分，否则，不予以毕业”。

根据《全国普通高等学校公共艺术课程指导方案》的要求：公共艺术课程的设置大致可以分为两大类，一是将其设置为限定性选修课程，主要包括艺术导论这一类的理论课程及书法、音乐、影视、舞蹈、戏曲、戏剧等在内的七门鉴赏类课程；二是相应的任意选修类课程。这类课程的内容更加宽泛，主要分为四种，第一种是基础理论类课程，例如美术史、音乐史；第二种是交响乐、民间艺术赏析等这类的鉴赏类课程；第三种是培养学生赏析评判能力的艺术批评类课程，如影视评论、艺术评论等；第四种是注重培养学生创造美的能力的实践类课程。这样，就形成了“限选 + 公选”“理论 + 赏析 + 实践”相结合的全方位立体式公共艺术课程体系。

2. 高校美育资源分布不平衡

高等教育资源的分布，涉及“高等教育生态区域”这个概念。贺祖斌认为:“高等教育生态区域是指与一定区域生态相联系的高等教育的基本布局，它反映高等教育机构及高等教育的规模、层次、类型、学科专业在不同区域中的构成状况。高等教育生态区域的发展主要受区域生态环境、区域经济发展水平、各级政府和有关部门对高等教育作用的认识及民办高等教育的积极性、高等教育在各生态区域布局的历史沿革和文化发展状况等因素的制约。”高校美育资源的分布与高校的生态区域有着直接的联系，我国东部、中部、西部三大生态区域由于经济发展状况不同，人们对高校美育重要性的认识也不同，这直接影响着高校美育资源的配置和分布，我国高校美育资源分布整体呈不平衡态势。高校美育资源分布的不平衡，首先体现在不同地区之间；其次，同一地区不同类型高校之间的美育资源分布也存在较大差异；最后，即使是同一高校的不同学科其资源的分布也不平衡。

（1）高校美育资源的地区分布不平衡

从全国来看，教育资源受经济发展条件制约十分明显。总体来说，东部、中部、西部三大生态区域，东部经济最发达，其教育资源也最丰富。由于我国教育资源分布不均，高校美育在经济较发达地区的发展比较完善，集中了优秀的教师、教学资源，艺术馆、剧院、音乐厅等公共艺术设施完备，因此，东部地区高校无论是美育相关基础设施的建设数量，还是师资力量的配备，都明显高于经济欠发达的中部和西部地区，这样的环境当然有利于高校美育的开展。而在中部和西部地区，无论是美育人力、物力还是信息资源都明显不足，这势必导致高校美育效果不佳。从短期来看，这是由经济差异造成的不平衡；从长远来看，这种长期的分布不均，势必会影响国家教育的整体发展。

（2）高校美育资源的学校分布不平衡

高校美育资源的学校分布不平衡主要表现在高校美育资源在不同类型的高校之间的分布差距。由于办学宗旨与办学理念不同，我国高校按照学科分为综合类、理工类、农林类、财经类、师范类等类型不同的高校。由于每所学校办学侧重点不同，在资源的汇集上也有所不同。综合类、师范类大学由于注重对学生人文素质的培养，其美育资源相对较为丰富。而理工、财经、医学类高校，由于更看重专业素质的培养，其在美育资源的建设上天然地存在着不足与缺陷。所以，高校美育资源的分布不均，不仅体现在地区间的分布不平衡，同一地区的不同类型高校之间同样参差不齐，除了专业类艺术院校外，综合类大学、师范类大学、理工类大学等不同类型高校之间美育师资配备、基础设施建设及课程建设的差异也十分明显。

（3）高校美育资源的学科分布不平衡

德育、智育、体育和美育同为学校教育的重要组成部分，在资源的分配上应当保持动态平衡。但是，当前我国高校教育资源在学科间的分配上却呈现显著差异。高校以专业教育为主，智育资源相对较多无可厚非。然而，即使是相对于德育、体育而言，美育也明显占劣势，对于美育无论是师资力量还是支撑教学的物质环境都极其不到位，美育教师、课程、设施设备严重不足，致使美育在高校的发展举步维艰、困境重重。如同高校德育、体育的发展需要由学校思政部、体育部对其进行合理地规划与资源配置，保障其在大学内的开展，美育资源在学校的分布也需要相关机构的统筹规划，才能保证高校美育系统的正常运转。

3. 高校美育资源利用率低

“教育资源的输入输出在动态上保持着平衡，维持着教育生态系统的发展。然而，由于对教育资源利用不当，没有使其发挥该有的功能与效益，也会造成教育的生态失衡。这种情况所造成的生态失衡，是由于消耗了资源却未达成目标而造成的失衡，是一种典型的教育资源浪费”。高校美育资源浪费主要体现在以下几点：

（1）美育师资利用不充分

美育以艺术欣赏为主干课程，但是，美育不仅涉及一门艺术的审美，还涉及各门类艺术的审美；它不仅包括对各门类专业艺术的审美，还包括自然美、社会美、科技美等范畴。然而，当前高校开设的美育课程主要是艺术类课程，由各门类专业艺术教师担任，侧重于理论或技法教学，认为教学生唱歌画画就是美育。这种认识上的局限性也限制了对于美育人力资源的深入挖掘，造成人力资源利用不充分，形成浪费。其实，美育的内容十分广泛，不仅仅只是绘画、音乐等，而且，相比基础教育和中等教育，高校的美育师资更为丰富，可以挖掘的人力资源也更多，如外语学院的外国文学教师、文学院的中国文学教师、体育学院的艺术体操教师、建筑学院的建筑美学教师等，都可以面向全校非艺术专业开设美学或美育课程。

（2）美育设施设备闲置

高校美育资源浪费最明显的表现就是，高校美育设施设备短缺与浪费并存。高校美育教学需要一定的设施设备作为辅助，如画室、舞蹈教室、钢琴教室等。但是，由于目前高校对于美育认识不到位，一方面高校美育设施设备建设不足，另一方面，学校现有的设备没有用来支持美育教学，而是主要用于专业艺术教育教学，学校每年花费大量的经费去添置与维护这些设备，只用于专业艺术教育明显利用率不足，造成美育设施设备的闲置，形成美育资源浪费。

（3）美育课程资源没有得到充分利用

“教育是一种有目的地培养人的活动，而教育目的就是我们要培养什么样的人，它是对受教育者的一种期待与追求，也是所有教育工作者的价值追求与最终目标。这种目的要想实现，课程是最核心的中介。”因此，高校美育目标要通过美育课程目标得以实现。但是，由于当前许多高校对于美育的育人功能认识不足，美育一直处于高等教育的边缘地带，美育课程主要以公选课的形式出现在大学人才培养体系之中，一般情况下都是18学时或者36学时，2个学分。与德育、智育与体育对比，相差甚远。反过来，由于美育课程所处的生态位极低，管理者对其的关注就微乎其微。美育处于高等教育的边缘地带，美育教师同样没有得到应有的重视。美育生态环境的恶劣，造成了美育生态系统的失衡。美育教师没有得到应有的重视，对工作自然缺乏热情。于是，对于美育课程也是应付使然，没有从根本上考虑如何改善美育窘境，改善美育教育教学方法，提升美育教育教学质量。致使目前高校开设的美育课程比较陈旧，没有及时进行调整以适应当代大学生的审美需要，美育课程空洞无味，缺乏创新。由于美育课程教学目标不明确，学生在学习过程中缺少明确的方向，开设的美育课程没有达到应有的育人目的，不仅浪费资源，也因此造成美育教学效率低下。

另外，从高校内部看，艺术专业开设的一些通识性课程没有面向非艺术专业学生开设；不同类型高校之间美育课程资源的共享度不高；大量具有地域特色和民族特色的美育课程资源没有得到有效利用。高校美育资源浪费与高校美育资源短缺并存，已严重制约高校美育的发展。由于高校美育资源利用率低、对于美育人力、物力和信息资源的浪费，使得原本就严重匮乏的高校美育资源没有得到合理利用，高校美育目标难以实现，严重制约着高校美育生态系统的持续和健康发展。

第六章　当代高校美育困境的成因分析

第一节　审美经济的功利主义

一、学校功利主义美育的具体表现

梁启超曾言:"'美'是人类生活一要素，或者还是各种要素之中最重要者，倘若在生活全内容中把'美'的成分抽出，恐怕便活得不自在，甚至活不成。""趣味是生活的原动力，趣味丧掉，生活便成了无意义。"美的价值对于社会来说是不言而喻的，我们知道，美学的定义和功能会让我们知道美不仅可以给人体的感官以享受和慰藉的感受，还能让我们的精神和心灵获得其他事物无法比拟的情感，从而促进我们的日常行为中能够一心向善，与人和睦，待人真诚，促进社会的和谐和稳定发展。基于这些方面，审美教育被给予足够的重视是理所应当的，同时也是社会繁荣发展所必需的，但是实际情况却恰恰相反，在金钱至上，唯利主义盛行的今天，学校对美学教育的重视程度不够高，人们受到的美学教育相对较少，以至于现代人们的美学意识不强，甚至于逐渐丧失美学意识，这一情况无疑是非常危险的，因为美学教育的丧失会让学生们的综合素质受到不同程度的影响，现在的学生不仅需要学习技能，还应以提升个人素养的美学价值为重要发展方向，在个人素质和个人技能等多方面都全面发展。显然，在功利主义价值取向的引导下我们的美学教育和我们理想的境地尚有一段距离需要克服，当前学校美育功利主义取向具体表现为以下几点:

（一）美育目的功利化

当前我们的社会对"美"的欣赏不再单纯地是美学欣赏，而判断和评价也不会仅仅基于美的本身来进行评价了，因为社会引入了过多的杂物，比如金钱的加入，让我们的社会对一个女孩进行评价时不仅仅会关注女孩的美或白，还会引入到另外的概念"富"。这已经不是美的纯粹欣赏。以前我们看到一处宜人心怀的自然风景，会由衷地感叹大自然的巧夺天工和造化钟神秀，而今，我们却很难静下来去感受风声雨声和水流声，而是想着如何开发利用从而获得经济效益最大化；当我们看到一件出自名人之手的画作，我们已经不需要去深入品味画作背后的深意和意图，而是第一时间关注画作本身能够带来的经济效益。我们现代人的美学观念中已经是掺杂了众多杂质，很难再看到纯粹的美学，这也是我们的经济日益发展，金钱至上时代的一大特色吧，但是，美学的丧失是非常危险的，人们不仅会因为生活丧失美学而丧失生活的热情，还会在不断重复的生活中变得更加寂寞和空虚，因为再也没有精神的慰藉，人们的精神世界将会变得满目狼藉。

虽然在各位学者的呼吁下人们逐渐意识到了美育的重要性，从而加强了对学生的审美教育：学校加强了美育的基础设施，教师开始注重挖掘学生的艺术天赋，家长带着奔波于各种艺术培训班。表面上看美育发展似乎正是欣欣向荣，然而深度挖掘其重视美育背后的真正目的，并不在于提高学生自身的审美能力。有多少美育所需要的乐器、画室、场地等长期空置不用，只能成为学校增加生源、向外展示的谈资；有多少学校组织开展的各项美育活动，只是为了获得物质或名誉方面的利益；有多少以促进学生全面发展为由开设的艺术辅导班、兴趣班，最终沦为了学校谋取利益，教师提高收入的渠道。不得不说因为在功利主义的控制下，在加分和升学等因素的引诱下，美育的真实目的与性质产生了巨大的变化，深深陷入在寻求功利主义的泥潭中无法自拔。“学艺术的目的是为升学寻找另一条出路”，这种观点是目前大多数家长、学生与教育者们存在的误解。学校中艺术方面的“实验班”“特长班”因此变成招牌班，有些学校的学生因为年级排名落后，直接转到艺术班，或者专门艺术方面的“实验班”“特长班”因此变成招牌班，有些学校的学生因为年级排名落后，直接转到艺术班，或者专门学习艺术，因此社会上开始出现各种各样的艺术领域的“假期班”“周末班”，并且这种班的招生范围越来越大。校外，在学校的影响下，家长强迫小孩参加各种各样的艺术辅导班，导致孩子自由活动、玩耍的时间远远不足。如此饥不择食的家长们，几乎很少思考自己的孩子是否真心喜欢或者上这些培训班能对孩子的人生起到什么样的美育意义。他们只是单方面认为，“不能让孩子输在起跑线上”“要有一技之长，将来在社会上更好混”。

这样一来，美育的增强个体审美能力，完善人格，促进个体全面发展的特有功能就被弱化了，美育就丧失了其存在的真正意义，转而陷入误区，逐渐沦为当下应试教育的有效形式而已。

（二）美育课程设置功利化

当下，似乎每当谈及学校的美学教育课程的时候，人们的第一印象就是美术课和音乐课，仅此而已。这种思维是非常狭隘的，因为美学的概念并不仅仅是美术课和音乐课的结合，虽然两门课和美学的直接相关性比较高。但这种思维也是非常便利的，在升学考试中没有美育的情况下，学校并不愿意在美育课程上花费太多人力物力，只要能应付过去，表面的肤浅的美术课和音乐课足矣。然而美学的范围是非常广泛的，如人们的诚实不撒谎的行为习惯，路见不平，拔刀相助的侠客情怀，尊老爱幼的基本情感基础，都是美学教育的重要组成部分。我们对于在画作中寻找美的实际是久远的社会实践，能追溯到我们文明社会的产生初期，比如早期的群居人类认为的美学有很多，比如火，成熟的果实，狩猎成功，都是美好，对于他们来说，就是美学的象征，这也是人类美学的积累。虽然图画教育和音乐教育让人们直接接触到了能够给予视觉和听觉冲击的美学概念，但是美学的概念如果只用这两个方面的内容进行归纳和总结是非常狭隘的，因为听觉和视觉虽然作为美学的重要部分，但是要真正代替美学就未免显得有些牵强了。因此，我们可以看出，美学的教育不能只依赖于艺术课程的开设，应该多方位多方面地实行美学教育，比如语文文学中的诗歌、散文、文言文、小说等，数学中的规整的圆形、标准的直线，黄金分割的比例等，这一系列的美学相关的教育活动，不仅是美学开设课程的关键学校教育组成，也是学校促进学生全方位发展的必经之路。其次，虽然我们是说学校不应该仅仅开设美术、音乐等直观的美学课程，但是据实际了解，在高考的指挥棒下，不被列入考试范围的美育使得我们国内的学校就算在音乐和美术等直观美学课程的开设方面都差强人意。

首先，学校的形式主义非常严重，往往走过场的形式比较真实，一直以来，会将美术和音乐等课程视为副科，由于不计入升学考试的科目，所以重视程度是非常有限的，受到特殊重视的学科始终只有语文、数学、化学、物理、生物等基本学科，这些主课作为学校学习任务的重中之重，是学校主要的学习课时安排所在。一些学校以为多开展各项活动让学生多参加艺术比赛就是发展学生的美感教育，或者将美育活动简单形式化只是为了应付上级的检查任务，并没有从学生内在对美的需要出发。我们可以这样认为，当下的美育工作并未真正做到“尚美之心性”，从而“涵美其德性”，这样的课堂安排，不仅会让学生的美学意识受到极大地打击，还会让学生的发散思维受到影响，从而影响到学生的综合学习能力，反而降低了学生学习的兴趣，最终对学生的审美和个性发展产生负面的影响。

其次，学校并未贯彻落实《义务教育课程设置实验方案》的学校课时安排精神，据了解，方案规定学校的课程安排中艺术类美学课程的安排应该占到总体课程的9%~11%，但实际情况却和这一情况大相径庭，由于主课课时的严重超比例占用，学生们的艺术课时受到严重打压，这就让艺术课教师不能真正地完成既有的教学目标，甚至没有起到美学教育的引导效果。

（三）美育方式功利化

王国维曾说：“美之为物，不关于吾人之利害者也。吾人观美时，亦不知有一己之利害。”王国维先生这是将美学和利害分开，并不希望美学的价值体系中会掺杂利害的东西在里面，但是自从斯宾塞提出了“什么知识最有价值？一致的答案就是科学。”这一充满了功利主义知识价值的经典一问之后，知识就成了超越美学的价值体系，现代社会的搭建逐渐向美学主流偏向于知识维一论，如此一来，知识教学超越美学概念，在当下的教育体系中占据了尤其重要的角色。在这一观念的影响下，学校美育方法一直朝着知性化方向发展，美育不断智育化。学校中审美教育的教学方式往往照搬智育。美育方式的知性化，使得其成为单纯理论性的教学，学校的智育应该重点关注知识传播的过程，如果从心理学的角度来说的话就是将知识传播分为程序性知识和陈述性知识，一般而言，陈述性的知识通常都是符号表征、概念、命题等方面的内容，而程序性知识就是人们在实际工作中的操作方式和实践内容，我们可以说知识是抽象的，同时也是可以实用性和功利性的，人们可以通过学习知识改变对自身生活方式或者内容的改变，也能通过学习知识对社会或者人类群体的理念产生重要影响。然而美育有其特殊的学科特点，它的教育方式与理论教学存在着巨大的差异，它并不像一道方程式或者一个概念解析，只通过教师的讲解就能使学生掌握。同时在一切为了高考的思想下，美育中的艺术教育被过分扩大，学校美育通常只追求艺术的专业技巧而已，各种艺术类速成班的广告铺天盖地，如此技能化很难使学生在学习的过程中获得美的享受，普通的学生会直接忽视美育，艺术生则将所学的知识作为通过高考进入大学以及未来获取工作的工具，这也使得如今的学生为了分数名次上的竞争而相互提防，人心逐渐冷漠，充斥着功利性。

二、功利主义倾向的成因

（一）市场经济的副作用

竞争意识一方面激发了人们的竞争意识，让有能力者脱颖而出；另一方面，它又使一些人唯利是图、损人利己，为了出人头地而不择手段。由于竞争激烈，导致人们的精神压力日益沉重、扭曲。市场经济带来的经济观念、效益观念使人们努力追逐经济价值和物质效益，计较自己的劳动报酬，“时间就是金钱”等观念深入人心。拜金主义、金钱万能的思想也应运而生，“前途，前途，有钱就图”“理想，理想，有利就想”成为一些人的座右铭。其实从培根的“知识就是力量”再到我国的“书中自有黄金屋”，人们对功利主义的追求一直都存在着，只是这种思想在进入改革开放以来表现得更为明显。西方不一样的文化背景和其丰富多样的生活方式像一股潮流涌入国门，在这股潮流的大染缸里，有精华有糟粕，有文明有低俗，而对于刚刚从物质匮乏的“文革”年代走出来的国人来说一切充满了新鲜和刺激，对所有新鲜事物表现出前所未有的好奇，一时之间难以对其进行删选，因而也就不加选择地对其进行吸收和消化，这极大地刺激了人内心的贪欲和浮躁。物质成为了衡量一切事物有无价值的先决条件，人们不再像以前单纯地从事物本身来考虑它的价值或好坏，而是首先从实际效用出发考虑它能否获得相应的利益，能否获得对等的回报，可以说人变得越来越功利和现实了，功利主义倾向也渐渐由最初的隐形变成了显性，且似乎到了一发不可收拾的地步。而人本是世界中的人，是“世界”的人，当人以功利化的心态去应对周遭的世界时，人自身亦被功利化了。人对物质的过分追求导致人与人之间的疏离，造成自我迷失和孤独，最终失去了生活的意义和方向。正如西班牙《世界报》上说道，中国的高房价，毁灭了年轻人的爱情，也毁灭了年轻人的想象力。他们本可以吟诵诗歌、结伴旅行、开读书会。但现在，年轻人大学一毕业就成为中年人，像中年人那样为了柴米油盐精打细算。他们的生活，从一开始就是物质的、世故的，而不能体验一段浪漫的人生，一种面向心灵的生活方式。

社会功利主义的价值观势必对当前学校的审美价值选择产生一定影响。由这种功利主义思想使得人们开始唯利是图信奉金钱至上的观念，并以金钱的多少作为衡量一个人成功与否的标志，对当前的审美教育前景造成相当不利的影响。

（二）学校自身对美育认识的偏差

大多数学校都是将美学教育视为美术和音乐的简单整合，将美学教育直接和美术或者音乐挂钩，看作是美术课和音乐课的整合，毫无疑问，这是很浅显的看法和做法，因为，美学教育的面是非常宽泛的，学校教师如果一心只关注升学率和学校的利益的话，是很难从基础上改变这一观念的。我们通常所说的美学教育就是美感的教育或者说是学生们的审美教育，是学校对于学生们基于美好事物的教育活动，以培养学生感知美和发现美的能力为首要目的，美学教育是从实际内容出发，通过感性教育的方式，对学生们美学思维进行启蒙和发掘，从同方面挖掘和启发学生们的美感。究其根本，审美的基础性质就是对事物的感性认知。

对于审美来说，我们一般从三个方面来阐释：一方面人们对美的事物感官上的反映，品尝美味的食物，观看宜人的风景，呼吸清新的空气，听一首美妙的乐曲等，这些行为都能给人的感官以不尽相同的愉悦感觉。另一方面，审美能让能给我们的生活品格指出具备高度的生命感悟，我们不仅可以在大自然中发现美，捕捉美，还能在我们的日常生活中去捕捉属于人们性格和生活中的美好小确幸，如公交在你过马路时候的驻步，卖菜阿姨送的一颗土豆，父母寄过来的家乡特产等，都是我们生活中的美好，只要用心捕捉，都能感受到美的存在。可以说，美的感知是人们心灵和外在行为的生活交互，树立以美为准则的人生行为规范不仅有助于健全的高尚人格，还能让人们在生活中少一些欲望，多一份确幸。美的范围不仅涵盖了善，也包含了善的对象，但是善的所有概念也只能是美的一个小分支，美和善是辩证统一的高度结合体，因此建立高尚的善良的人格是对美的追求的必备条件，也有助于培养更多高级的美的趣味，让人们的生活更加饱含美的性质，从而获得心灵上的高度纯洁和人格上的高度认可度，引导出一种诗意的生活方式，这也是我们学校教育中开展美学教育的根本目的和必然追求。美学教育不仅是一种生活方式，还是一种人生境界，一方面人们的生活因为有美的存在而富有意义，另一方面美的村子啊让人们能够有勇气不断追寻自我，突破自我，从而找到自己的生存价值，人们具备的美是人们能够看清自己的铜镜，虽然模糊，但是也足够看到自身的不足，从而在不断完善中获得人生真谛。

对于目前美学教育的现状分析可知，美学教育不仅和教育体制有关系，还和学生自身的美学修养有关，但是，美学教育的实施是学校—教师—同学三方的关系，如果美学教育的只是一味地将责任归咎到学生和教育体系的话，那么美学教育的实施者老——老师的角色就容易被忽略掉，其实，美学教育的课程实施和美学老师有着巨大的关系，由于美学教师的美学素养欠缺而造成的美学教育没有落实到位的情况仍旧属于常见。我们要贯彻落实新课改的内容，坚持“教育要面向现代化，面向世界，面向未来”的党的教育指导思想，将指导思想应用到现代美育的教育中去，而不是随便找个教师画几只阿猫阿狗或者哼几支小曲就能搞定美学教育的，美育的宗旨应该以启发美学潜能为首要目的，充分激活学生的美学探索自发性，保护年轻生命的活泼和原创力，让他们以一个探索者的身份探究世界万物之间的联系，从而发现其中蕴含的美感。纵观目前的学校美学教师队伍，良莠不齐的美学教师质量让美学教育的内容不能很好地对学生们进行启发性的教导，导致学生们的美学素养在经受美学教导之后仍旧差强人意，这样的情况应该充分考虑美学教师的素养基础性，对美学教师们的基础美学教学能力进行评估，开设美学教师传授美学培训班，引导美学教师们的美学传授方式转变，从根本上解决美学教育过程中的教师力量良莠不齐的情况。美学教师应该将学生作为美学课堂的中心，从生活中挖掘美学教育的素材，向学生进行传达和引导，让学生们真切地发现美，感受美。

（三）课程评价体系不完善

高校美育评价体系是高校美育工作的重要组成部分，是对高校美育工作水平进行反馈和分析、对高校美育工作质量进行监督和考核、对高校美育工作效果进行追踪和检验的不可或缺的手段。对高校美育工作进行全面、客观和科学的评价有助于提高高校美育质量，增强高校对美育工作的重视程度，强化高校育人功能。

1. 当代高校美育评价体系建设的作用

高校美育评价体系在多个层面可以发挥作用。从学校美育工作维度看，高校美育评价体系具备对高校美育工作综合改革进行质量监督的作用；从人才培养维度看，高校美育评价体系在高校培养审美崇高与人格高尚的高素质人才中发挥目标导向作用；从国家维度看，高校美育评价体系对国家教育体系的完善与文化自信的提升具有价值引领作用。

（1）质量监督

推动和深化高校美育工作综合改革、对高校美育工作进行监督和检验是高校美育评价的基本作用。首先，高校美育评价体系对高校美育工作水平进行反馈和分析。以反馈的问题为起点，探寻导致高校美育工作陷入困境的诸多因素，有助于从源头上解决高校美育工作改革中的问题。其次，高校美育评价体系对高校美育工作质量进行监督和考核。在高校美育工作综合改革中，教学工作质量的提升、管理工作进程的推进、校园美育文化建设的落实，都需要高校美育评价体系进行监督，保证高校美育工作综合改革真正贯彻到底。通过监督与考核，能激发美育教师的工作积极性，增强学校领导对本校美育工作的重视程度及推进校园美育文化建设。最后，高校美育评价体系对高校美育效果进行追踪和检验。高校美育工作效果的显现具有滞后性，因此要进行长期追踪。追踪需从两个方面推进，既要对在校生从入学到毕业的美育效果进行全面检验，又要对本校毕业生的美育效果进行抽样追踪。对高校美育效果从两方面进行追踪和检验，有助于进一步巩固高校美育综合改革成效，使高校美育工作发挥长效作用。

（2）目标导向

塑造和培养审美崇高与人格高尚的高素质人才、“培养什么人”是高校美育面对的重大问题，高校美育评价体系为此指明了方向。首先，发挥约束作用。高校美育评价体系制定了大学生所要达到的艺术知识与技能水平标准，培养其掌握一定的艺术知识与艺术技能。高校美育评价体系要求大学生扩展美育知识储备，练就专业技能以外的艺术技能，使之成为具有广阔视野、多才多艺的当代大学生。其次，发挥保障作用。高校美育评价体系为满足大学生的审美现实诉求提供系统保障，培养具有艺术审美与创新意识的当代青年。高校美育评价体系整合各类美育资源，为满足大学生多样化、差异化的审美选择提供平台，为大学生提升自身艺术审美与提高艺术想象力提供保障。最后，发挥激励作用。高校美育评价体系激励大学生主动接受高校审美教育，有助于大学生自觉成长为审美崇高与人格高尚的社会主义建设者和接班人。科学全面的高校美育评价体系有利于激发大学生深入学习中国优秀传统文化、革命文化以及社会主义先进文化的积极性，帮助大学生强化文化主体意识，提升大学生对中国优秀传统文化、革命文化以及社会主义先进文化的自豪感与认同感。

（3）价值引领

推进国家教育体系的完善与增强文化自信、健全与完善高校美育评价体系有助于提高高校美育工作的地位，强化中华优秀传统文化、革命文化、社会主义先进文化教育，形成有中国特色的现代化高校美育体系。形成这一体系有助于补齐我国教育体系中的美育短板，加强美育与德育、智育、体育、劳动教育的融合，推进我国德智体美劳五育并举、全面发展。高校美育评价体系有助于培养更多具有崇高审美追求与人格修养的创新型高素质人才，扩大美育培养的群众基础。广大人民群众美学素质的提升将进一步增强全社会对学校美育培养的认同，由学校美育扩展到家庭美育、社会美育，形成全民族美育的格局。随着人民群众审美追求与人文素养的提升，人民群众对文化产业、文化活动的需求也相应增加。广大人民群众将更加广泛地投身到国家文化产业建设中，形成全社会推进中华优秀传统文化创造性转化、创新性发展的合力，推动人人成为传播中国特色社会主义先进文化的使者，增强文化自信，讲好中国故事，彰显中国之美。

2. 当代高校美育评价的现状

高校美育评价是高校美育工作过程中的重要一环，科学有效的评价有助于提升高校美育教师的教学质量，进而提高大学生的审美素养与人格修养。高校美育评价已经历了三十年的发展，相关政策文件已比较丰富，但在政策落实过程中仍然存在诸多问题，严重制约了高校美育工作质量的提升。

（1）高校对美育评价重视不够

美育是陶冶心灵、美化情操的教育，旨在提高学生的审美素养与人格修养。我国实行德智体美劳五育并举的教育体系，但美育在高校育人工作中的作用未被足够重视。这一现实制约了高校美育育人功能的发展，影响了高校对自身美育评价的认识。当前高校普遍存在以下情况。

忽视美育评价的长期性特点。高校美育是一个长期过程，大学生的审美应从入学阶段开始培养，经过长期的艺术基础知识和基本技能的积累、艺术审美体验的实践和艺术专项特长的练习，逐渐内化为其自身素质与品质。高校美育评价的特点应与高校美育性质相耦合，因此也具有长期性。当前，我国高校美育评价常以一学年为期，重视学年结束时的结果评价，忽视了高校美育的长期性，不重视过程性评价。

漠视学生主体对美育评价的现实诉求，评价形式流于表面。高校美育的现状是注重对大学生通识性的艺术基础知识的传授，而不重视对大学生进行审美追求与人格修养的培养。这一现状将高校美育评价引入重成绩轻素养的工作误区，使得高校美育评价演变为片面考评学生成绩合格率的形式，漠视了大学生对自身审美素养进行评价的现实诉求。

轻视美育评价的重要作用。高校美育评价是提高高校美育工作质量、检验高校美育效果的重要保障。教育部门对高校教育工作质量的评价以智育评价为主，对高校美育评价的不重视造成了美育评价在高校场域中受到轻视的局面，使得美育评价在我国高校教育评价体系中长期处于弱势地位。

（2）高校美育评价方式落后

我国高校美育评价方式落后主要表现在以下两个方面。

①高校美育评价仍然以传统的学生美育评价指标赋分表和学生美育水平问卷调查的形式进行，创新性不足。传统的学生美育评价指标赋分表只能通过分数单一地展示大学生审美素养的量化成果，并不能如实反映学生接受美育培养后审美追求与人格修养提升的过程。学生美育水平问卷调查能比较真实地反映学生主观意愿，了解学生对学校美育的诉求，但也会由

于大学生缺乏对自身审美素养的客观判断，影响问卷调查结果的客观性。

②高校美育评价缺乏与第三方评价机构的深度合作。我国高校美育评价仍以“第一方”对“第二方”进行评价为主。虽然我国教育法明确增加了关于第三方评估的相关规定，但是第三方评价机构没能深度介入对高校美育工作的评价。政府教育部门在整个教育活动中既是设计者和组织者，又是教育评价体系的制定者和实践者。第三方评价机构很难突破政府制定的框架和高校壁垒，深入把握高校美育的实际情况。

（3）高校美育评价体系不健全

高校美育是实现铸魂育人的长期性、系统性工程。高校美育评价体系是对高校美育教学、管理、校园美育文化建设等多方面美育工作进行监督和检验的长效机制。多数高校美育评价体系存在评价主体单一、评价内容匮乏等问题，导致高校美育评价体系不健全。

高校美育评价以“单向度的教师评价”的形式对大学生的审美素养进行评价，忽视了大学生对美育教师教学质量的评价，制约了评价主体与评价客体的互动。同时，一些高校的美育评价流于形式，缺少大学生自评和互评，影响了大学生对高校美育评价工作的参与感与认同感。辅导员队伍作为与在校大学生相处时间最长的教师队伍，被排除于高校美育评价体系之外，不利于保证美育评价的长期性与连续性。此外，高校领导缺乏对本校美育工作的整体评价，阻碍了本校美育工作向更高层次发展。

高校美育评价内容匮乏成为高校美育评价的常态。当前，高校美育评价主要是对高校美育教学质量进行评价，对高校美育管理、校园美育文化建设等方面鲜有涉足。一些美育资源丰富的高校，如清华大学、浙江大学，打造了重在培养学生审美的艺术教育课程体系与配套的评价体系。清华大学艺术教育中心每学期开设丰富的美育课程，受到学生的广泛认可，其开设的美育课程在清华大学教务处组织的全校教学评估中连续多年取得优异成绩。清华大学美育课程取得良好的教育效果得益于本校配套的教学评估机制。

第二节　美育政策不明确

近年来，随着社会的发展，美育在我国越来越受重视，高校美育工作也被寄予厚望。国家采取了一系列措施，出台了一系列美育文件，使当代高校美育工作有据可依、有规可循。然而，近年来高校美育工作虽取得了较大的进展，由于政策以引导为主，缺乏一定强制性，仍存在“雷声大雨点小”的现象，高校美育远没有达到理想状态，特别是高校公共艺术教育更是高校美育的短板。

一、政策背景与美育制度的历史演进

我国美育制度从20世纪80年代开始起步。由于国家教育方针的指导，美育在中小学，乃至高校的教育中受到越来越多的重视和发展，由于重视也造就了后续一批批人才投入到美

育的建设中。总体来看，美育制度的建构是一个缓慢发展、推进的过程。

（一）早期美育制度的基本状况

美学成为一门独立的学科发生在18世纪中叶。德国哲学家鲍姆嘉通将美学从哲学中分离出来，并在《美学》中进行阐释："美学作为自由艺术的理论、低级认识论、美的思维的艺术和与理性类似的思维的艺术是感性认识的科学。"他给美学做了定义上的界定，美学是"感性认识的科学"。他还进一步阐述了审美教育是"作为美的思维对象而出现的事物的审视。"而席勒首次提出了"美育"一词，他在其著作《美育书简》中，将美育作为了一门独立的学科，并提出了完整的美育理论，将美育与德育、智育、体育并列，强调了美育的意义所在。可以看出在西方，很早就意识到了美育的地位，并且将它列为教育中不可缺失的环节。

我国早期的美育制度在20世纪90年代以前，虽说是缺失，但不能说美育没有得到国家层面的重视，在中央、教育部等颁发的许多文件都强调了美育的重要性，前文也提到了国家看到了美育的作用，开始要求各级单位开展美育活动，重视美育发展。虽然有一些政策上的支持，但中国的美育在20世纪80年代始终没有被列入与德育、智育、体育有着同等地位的教育范畴中，往往在进行教育体制政策制定和推进时就忽视了美育的存在，这点在1986年颁布的《中华人民共和国义务教育法》，以及1993年的《中国改革和教育发展纲要》中都有体现。其后学界学者们萌生了美育被制度化的思考，并采取了行动，国家也有美育应给予制度化的一些相应做法。但很遗憾，在这么短时间内，虽然较过往已经有了对美育空前的重视，但在制度方面仍有很大的不足需要去补充和完善，从国家教育方针的角度看早期美育制度，似乎还有很长的路要走。

近年来，很多学者一直在为美育的制度化而不停地努力着，美育制度也一直被政策所关照。国务院、教育部的相关会议和文件中都多少包含着对美育的解释和表述。虽然美育在此阶段还没有融入于国家教育方针之中，还没有形成一个能成为政策性的具体制度领域，但可以看出，美育制度化的脚步在20世纪90年代前后一直处于前进状态。除了政策上的美育制度化有所滞后，我国早期美育制度的酝酿依旧存在一定问题。具体体现在大众视野中对美育的重视其实源于社会的需要，这就导致了学者更多的是在社会经济生活和国家政治的关系之中去思考美育，容易极端地将美育作为一种工具，这对美育本身就是一种不公平，忽略了美育本身作为一个范畴所代表的理论和历史根源。早期美育制度的发展局限性还体现在美育与素质教育的关系上，太过迫切地渴望美育的地位被承认，尤其是被官方所承认，导致美育似乎在当时的政策文件中成为素质教育附庸，使美育成为一种实践，而其理论的一面没有传播出去。尽管当时重视实践性而有些忽视了理论性，但由于各方面的因素影响，其中主要是政策上没有自上而下地给予强有力的执行力，以及学校等可承担美育实践的机构组织的接受性的关系，实践性滞后多年。好在美育制度化的结果还比较圆满，收获了国家和社会的重视，社会各界也配合顺利执行和开展。早期美育制度不能成熟发展的最主要原因在于20世纪80年代，当时对美育的理解比较狭隘，特别是中小学的教育中，把单纯的艺术教育看作美育，将美育在中小学的实施看作音乐课、美术课的开展，这种观念其实是以偏概全，有所偏颇的。虽然艺术教育是美育的一种手段，但两者本质上的含义相去甚远，美育应当是一种情感的教育。由于理解上的偏颇，在一定程度上影响了美育与德、智、体站在同一梯队的进程，造成美育虽然已经博得了一定的重视度，但始终没有进入国家教育方针，无法在当时实现制度化。

总体来说，美育制度虽然在20世纪80年代的发展不尽如人意，而且即便到今天美育制度依然存在很多问题，但学者们不懈地讨论、交流，将美育理论进行丰富，有了这样丰富的理论土壤和诉求基础，美育制度的建设将不断向前推进，持续发展。

（二）美育制度的初步发展

自1981年开始，国家关于教育或培养人才的方针发布中，从未对美育的普及问题进行回避，美育的重要性也一直书写在国家文件中。国家始终将美育作为培养人的全面发展的一项重要教育环节来看待，不仅强调各单位要重视美育，还强调了要配合开展美育实践活动。1994年，国家领导人及教育工作者在会议上多次强调美育在人才培养中的重要性，并指出各级学校、机构都应开设相关的艺术欣赏课。当年的国家文件中在义务教育和高校教育中都肯定了美育的作用，并以通知的形式强调“艺术欣赏课”的开设。可以说美育自上而下地在一年一年不断发展着。1999年，中共中央、国务院颁布的《关于深化教育改革全面推进素质教育的决定》中强调了美育的不可替代性，并且将美育列入与德育、智育、体育并列的教育方针。至此，美育的发展和推进有了制度上的保障，美育制度的发展有了来自官方的保障和支持。十八届三中全会中通过的《中共中央关于全面深化改革若干重大问题的决定》中对教育发展提出的四个政策要点，其中第一点中就包含了对美育制度环境的营造应该更加重视的要求。这给予了美育制度逐渐形成和发展的政策空间，使美育制度的制定有国家层面上的合理化解释。

美育制度的发展完善，除了国家自上而下的政策方针的疏导，还离不开各省、市、各级学校对美育制度建设的积极推进。自美育被纳入教育方针后，美育实践活动的开展也繁荣起来，为应对纷繁的各类美育活动及提高人们对美育的重视，促进美育自觉接受度的提高，许多省、市或学校都出台了相关的美育制度，这些制度大多以工作细则的形式呈现。例如，郑州市就对美育工作的开展制定了评价细则，分为一级指标和二级指标。一级指标中包含了美育的组织管理、校园文化环境的建设、师资队伍的建设及后勤的保障。在一级指标下还细化了二级指标，包括美育课程的管理、课堂教学情况、美育活动（包括教师的组织情况和学生参与情况的反馈）、美育资源的开发利用情况、美育教师的配备和继续教育等一系列细致的指标。在细则中给出了详细的评价办法和对应的分值，以得分结果来考察各学校美育的开展情况。这样的评价制度的建立，使得美育的实施在进度上有可以量化的标准，不仅响应了国家的号召，同时让参与单位，参与的教师、学生有了积极性，积极主动地接受美育、传播美育。

美育作为一种教育策略，一项能够帮助人从情感上、精神上进行升华和陶冶的教育活动，其开展不仅依靠国家的施压及社会机构组织的要求，还有接受美育的人的个人诉求。美育制度的构建不仅体现外界对接受的人进行要求，也是接受者对自己进行要求的体现。正如海德格尔所说，人的理想生活状态应该是“诗意的栖居”，这样的生活状态也是现在人们所向往的，美育就成为通向诗意栖居的这样一条道路。培养正确的审美价值观，提高审美品鉴能力和审美创造力，进而对社会现象产生正确的认识，这不仅是社会国家发展的要求，也是人类自身发展和增强竞争力的需要。因此，接受审美教育，参与美育实践活动并不是被迫的行为，而是接受者主动接受和学习的过程。美育接受者也或隐或显的渴求一套完整健全的美育制度作为其接受正规美育教育的保障，可以说美育制度的形成和发展是拥有强大的社会群体和需求基础的。

二、制度建构面对美育的“悖论”性

“审美”与“制度”无论是从何种角度来看，似乎都是相矛盾的两个个体。但美育制度不是对美育的一种规范，也不是回答什么是美育这一问题，而是解释美育是如何被建构，阐释和操作的，是将美学教育理论的研究从精神活动作用于社会实践中的一个需要依赖的执行逻辑。马克斯•韦伯认为，随着经济的飞速发展及宗教意识的弱化，“价值理性”和“工具理性”内在张力发生变化，所引发的问题开始显现。

（一）规范与自由的碰撞

在对审美教育进行制度化的规范时，势必要面临困境。在大多数人看来，“美”是一个自由的概念，因为我们在对事物进行判断和理解时可以拥有的是绝对的主观上的自由，我们完全有权利判断什么样的事物之于我们自身是美的，什么之于我们是丑的，也完全有权利对美进行选择和创造。同样审美的感受也是自由的。的确，审美自由观从康德最初构建到席勒的进一步发展，至今已经产生了比较广泛的影响。在康德看来，审美是实现自由的必要手段，审美主体通过审美活动完善人格最终获得解放，而审美活动同时是审美主体的自由的体验，审美能够带给人们的是身心全方位的一种享受，将不够自由的现实生活拓展为自由的精神生活，获得满足。因此，也有“审美即自由”的说法。但即便审美最大程度上体现了自由，还要进行美育甚至要对美育进行制度上的建构，是因为审美自由指的并不是行为上的自由，而是一种自由感，是审美主体的情感与意志的完美协调。

审美自由属于一个独立的范畴，和意志自由是有区别的，审美自由其实是一种较低阶的自由，而真正的自由是道德上和意志上的。但事实上，人们普遍认为审美自由是最大的自由，因为，审美自由是一种能使人全身心愉悦的自由。人类的发展史其实就是不断地在为自由而奋斗的历史，而在审美上的挖掘和探索，可以促进人们不断丰富和提高自身的判断力，将个人情感与心灵的束缚界限打破，获得解放。因此可以看出，审美的自由归根结底是一种心灵上的自由，是一种情感上的丰实。黑格尔在《小逻辑》中指出，“只有对美的欣赏才是唯一无利害关系的自由的愉悦；因为既没有官能方面的利害感，也没有理性方面的利害感来强迫我们去赞许。”可以看出对美的欣赏的自由可以说是带有主观上的绝对性的，当审美主体对事物做出判断后，这种结果是很难进行干预的，这就彰显了美育的重要性。美育作为对培养审美能力的教育，能够帮助审美主体进行提高，形成正确的审美价值判断。

审美是自由的，它是一种精神上和情感上的取向，但这样的自由必须是以审美主体拥有正确的价值取向和一定的审美素养为前提的。审美自由不能与道德、社会秩序等客观外界限制相割裂来看。审美活动是饱含着情感性的活动，是主体的道德、文化素养、情感、意志等多种元素融合后的一种呈现，如若强调绝对的自由就将沦为“斯多葛式的冷漠”。因此，实现审美自由，就必须加强美育培养，而前提关键就是完善美育制度。无论社会如何发展，主流美学观念如何变化，美育都不能被抛弃，因为美育是实现审美自由的前提，而保障美育的关键就在美育制度。自由和规范从字面上看虽然是矛盾的，但放入美育制度这个特殊的语境后，从功能上去看，美育制度的构建恰恰要在二者之间取一个平衡，这也是构建美育制度，让美育蓬勃发展必须遵循的内在原则。

（二）功利与超功利的对话

功利与超功利相协调这一构建逻辑，是就美育制度功能和目的而言的。在社会现代性的背景下，美育制度的功利与超功利不仅直接关系制度建构的合理程度，也关系着人的社会行为是否具有审美属性，以及美育制度对人的培养的最终指向问题。

美育制度作为一种特殊的社会规范，它的出现与其说是为了缓解社会现代性所带来的危机，不如说是社会经济表现出来的利益的驱使。能够更有效地追求利益是美育制度出现的现实基础。获取利益的动机对美育制度的出现起着决定性的作用，因此美育制度的构建要求和元素都暗含了对某些利益实现的趋向。人类在接受美育、参与审美活动实践的过程中所形成的素养、品格、道德等都或多或少地存在着希望追求个人或社会利益的痕迹。由此，美育制度从发端就决定着其对利益的依赖，实际上，美育制度是追逐利益下的产物，美育及审美也是服务于利益追逐的。任何社会和群体的本质其实都是带有功利性的，即便说美育制度是为了解决社会问题而出现的，但也不能掩盖美育制度本身带有功利性，且无法超越其所依赖的利益的现实。

美育作为一种能够提升素质健全人格的教育，它不同于知识教育，也不同于道德法律等规范，它能够对利益有相对的调节作用。康德主张“审美无利害关系”的超功利思想，这一观点现在被学者们普遍接受，但在康德进行严密论证以前，这种观点是遭受过批评的，原因就在于上文所陈述的，美育的发端决定它总是带有一定的功利性。但当美育在一定的指向性的语境下，它的功利性就不具备普遍性了。美育制度往往代表的是社会利益的要求，这是超越个人利益的并且带有普遍性。王国维所秉持的“无用之用”就是其超功利性的一种佐证，美育并不一定直接与生活相关，审美才是其真正的目的，这种“用”是超过世人想要追求的功利。因为美育的培养，人的素质有了提高，会产生行为上的高尚性，这时的行事往往就不再以利益为准则，而会产生真正的道德性的行为，如舍己为人、见义勇为等，这类行为也证明美育的超功利性。美育制度不是单纯的只是想为社会利益不平衡谋求一个空间，而是真正的能解决当前的社会矛盾。美育制度是可以作为超越现阶段社会存在的长久的保障美育发展的存在，结合超功利的含义，在这个指向上美育制度具有超功利性。美育的最终目的不是为了获得实际的知识，而是为了帮助人们在生活中更好地获得情感上的感动和精神上的享受。

综上所述，美育制度存在着现实的功利目的及超功利的精神诉求，但这并不意味着二者决然相互否定，不可以互相协调。构建美育制度的目的本身，是为了解决社会现代性转向所引发的问题，在此过程中追求综合性人才的培养，提升审美主体的审美能力及综合素质。接受者在主动接受美育时，可能是想丰富才能提高自己在竞争时的核心竞争力，但这都不影响其成为一个高素质人才的最终结果，进而在这种无意识的超功利中获得了巨大的审美诉求所带来的效果，完成了超功利和功利的内部相互流动。在构建和完善过程中，主要是维护功利与超功利协调的逻辑原则，从而保证制度的相对纯洁性和稳定存在。

三、我国加强美育工作的措施

为加强高校美育，国家采取了一系列措施，笔者将教育部多年来印发的所有关于美育和艺术教育的通知进行了查阅，主要有以下六个方面。

（一）成立艺教委、高校美育教指委，指导全国高校美育工作

教育部于1986年开始成立全国艺术教育委员会（以下简称“艺教委”），于2020年成立全国高校美育教学指导委员会（以下简称“美育教指委”）。艺教委和美育教指委作为指导全国学校美育工作的专家咨询机构，艺教委委员由教育部领导、艺术类院校、团体、协会等相关领导和有较高知名度的教授担任，美育教指委由在全国或本地区美育教学领域有较高知名度的高校教授组成，是全国学校艺术教育的高级人才库和智囊团。艺教委主要对全国学校美育进行调研、指导和服务，研究提出学校美育发展意见和建议。美育教指委主要就高校美育课程、教材建设、教学方法改革、师资队伍建设等向教育部提出咨询意见和建议，研制高校美育教育教学基本规范、质量标准和场地设施配备要求，组织开展高校美育教师教学能力提升培训、学术研讨、经验交流、展演展示和国际交流，参与开展高校美育工作的调研、督导、检查、评估等工作。全国美育教指委的成立，标志着国家开展美育工作从宏观层面的指导深入到具体实施的研究、指导和督导。

（二）制定美育、艺术教育相关文件，规范学校美育工作

教育部2002年印发《学校艺术教育工作规程》、2004年印发《全国普通高等学校音乐学（教师教育）本科专业课程指导方案》、2006年印发《全国普通高等学校公共艺术课程指导方案》、2009年印发《全国普通高等学校美术学（教师教育）本科专业必修课程教学指导纲要》、2010年印发《关于开展高雅艺术进校园活动的指导意见》、2014年印发《关于推进学校艺术教育发展的若干意见》，国务院办公厅2015年印发《关于全面加强和改进学校美育工作的意见》，教育部2017年印发《学校体育美育兼职教师管理办法》、2019年印发《关于切实加强新时代高等学校美育工作的意见》，这些美育政策从公共艺术教育、专业艺术教育课程指导方案到美育活动指导意见、美育教师管理办法，再到推进学校艺术教育、美育工作意见，可以看到国家美育政策的变化过程，国家在推进高校美育工作方面及时给予政策支持，逐步推进高校美育工作走向规范。

（三）签署学校美育改革发展备忘录，推进学校美育工作

2016—2018年教育部与30个省（区、市）签署了学校美育改革发展备忘录，2018年开始定期召开全国学校美育工作会议，国家与地方联动，共同推进学校美育工作，真抓实干，切实把国家对学校美育改革发展的精神落到实处。

（四）实施系列计划，促进美育资源、师资共享

教育部从2005年开始实施高雅艺术进校园活动，组织国家、地方优秀艺术院校和团体赴

各地高校演出和讲学，组织高校学生走进国家大剧院、中国美术馆等艺术场馆，涵盖了全国各类普通高校包括高职院校，扩展到中小学和中职院校，持续至今十五年，受益学生千万余人。继北京市教委开展“高参小”项目后，2019 年教育部开始实施开展美育浸润行动计划。美育资源、师资的共享，极大地促进了全国美育工作的开展。

（五）加强师资培养，保障美育工作开展

教育部印发音乐、美术本科教育课程指导方案，从本科教育开始加强艺术教师人才培养质量。定期举办全国高校音乐、美术教育专业教师基本功展示评选活动、高校音乐专业本科学生基本功展示活动，开展艺术教育科研论文报告会，开展学校艺术教育工作专题研讨班，很大程度上从艺术技能、教学基本功、科研等方面加强了艺术师资队伍的培养，同时也为艺术工作者提供了沟通交流的平台。

（六）搭建学校展示平台，营造美育氛围

教育部定期举办大学生艺术展演、弘扬中华优秀传统文化成果展示、高校歌咏活动、高雅艺术进校园等大学生美育活动，为高校美育工作的开展提供了展示交流学习平台，引导高校弘扬传统文化，营造“向真、向善、向美、向上”的校园文化氛围。

四、当代高校美育政策分析

通过对近年来国家印发的两个重要美育文件：2015 年国务院办公厅印发 71 号文《关于全面加强和改进学校美育工作的意见》和 2019 年教育部印发 2 号文《关于切实加强新时代高等学校美育工作的意见》进行了以下分析。

（一）定义更清晰

美育和艺术教育在学术界一直以来存在一些定义和界限的争议：如美育就是艺术教育，美育涵盖艺术教育，艺术教育是美育的实施途径、有力手段等。美育工作在 2015 年前的文件中一直都是以“艺术教育”进行发文，艺术教育作为实施美育的主要内容和基本途径，一直以来代表着美育开展工作。2015 年国务院文件首次以“美育工作”进行发文，国家对美育进行了明确定位，文中提到“学校美育课程建设要以艺术课程为主体，各学科相互渗透融合”，2019 年教育部文件也强调了“高校美育要以艺术教育的改革发展为重点”，其中总体目标提出了“高校学生的审美和人文素养显著提高”。两个文件中国家明确了美育以艺术教育为主体，但仅靠艺术教育是不够的，更强调了大美育的概念，贯穿学校教育全过程、全方位的美育。

（二）指导更细致

2015 年国务院文件中就构建科学的美育课程体系给出了具体的指导，根据教育阶段和教育类型将美育课程分为幼儿园美育、义务教育阶段学校美育、普通高中美育、特殊教育学校美育、职业院校美育、普通高校美育，并针对不同阶段和不同类型的学校美育课程分别提出了相对应的课程目标、课程内容和美育活动要求，同时加强各阶段教育美育的相互衔接。2019 年教育部文件中又将高校艺术教育分为普及艺术教育、专业艺术教育和艺术师范教育三个领域，针对三种不同类型的艺术教育，也提出了不同的要求、策略和目标，同时强调了普

及与专业美育的相互支持。两个文件同时强调美育在课堂教学、课外活动、校园文化环境中的相互渗透，形成科学有效的学校美育课程体系和育人机制。国家对高校美育的政策考虑更加全面、更加细致，也更加科学，指导更有针对性。

（三）执行更有力

从国务院文件名“全面”加强和改进学校美育工作到教育部文件名“切实”加强当代高等学校美育工作，可以看到美育工作的执行力度将更大。2019 年文件明确“高校党委在高校美育工作中的领导核心作用”，明确了归谁管、谁负责，解决了一直以来美育工作没人管、不重视的问题。关于高校美育工作的评价、监督、督导工作方面在 2015 年文件中用“探索”和“鼓励”等词，更偏于政策的引导性，到 2019 年文件明确“把美育工作及效果纳入普通高校人才培养工作评估指标体系”“把高校美育工作和高校公共艺术课程教学纳入国家教育督导范畴”。

五、高校美育政策的现状思考

高校美育认识上的不重视与政策原因是紧密相关的。中华人民共和国成立以来，美育在我国教育方针中的存在及其理论表述，走过了一条“无核心地位——隐形表述——明确的说明——明确表述”的从无到有的曲折之路。

（一）美育师资培育制度的方略性问题

“美育是一门不同于专业艺术教育的综合类学科，只有一支专业化的美育教师队伍才能保障高校美育课程的教学质量。”在美育教学中，美育教师是核心的参与者，拥有专业的美育教师队伍，不断提高美育教师的水平，建立美育教师的培育制度，是当下美育发展的支持和保障。目前，我国高校美育师资依旧匮乏，教师配备存在不足，美育师资的培育制度未能发挥效力。

1. 美育师资培育的欠平衡状态

长期以来，我国教师岗位的准入条件都是以《中华人民共和国教师法》为依据，严格实行教师持证上岗的聘用标准，从业的教师必须有相应科目和学段的教师资格证。然而美育教师却成为例外。由于美育专门教师的不足，课程性质理解上的偏离，很多学校在美育方面都是因人设课，美育教师由音乐、美术等艺术教师担任。艺术门类的教师虽然在各自的专业领域都有非常专业的见解和完整的知识结构，但缺乏系统的美育相关知识的学习，往往对美育教育认识不足。艺术门类教师任教过程中，由于专业和知识体系的限制，并不能完全满足学生的审美发展需要，更多的是在艺术系统中授课，在培养学生审美素养方面也都是根据自身的经验和感受，缺乏美育方面的专业性。不能否认艺术门类教师多年来在美育缺失的环境中对学生审美能力发展的重要性，但术业毕竟有专攻。

当下美育教师整体人数偏少且年龄结构单一，同时在岗的学科教师的美育素养也参差不齐，兼职美育教师占大多数。推广美育，发展美育，建立一支稳定的美育教师队伍势在必行。这样才可以保证日常课程和校园文化活动的有效开展。在我国，美育教师团队在学校中配备显而易见得不够完善，一是由于历史的原因，过去的学校机构对美育的重视度不够，沉重就业或升学压力使美育的生存空间被压缩，美育教师的存在也就可有可无；二是对美育的理解上存在偏差，将美育与艺术教育混淆，教师的配备上自然也就出现偏离。从教师的输送机构，师范类高校来看，我国目前也没有专门的美育相关的师范专业。可以看出美育教师在我国当前的教育大环境中处于边缘位置，尤其优秀教师和名师，从供给和需求的双方市场中都显得可有可无。

2. 美育师资任职环境与保障机制的待完善

我国教育中的美育资源分配始终无法达到需求，特别是偏远地区或是经济欠发达地区呈现了典型的教师数量少，任务重的特点，一个老师身兼多门学科教学的情况十分常见。针对这样的现象，最直接的方法就是进行美育全科型教师的培养，特别是艺术教师，由于自身已经具备一定的技能，而艺术教育又可以成为美育的一项培养手段，因此艺术门类的教师更容易发展为全科型美育教师。从横向上看，可以继续完成本职工作，并配合美育开展。从纵向上看也是完成国家和社会的关于教育和人才培养的要求，一定程度上缓解欠发达地区教育压力，并且能够为美育人才配备的紧缺提供一个过渡空间。

美育师资的保障首先要立足于学校美育平台的搭建与完善。目前我国的美育课程体系，校园美育文化都存在一定的缺失，这主要源于对美育的不重视与不理解。苏金萍在论文《高校美育教学存在的主要问题及其对策研究》中，就甘肃省内十二所高校进行问卷调查，结果反映，高校中美育教师普遍被边缘化和挤压，学校也没有适当的保障机制。被忽视的美育难以与学校的整体教学形成凝固力，长此以往，即便拥有了非常优秀的美育教师资源，也因为长期的平台缺陷与自我价值感的丧失而逐渐落寞，使原本就不多的美育师资变得更为紧张。学校以兼职代全职的美育教师大比重的存在，这类教师流动性大，稳定性低，在学校不能享受相应的工作福利反而还要承担繁重的教学任务。兼职教师的存在使未来从事美育的准教师们信心不足，另外，由于无法纳入考核和教师信息统计，学校在管理上也面临着重重困难。加强教师保障是双重性的，一是保障在任美育教师的资源，二是保障学校美育教师的配备。学校和社会要积极响应政策，为美育教师的生存空间提供保障，如将美育列入评估指标，规定美育经费的投入底线，并给予相应的扶持。教师配备的保障则来源于师范院校加强对师范生的美育培养，保证未来美育教师的供应。此外，美育教师在评级和考核时，往往没有学科教师有竞争力，导致美育教师的接续出现断层。

（二）制度实施成效之于美育本体的游离性

人的审美素养固然有先天禀赋的成分，但审美素养的提高与完善却主要依赖于后天的培养和养成。大学生作为一个有着高文化素质的群体，应该有着高尚的心灵，生活中应该有美的语言、美的行为。其审美素养如何在学习与感悟、鉴赏与批评、练习与积累中提升，是高校美育的应有之义。但我们又不难发现，在审美教育实践和学习活动中，一些高校更重视技能技巧的学习和训练，多注重单一方面的艺术技能的审美感受和审美能力的培养，未能形成系统的支撑审美素养培养的制度体系。

1. 实用主义主导与美育的边缘徘徊

素质教育旨在培养全面发展的综合性人才，自推行开始也受到了来自社会的支持，这主要是源于当今社会更需要综合实力过硬、多维度发展的人才。除基础性的升学考试需要的科目外，琴棋书画的培养也受到了空前的重视，乐器、舞蹈等的学习更是几乎每个学生都要经历的，部分学生也很热衷于提升自身的艺术技能，从一定程度上来讲这也是美育得到发展的体现。但是若从现阶段学生学习的整体方向来看，不难发现，无论是学科课程的学习，还是艺术技术的学习，都有实用主义的倾向，这一衡量标准影响着人们对于接受某项科目的选择与投入程度。

实用主义的知识观是工业社会发展下的产物。19 世纪唯科学主义兴起，当时人们信奉自然科学，将自然科学看作衡量其他一切事物的标准，影响到教育界后就形成了“应试教育”。它以测试主义为手段，以智商为标准选拔人才。所谓智商最早是法国心理学家阿尔弗莱德设计的在规定时间内答题，测试数学和语文的方法，传至美国后被应用于测试新兵，后来就发展成为普及型的考试。考试结果在教育评估中占据着极高的地位，而考试的科目就变成了最需要学的科目，诸如数学、语文、物理等，而像品德、审美等逐渐被边缘化。随着对精神文明建设的欲求越来越高，这种测试显然已经不适用于当时的时代发展，更重要的是，人们逐渐意识到应试教育虽然能够规划不同等级的学生，但因此所造成的对于人的创造力和思维能力的伤害是不可弥补的，严重影响了学生的正常发展，因此素质教育开始备受关注。现阶段实施从应试教育到素质教育的改革，美育作为能够影响人的世界观的教育被广泛重视，也被国家重点关注，但由于社会资源的不平衡，人类需求的扩大，实用主义依旧潜在地影响着人们的选择。从目前我国美育的实践成果的弊端就可以看出，人类最关心的是社会，而对自然、个人的身心健康和人格发展不够重视。美育是一个长期的过程，其教育成果相较于学科教学也不明显，在短时间内难以收获学习的结果。正是短期的实用性观念让美育陷入了无法落地的困境之中。

2. 审美教育的表演式、工匠化与技术化

素质教育发展至今，学校的日常课程设置和活动安排已经不再无视美育，不仅开设了美育课程，而且在校园内外都开展了一些美育实践活动，可以说是美育发展的一大进步和成绩。但从开展的实际情形和收获的效果来看，却不如表面的成绩好看。

（1）现阶段的审美教育还不够规范，由于学科特性和现行教材的关系，美育课堂往往以专业的美学知识讲授为主，对于学生来说有些晦涩难懂，不利于学生的初级学习和学科普及。同时灌输为主的教学方式，也忽视了学生对于知识运用的需求，整个课堂流程重形式，轻内容。另外，美育课程的实际开展也存在漏洞，学生的学习任务繁重，必修课程占据了学校课堂生活的绝大部分，因此挤占、停上美育课的事件屡见不鲜。美育课在学校中空有名头却少见实践。

（2）学校审美活动的开展也存在表演式的问题，学校的文艺活动、会演一部分是为了完成上级审查任务，活动规则性多，学生主观能动性发挥空间不大，反而成为教师、学生的负担，无法达到原本开展的目的。

（3）学校利用学生的艺术作品进行校园装点，这种方法一方面可以加强对学生审美作品的利用，增强学生的创造积极性；另一方面能够形成良好的校园审美文化氛围，并打造校园特色。现实是高校中这些作品的完成者变成了艺术生全包全揽，可以说这样的做法不仅没有实现营造审美文化氛围的初衷，反而给学生、家长、教师、学校都造成了不必要的负担。我国学校美育在实施过程中，大部分学校管理者和教师狭隘地理解了美育的含义，将美育与音乐、绘画等对等，认为对学生的美育教育就是培养学生吹拉弹唱的能力，将美育错误地当成培养学生艺术技能的技术化教育。对于美育的定位也就顺其自然地成为是学生日常知识学习以外的课外活动的一种丰富，是学生个人特长和技能的辅助学习。对美育的认识偏差使得教学工匠化、技术化问题突出，美育精神传导无法落到实处。

第三节　美育研究不充分

围绕当下美育在时代发展中所呈现出来的一些没有认识到位的问题和认知误区，需要进一步展开分析论说，其中包括美育和艺术教育之间的关系，美育随着时代变化所遭遇的观念认知变化，审美教育的本质探索，艺术技能教育和审美教育之间的关系，新文科建设背景下审美教育应有的位置和担负的责任，以德育人和以美化人之间的相互作用等。

一、问题探究

在美育成为社会共识的时候，真正落实共识和实施美育，的确需要不断地进行理论探讨。在实践中，美育的一些概念和认知时常遭到辩驳，研讨中也时常遭遇到不断重复的常识性的对话。显然，在基础认知和常识问题上存在似是而非的差异性，在探讨美育尤其是中国高校美育工作时，我们需要弄清楚以下四个问题。

（一）美育到底和艺术教育是怎样的关系

实际上尽管在中国近年来美育已经得到较为普遍的实施，也被政府机构与学术界所认可，但由于对概念的模糊认识，无论在政策观念上还是在大众的认知中，都有意无意地将“美育”略等于或者几乎等同于艺术教育。将美育和艺术教育相提并论，其优劣到底如何，这是一个现实疑难问题。

从理论上来讲，美育即审美教育，和艺术教育之间似乎相互交叉，区别主要在于两类人的认识言说的差异：从事艺术教育的人认为，他们所做的都是美育的工作，美育似乎天然地囊括在自己的工作范畴之中；而在一些美育概念的倡导者看来，美育的主要实施途径的确是艺术教育，但二者未必完全等同。因此，美育应该如何看待，则既涉及上位的美学，又涉及相关的教育学，还与艺术教育相关联。在这三者牵涉之中，我们是认可它们应该如此关涉而有一个宽容地带，还是非要较出一个独一无二的名称所在?

（二）矛盾认知

在从事美育类课程教学或者专门研究审美教育的少数人群中，也矛盾丛生，彼此争议。

一方面，讲授美育课程和从事审美理论研究的一些人，因美育得到国家认可而高兴，自认他们是真正操持美育的，有意无意地将美育视为较为狭隘的审美欣赏和审美教育概念范畴；另一方面，尽管他们显然视艺术教育为辅助，其心目中的艺术教育就是技能、技巧的教育，与理论认知的美育似乎还有相当大的界域区分，但基于现实生存状态，又不能不抓取艺术教育的庞大对象来支撑自身的美育理论教学。

而站在更为广阔的艺术教育领域，从事艺术技能和技巧教育的工作者却一直以为，响当当的美育就是以艺术教育作为主要支撑，或者两者毫无差异而基本等同，因此总是将任何美育的政策和倡导都视为艺术教育的重要性的佐证。我们到底是去强化 1~2 门的美育概论类的理论性课程，作为主体的美育满足从事美育教学的人们的纯正性要求，还是以更宽泛的艺术教育作为组织主体的审美教育来支撑美育？这两者之间，到底要不要区分得那么清楚，把控得一是一，二是二？

（三）本质学理探求

美育即审美教育固然不错，所以望文生义只要是以美为对象的教育都应该归入美育的范畴，但美育是不是需要将更多的美的理论、美的理念、美的思想和美的传达等作为其课程属性，或者是扩大成为美育学这样一个庞大体系的范畴？实际上一些专家已经开始呼唤“美育学”并进行阐释。由此反过来看，在一些艺术技巧传授者心中，作为需要理论支撑的美育仅仅是一个帽子，如果没有艺术教育，特别是具体的艺术技能技巧领域的教育，美育将荡然无存。也许美育的一些理论仅仅是说教，既不能实现美育的功能，也不能真正把美育落到实处，但从观念上来说，艺术教育固然具备美育的实证和实践功能，却不能完全称之为美育。一些艺术教育工作者偏于技能技巧的教育，偏爱“术”的功能提升，却忽略了学理上的审美观念和意识教育，因此没有获得美感和美的滋养。

（四）界域划分

到底要用什么合适的方式、什么完整的称谓来对待美育，是作为一个学科还是与艺术教育牵涉在一起的一个概念，是作为课程的主体还是实现了审美意识、审美思想的教育形态。最大的问题在于人们对于美育，是不是满足于德智体美劳这样宏观的一种指向范畴，而不必指正其定位性。反之，如不满足于此，则要将美育具体落实成为具有架构的理论基础，梳理它与美学的关系，界定它与教育学、艺术学纵横交错的相对界域。当我们论述上述问题时，有时候也怀疑是否需要将事情弄得那么清楚？美育作为人类追求的一个非常重要的对象，有聚焦的点和核心所在，也有依托的领域，比如艺术学。但不限于此，更为重要的是，美育成为人们追求的一个宏大目标，成为人类追求的一个审美精神和情感的理想。因此，美育不仅是一个具体的功能性的对象，更是人类追求的梦想和理想，乃至“高攀”到可以与科学相提并论，我们或者未必需要去明晰美育的种种“是是非非”，但确实期望在研讨中不断丰富深入。

二、当代高校美育观念的焦点难点问题辨析

在美育和艺术教育最为聚焦的高校，由于概念产生了不少矛盾和疑惑。

（一）混同观的误区

高校研究美育的人们时常会发出困惑的议论，特别是当各种“美育”文件发布时，他们会提到其实此美育非彼美育。何以如此？核心原因是美育和艺术教育几乎在很多时候被等同，或者是具体的艺术类型冠以美育在实施。但有一点必须确认：“美育固然是学校教育，但也是一种特殊的人本精神教育。即通过催发人的本质情感，而实现自发追求美善的目的。”人们对于美育或者艺术教育的共识性正在于此。

这里的问题就在于，艺术技能的教育、艺术分科类的教育和艺术审美的教育，在一些专业人士看来是不同的。而各种文件所提到的“倡导美育”“普及美育”，在很大程度上是将不同类型的艺术的教育包括艺术技能的教育，或者是更多侧重于实践艺术技能的教育，实际上都归拢于美育，默认艺术是从事美育的最主要的途径和对象。于是，一些“锱铢必较”的从事审美教育的人难免疑惑，认为美育和艺术教育并不能完全等同，甚至提出“中国美育不能成为真正的美育”的诘难。

这一始终存在的矛盾也需要等推出“美育学”才能得到很好地解决。最近，全国政协委员、中国美术家协会主席、中央美术学院院长范迪安建议，“在高等教育体系中加强‘美育学’学科建设”。细细辨析，也许美育在认知中存在“大美育”和“小美育”之别。“大美育”是与德智体美劳并置的美育概称，其宏观比较的是非美育的大范畴的空间存在对象，显然是区别于德智体劳的独特的人类精神审美需要的对象范畴。而“小美育”是审美教育欣赏的理论范畴，具体到欣赏审美意义的对象。“大美育”“小美育”在概念认知之间游移使得一般人无法辨析出差异性而容易混淆。对于领域外的人们包括领导机构而言，艺术的确就是审美的对象，所以简单地置换艺术为美育，这种认知反而让一些人产生不满。如果需要有某种决然的分野，似乎精细划分就是艺术技能的教育（艺术教育也包括技能和理论的教育）和审美理论观念教育的分野，或者说要凸显两者之间的差异性才能弄清楚区别，但实际上在各种文件及社会认知和艺术家的认知里，难以统一认识到美育即审美教育，是独立的而不能与艺术技能教育完全等同的对象。因为这种认识使得艺术教育工作者又不满意，他们觉得自己是在从事美育，而且老百姓也不理解，他们所接受的各种艺术的技能教育，无论弹琴还是绘画，怎么就不是在进行审美的教育？

所以，我们必须从根本上来进行美育的命题阐释，同时也需要对美育和艺术教育之间的关系进行比较宽泛意义上的认知，否则解决不了真正的美育难题。美育当然要强化对审美的意识、审美的理想和审美的理论支撑，但同时必须和艺术的一些相关性相勾连。两者既分又合，才能较好地解决这一难题。

（二）偏颇论的扭转

在高校实施美育包括“强化普及艺术教育”“提升专业艺术教育”“改进师范艺术教育”，即“高校美育要以艺术教育的改革发展为重点，紧紧围绕高校普及艺术教育、专业艺术教育和艺术师范教育三个重点领域，大力加强和改进美育教育教学”。事实上这就触碰到一个核心观点，厘清了一些难题，即审美教育是一种与审美意识、审美理想、审美高尚趣味、审美价值观密切联系的以德育人的人格教育。换句话说，艺术教育工作者同样要认识到审美教育的价值意义，需要进一步提升对于美育的认知，提升自己的审美意识和审美教育的能力。

（三）缺乏依靠的困惑

常人理解中所有艺术类的课程都属于美育课程范畴，这一方面是因为将美育简单等同于艺术教育，另一方面是人们对于纯粹的美育理论课程持有一定的怀疑。

一般高校认为已开设足够数量的美育课程，实际上主要是艺术类课程，这些公共艺术教育课程既有艺术技能教育课程也有一些审美类的公选课程。但是一般高校从事艺术教育的教师通常缺乏归属感和坚强的支撑体制，其地位显然不如专业艺术院校或美术学院、音乐学院、舞蹈学院等艺术学院的教师。而高校专职从事美育教学的教师数量很少，他们在面对众多自认为从事美育的艺术教育工作者时，发现无论是课程量还是影响力，自己都显得微不足道，国家所倡导的美育与他们心目中预想的更是大相径庭。他们希望自己至少是审美教育中的排头兵，却淹没在大量从事艺术教育的人员之中，所以难免倍感委屈。

如何改变这种状况，当然取决于提高开设美育课程尤其是美育理论课程的重视度，改变艺术教育完全等同于美育的观念，对专业艺术教育强化审美鉴赏和审美理论教育，使高校美育教师获得政策上的支持。

（四）交融性的分析

探讨高校的审美教育课程必然面临与专业艺术教育课程如何更好地融通的问题。其中关键所在是艺术教育工作者必须意识到自己已经肩负审美教育的重任，明了艺术教育是实施美育的主要途径，加强自身审美理论、审美知识和审美意识教育，从而在教授艺术技能技巧的同时，与审美理想、审美观念之间形成良性互动，强化学生的审美意识和审美认知，这是艺术技能教育追求的目标和价值所在。

进一步说，高校美育应该渗透到不同学科特别是文科的专业教育中，关切知识教育向人的本性、人的文化性和人的审美性发展，以实现人的审美心性的提升。而从事艺术审美理论、艺术鉴赏教学的教师，应该更多地学习艺术技能技巧，不能以一种空谈的审美概念来取代感同身受的艺术认知。美育固然可以包含社会美、自然美等广泛的认知，但通过艺术技能技巧的学习体验，是更能深入浅出地进行审美教育的。

（五）核心价值的强化

“新文科并非是一个‘横空出世’的新学科设立，而是立足并服务现实需要的全新开拓。”新文科建设必然触及艺术学科的改革发展，美育也需在新文科建设背景下进行提升、突破，强化其核心价值。对于艺术教育和美育，此前我们都有可能限于各自角度和利益不能全面认识。比如，美育工作者常被视为虚浮不落地，于是要求他们呈现可以度量的成绩，却忽略了检验美育的场域是精神领域，以德育人和以美化人需要恒久性与去功利性；而对于艺术教育工作者，如果仅以发表文章来衡定价值高低显然更为不妥。

新文科建设面向的是当代，是互联网时代和人工智能时代。我们一方面必须坚守对于新文科中的各个学科包括艺术学科的原有传统基础和成熟体系的尊重，另一方面又要使新文科适应当代，充分适应网络计算机和智能时代的要求，适应实践的需要，推进艺术各学科的交融和发展。尽管艺术的表现方式多种多样，艺术需要面对商业社会和市场变化，特别是面对媒介变化给艺术的传播和接受带来的诸多变化，但是越在此时越要强化艺术学科不同于其他文科的核心之处，即艺术审美。艺术审美是支撑和贯穿艺术的最有价值的独特所在，除此则无他物，因此美育就成为艺术学科须臾不可脱离的。其他学科需要增强对于人的重视，这是对人的教育的核心，需要以德育人，以美化人，那么艺术美成为其中最重要的因素，因此美育从这个基点扩大影响，扩大其核心价值也就无比重要了。

第四节　文化消费的消极影响

一、当代中国文化消费透视

在社会主义初级阶段，我们要进行社会主义现代化建设，而文化的建设是其中一个非常重要的方面。社会主义文化是激励和凝聚全国各族人民的重要力量，对社会的发展起着巨大的推动作用。而文化的内涵十分丰富，消费文化是其中一个重要组成部分。不同的消费文化决定了人们不同的消费需要，进而影响消费结构和消费观念等。目前。我国在消费文化方面存在诸多问题，其实就是没有用社会主义文化指导消费行为。从某种意义上说，还没有树立与社会主义初级阶段相适应的消费文化。长期以来，只是将消费作为一种经济学研究对象，在市场经济条件下，关注的是利润最大化，而没有将其纳入文化领域进行研究。不能仅仅关注于仅仅教会人们如何挣钱和花钱，还要使人们懂得合理支配和实用金钱，如何正确地消费。通过消费使自己成为与市场经济相适应，与社会主义初级阶段相适应的具有现代化思维方式的人。重视消费文化的建设，促进我国政治、经济、文化和社会良性发展。改革开放以来，我国建立起市场经济体制，人们的物质资源极大丰富。社会环境也由原来传统生活方式向现代生活方式转变，人们的观念和行为也在发生着改变，伴随着经济全球化的加快，国际交流不断增多，西方倡导的消费文化通过经济贸易和文化交流等方式渗透进来，逐渐影响着我国的消费群体。在这样一个特殊的时期，观念和文化在进行不断碰撞，形成了一些独特的风景。

（一）消费结构

消费结构是在一定的社会经济条件下，人们（包括各种不同类型的消费者和社会集团）在消费过程中所消费的各种不同类型的消费资料（包括劳务）的比例关系。改革开放以来，物质消费品极大丰富，商品短缺的状况得到极大的改观，消费结构出现了历史性的变化，由物质消费向精神消费转变。人们在解决了温饱问题以后，对于精神生活的需求不断增长。对精神消费的需求，起到决定作用的是物质基础。随着社会的发展，消费能力的增强，消费结构也在发生变化。

（二）消费观念

消费观念是人们对待其可支配收入的指导思想和态度以及对商品价值追求的取向，是消费者主体在进行或准备进行消费活动时对消费对象、消费行为方式、消费过程、消费趋势的总体认识评价与价值判断。当代消费文化正在从大众消费向充满审美和文化意义要求的消费过渡。文化的观念在商品的价值评估中起着日益重要的作用。产品的威信不是由物质的质量，而是由象征一文化质量所决定。如今，休闲、娱乐与文化已交织在一起，文化活动与娱乐活动已不再被完全分离开，同时，商品消费也融合在一起。

随着改革开放和市场经济的发展，我国居民的一般消费已经从吃穿用向吃住行转化。在消费支出中，服务、住房、买车的消费比例不断增长，基本生活品的消费比例明显下降，而一些投资消费，如股票、基金则成为消费热点，这表现了我国居民消费质量在逐渐上升。我国人们的消费观念在不断地发生变化，由原来的温饱型消费向高质量消费转化。

（三）消费方式

消费方式是消费观念及行为的统一体，是同主观意念或动机相联系的消费行为。在日常的生活中，人们总是会受到个人情感的驱使，对所选择的对象进行比较，找出最好的方案，实现权益最大化。在物质资源匮乏的时期，人们所能选择的余地很少，这是一种被动消费。当物质资源极度丰富时，能够满足人们的消费需求，体现了一种情感型的消费。随着改革开放以来，我国经济迅速发展，人民生活水平不断提高，摆在人们面前的商品也极度丰富，人们的消费方式开始由感性型消费向理性消费型转化。人们不再以自己的个人情感来选择如何消费，不是以价格的高低来判断是否消费，而是是否具有更高的性价比，向着选择式消费发展，即消费更好的服饰、更有营养的食品等，只在性价比相同的情况下，价格才起到选择作用，这是人们成熟消费的标志，表示向理性消费的转化趋势，这已是消费方式的主流。

二、大学生文化消费的特点

大学生这一特殊消费群体在文化消费的过程中表现出来的该群体所具备的独特的消费特征。

（一）大学生文化消费的经济来源主要是家庭

大多数大学生都没有主要的个人经济收入，还只能被看成是社会中的“准生产 - 消费者”，即一个即将投入社会生产建设却尚未有个人实际收入和独立消费能力的群体，只能依靠家庭的经济支援其生活和学习中各种文化消费的需要。大学正是培养这些准消费者们在不久的来走向社会创造财富和实现个人价值的重要过渡阶段，是充实个人思想、获得良好教育并形成价值观和人生观的关键时刻，不断在学习中汲取知识才是大学生在校期间的主要任务。因此家长在其能力范围内给予孩子经济上的帮助是十分有必要的。这样一来在大学期间就不需要考虑过多的金钱问题，方便大学生把更多的时间用在消化吸收所学的知识上，更有机会不断去充实自己的精神文化生活。

（二）大学生文化消费的比例逐渐增加

随着经济全球化和多元文化的发展，相应地也带来了文化的全球化，这些因素无形中也影响着文化消费市场的发展壮大，国民对于文化消费的需求也在不断增加。大学生作为引领文化潮流的先进群体，其消费价值观自然而然地也受到了这些因素的影响，文化消费占日常总消费的比值更是随着当前多元文化的迅速发展、文化消费市场的繁荣以及文化产品的不断创新而不断增长。本次调查也显示，越来越多的大学生意识到了文化消费的重要性，愿意在充实自己的文化生活等方面多投入更多的资金，用于追求自身文化素养的提升。由此可见，文化消费在大学生日常消费中的地位日益突出，越来越多的大学生意识到文化消费之于其精神层面的深刻意义，导致近几年大学生文化消费的比重呈现不断上升的趋势。

（三）大学生文化消费内容日益丰富

1. 大学生文化消费呈现出多样性

大学生文化消费主要包括娱乐型（享受型）文化消费和发展型文化消费，前者主要包括电视电影、旅游休闲、上网以及数字娱乐消费等等，后者主要指用于提升自身价值而进行的教育培训、图书讲座、文化展览、健身等消费。通过调查也显示构成大学生文化消费对象的物质形态和非物质形态的种类也越来越多，并走在了文化消费的前沿。当然，这与当前我国文化领域的改革步伐逐步加快、文化市场的不断发展、文化消费的渠道日益丰富、各种文化媒体的传播等原因有关，从当前文化消费形态的多元化我们也可以看出大学生如今的文化生活是丰富多彩的。

2. 新媒体文化成为大学生文化消费的热点

所谓的新媒体，是利用数字技术、网络技术，通过互联网、宽带局域网、无线通信网、卫星等渠道，以及电脑、手机、数字电视机等终端，向用户提供信息和娱乐服务的传播形态，也是媒体传播市场发展的趋势和方向。目前热门的新媒体种类繁多，包括数字电视、卫星电视、移动电视、博客、博客、网络电视、移动媒体、虚拟社区、电子信箱等。这些新型传播方式的出现对消费者尤其是大学生群体产生了深刻的影响，给其学习和生活带来了巨大的便利，使得大学生对这类媒体的消费也日益增多，影响着大学生对各类文化信息的接受和传播，也提供了更多的文化消费渠道。其中：

（1）网络文化消费

随着信息化时代的来临，网络这个虚拟的媒体已由曾经眼中的“奢侈品”普及到如今的千家万户。不置可否，网络所包含的大量数字信息使消费者足不出户就可以了解世界的包罗万象，而网络文化的兴起和迅速发展也已经是不争的事实，这些都彰显出虚拟世界的精彩。当今的大学生多数出生于 20 世纪 90 年代，此时的网络也已不是新鲜产物，因此，这一群体接触网络的年龄相对较早，多数在校大学生都拥有电脑这类上网设备并且有着较高的利用率。网络在空间上的便利性给大学生提供了更多的文化休闲、娱乐消遣等方面的选择，诸如观看电影电视文艺演出、与好友聊天对话、获得最新的文化资讯等，网络文化在大学生群体中普及度相当之高。作为一种新兴的消费类型，网络文化消费也逐渐成为大学生文化消费的重要渠道，调查显示，接近 98% 的大学生都有过网购的经历，并且多数大学生对网络销售产品持较为信任的态度，其中涉及文化产品和服务种类多种多样，满足了大学生各类精神生活发展的需要。网络文化产业正是得到了这类消费群体的支持，使得网络文化消费的发展空间无法估量。

（2）手机文化、广告文化等新型文化消费形式

随着科技的进步发展，文化市场也在不断地进行创新，一些新兴文化形式随之出现。调查显示，如今的大学生在手机文化上的消费日益增多。手机作为方便人们联系的工具，从最初被发明时候的黑白屏幕发展到现在的彩色超大屏幕，功能从最初的接打电话和发讯息发展到如今具备各种功能。

此外，广告文化也是影响大学生文化消费的一个文化形式。广告作为产品的一种宣传形式，借着如今媒体的迅猛发展之势，以各种创意并借助各种载体出现在消费者的视野之中，无形之中影响到了大学生选择文化消费产品或服务时的倾向，这些都值得研究者们的广泛关注。

（四）大学生文化消费注重理性与个性

1. 大学生文化消费以理性为主

作为有独立思考能力的个体，大学生虽然在心智上可能还不完全成熟，但也基本形成了自身的消费观，有着辨别物质需求和精神需求的能力，大多数大学生基本能够准确判断什么是自身所需，同时也在探寻适合自己需求、更能提升自身价值的文化消费形式。在对文化消费品的购买取向的调查中我们也发现，大学生在购买文化消费品时更多地还是看重文化产品的质量和实用性，在选择辅导机构的时候更看重的是机构的师资力量，说明大学生在选择文化消费产品时以理性消费为主，基本能够把握消费的“度”，在广泛的文化产品市场中，实用性文化消费产品倍受大学生的青睐。

2. 大学生文化消费追求时尚与个性并重

多数大学生在被调查选择文化消费产品的主要原因时选择了个人兴趣爱好这一因素，说明当前大学生正处于彰显个性、乐于表现自我的阶段，文化消费的个性色彩浓郁。此外，流行时尚也一直是大学生关注的热点，特别是随着新兴事物走进大学生的视野，时尚文化也成为大学生文化消费的主流，大学生崇尚流行但又不随波逐流，不搞盲目崇拜但喜欢别具一格，在文化消费上坚持时尚与个性并重。

而随着科学技术的革新，大学随着科技的进步发展，文化市场也在不断地进行创新，一些新兴文化形式随之出现。调查显示，如今的大学生在手机文化上的消费日益增多。手机作为方便人们联系的工具，从最初被发明时候的黑白屏幕发展到现在的彩色超大屏幕，功能从最初的接打电话和发讯息发展到如今具备各种功能，其中，以苹果手机（Phone）为首的智能型手机正引领着当前手机文化的潮流，催生手机向智能化方向发展的同时也吸引了众多大学生倾向于在这些消费上投入更多的资金，满足自身文化消费的需求。

此外，广告文化也是影响大学生文化消费的一个文化形式。广告作为产品的一种宣传形式，借着如今媒体的迅猛发展之势，以各种创意并借助各种载体出现在消费者的视野之中，

无形之中影响到了大学生选择文化消费产品或服务时的倾向，这些都值得研究者们广泛关注。

（五）大学生文化消费方式呈现出主动性

信息技术的革新促进了各类媒体行业的发展，给消费者带来了更广阔的消费选择空间，其中电子化媒体的交互作用改变了传统媒体所形成的主流文化占统治地位、传播者向接受者单向传递的状态，每一个个体都可以既是交互的主体又是客体。这种虚拟的媒体给消费者呈现出一个更为开放的空间，在此人们可以按个人的喜好选择文化产品或服务，有些文化消费形式比如网络消费已经不再受到时间、地点等方面的约束。而对于走在信息时代前端且易于接受新兴事物的大学生而言，其主动选择文化消费方式的空间更为广阔，与传统的消费方式相比也更加自由。文化消费方式的主动性更有益于满足大学生生活、学习和娱乐各方面的精神需求。

（六）大学生文化消费受环境影响较为显著

作为文化消费的一个基本要素，环境对大学生进行文化消费的质量好坏有着重要的影响。据调查显示，多数被试认为父母的消费习惯会影响自己的消费行为，周围朋友同学的消费喜好也间接影响自身的消费习惯和消费偏好，而大学生所处的学校环境以及校园文化的氛围也影响着大学生的文化消费观念的形成，此外，随着网络媒体的飞速发展，网络环境对大学生网络文化消费行为也有着直接或间接的引导作用。正由于周围各种或积极或消极的环境无时无刻不在影响着大学生文化消费的过程，因此，学会辨认环境对自身行为的影响，排除不良环境的干扰，进行健康的文化消费，对大学生而言是十分有必要的。

三、大学生文化消费存在的问题

大学生文化消费虽然呈现出较好的发展态势，但由于我国的文化消费起步较晚，文化市场的发展尚不成熟，文化产业也缺乏一定的规范性，都导致了大学生文化消费领域存在一些亟待解决的问题，足以引起教育者们的关注。

（一）大学生文化消费需求与消费结构存在不合理性

当前大学生文化消费在消费需求和消费结构上都显现出 些问题，阻碍了大学生的文化消费的进程，具体表现在：

1. 大学生文化消费的需求与供给不均衡

总体来看，当前市场上的文化消费产品和服务供给量不能满足大学生日益增长的文化消费的总需求，与当前大学生精神期待还存在一定的距离。而在知识经济的今天，特别是对于大学生这类拥有较高学历背景的消费群体而言，发展型消费的供应更有助于提高大学也是的知识水平和文化素质，那些能够提升大学生文化素质和精神思想的高质量文化产品的供给还相当有限，具有较高思想性和艺术性的优秀文化产品和服务还为数不多，造成大学生所能享受到的文化消费领域呈现出供求不均衡的现象，局限了大学生文化消费的发展。

2. 大学生文化消费的结构不合理

大学生文化消费的结构不合理主要表现在用于消遣和休闲的娱乐型消费较多，而用于提升大学生自身素养的发展型消费较少，内容层次上呈现出不平衡性。大学生喜好娱乐消费本无可厚非，但如今随着娱乐市场的不断发展，衍生出一些为适应市场需求而生产的低层次的文化消费产品和服务，娱乐消费也盲目追求外部的高档化和享乐主义，这种大众文化所呈现出的低俗性严重影响了大学生文化消费的选择倾向，使其偏向低层次的娱乐享受型消费而忽视能提升自身素质的高层次的文化消费，当然，除了与大学生自身消费水平和消费观念的制约相关外，也与当前发展型消费的供给不平衡等因素有关，而正是这些原因铸成了大学生文化消费结构的不合理性。

3. 大学生文化消费的发展还不够成熟

大学生文化消费发展的不成熟主要表现在其还是消费市场的准生产者，消费心理和素质都尚未成熟，容易导致盲目的消费行为。加之当前的文化消费市场也只处于发展初期，不具备成熟的市场机制，市场秩序也不够稳定。基于这些原因，往往导致大学生这类文化消费群体成为被生产者拿来利用和进行商业炒作的筹码，容易造成大学生陷入被动消费的局面。

（二）大学生文化消费内容存在质量低和浪费严重的问题

1. 大学生文化消费种类丰富但质量不高

大学生对文化消费的需求度较高，当前的文化消费内容和种类也十分丰富，大学生对自身文化消费的目的也有着较为理性的认识。但从实际消费习惯和消费情况来看，大学生的文化消费质量却相对较低，多数大学生在选择文化消费产品或服务时只一味追求个人的兴趣所向，满足一时之需，忽视对自身价值的培养和综合素质的提升。尤其是通过调查发现，大学生文化消费主要集中在有关消遣和实用型方面内容，对教育、科技等精英类型的文化消费投入仍有待提高。此外，当前的大学生对身体健康方面的消费尤为忽视，多数被试表示更喜欢在室内上网或娱乐而较少外出进行运动，在健身、旅游等项目上不愿投入太多时间和金钱，导致如今大学生的身体素质普遍较低，显示出亚健康的状态，这足以引起教育工作者们的重视。

2. 大学生对文化消费产品和服务的浪费较为严重

这里所指的浪费并非仅仅指被遗弃或被丢掉，也指当前大学生购买文化消费产品或服务的目的与实际消费行为发生了偏离，当前的文化消费品实际用途往往被忽视。很多家长在为孩子购买电脑的初衷是为了孩子进入大学能更好地学习，而实际情况显示，大学生平日主要用电脑来上网聊天、观看视频或玩游戏，偏离了学习目的这一轨道。再就是学校为学生提供的文化设施利用率较低，图书馆、体育场以及放映室这类的校园公共文化场所都得不到充分利用，这种“英雄无用武之地”的现象也应受到学校和社会的关注。

（三）大学生忽视对传统文化消费媒介的利用

随着新兴文化传播媒体的出现，信息的传播模式有了根本性的改变，从原本的单方面接受传统媒体提供的信息转变为有选择地接受信息，并且可以向外界传播信息，使得文化有了更全方位的传播途径。虽然传统渠道在文化信息的传播中仍扮演着重要地位，但由于这些新媒介迎合了大学生的对新鲜事物的兴趣，使其盲目追求新媒体带来的文化消费，在追逐新鲜刺激的同时忽视书籍报刊、户外、广播这些传统的文化消费方式，导致这类文化消费品的购买率相对较低。

（四）大学生文化消费过程呈现出一些不良倾向

1. 大学生文化消费存在炫耀式消费倾向

所谓的炫耀式消费，是指新兴阶层中，一部分成员为了证明自己的财富，从而获得更多有利资源（财富和人际等）并同时保持相应的身份、地位和尊荣以及各个阶层和各个群体内部成员为了满足自身欲望，获得满足感，展示自我个性和时尚，塑造自我认同和群体认同而进行的一种对炫耀性商品的浪费性、攀比性、歧视性或区别性的消费观或消费行为。从炫耀式消费的概念中我们便可以看出其与大学生群体间的共性，在如今的文化产品市场中，创新、时尚、个性都是大学生选择文化消费产品或服务的代名词。虽然调查显示，多数大学生有着较为理性的文化消费观，但是从实际消费情况来看，这种标榜品牌的消费行为仍不在少数，网上也传播着当下所谓“富二代”的各种炫富行为和败家行为，无一不对大学生的消费观产生影响。此外被品牌符号充溢的文化消费市场也时刻影响着大学生文化消费的选择倾向，导致部分大学生忽视自身实际需求而盲目追求这种攀比浪费的炫耀式文化消费。

2. 大学生在选择文化消费产品或服务时有盲目崇拜的倾向

当前社会娱乐文化市场丰富而多变，也造就了偶像明星的大量涌现，一部电视剧、一场比赛、一个事迹，都可能引起人们对其的赞赏和关注，更容易吸引大学生对其的倾慕和崇拜。尽管明星崇拜的现象早已不是新鲜事，大学生拥有几个自身心仪的偶像并无可厚非，但随着消费市场的发展，请明星代言产品越来越成为商家谋利的途径，而大学生这类不成熟的消费者更容易被迷惑而盲目购买一些自己偶像代言的产品，恰巧满足了商家的利益。有个别大学生更因盲目追求偶像而不惜花费大量资金投入到追星行列中，严重影响了其正常的学习生活。

（五）大学生文化消费环境良莠不齐

1. 当前我国文化产品和服务市场的商业化和低俗化问题严重

随着时代的进步，为适应全球经济的高速发展，国家开始重视文化体制的变革，也使得文化产业的发展越来越迅速，文化产品的种类日益丰富，文化市场的发展逐渐繁荣。但是我们也应该看到，我国的文化市场还在发展初期，无论是在市场秩序还是市场管理方面都还不够完善，这就无意中使得一批商家提供了趁机谋利的机会，他们打着文化产品的旗号肆意炒作，夸大产品的效用，或利用华丽的包装和虚假的广告吸引消费者的关注，使得消费者深受其害，也影响了其文化消费的积极性。此外，由于文化产业的缺乏良性的管理，文化消费市场也存在低俗化的问题，使得一些低俗的文化产品和服务在市场上大行其道。由于消费水平的限制，多数大学生表示并不抵制购买盗版的图书和音像制品。越来越多的KTV、网吧、游戏厅等娱乐场所出现在学校周边，多数都缺乏健康的管理机制，导致低俗文化泛滥其中，而大学生为追求一时的娱乐消遣，尤其容易被这些低俗的消费环境误导，形成消极的文化消费观，进而影响到大学生身心的良性发展。

2. 网络文化环境异化导致大学生表现出消极的网络消费行为

随着电子设备和网络的不断更新与发展，当前大学生日常的生活和学习中与网络的联系也不断加深，网络文化也影响着大学生的网上行为，但这也随之产生了一系列值得我们注意的问题。如今的大学为学生上网提供了各种便利，但是大学生自身缺乏对上网时长的控制，往往因沉溺于网络而忽略日常的休息，打乱了正常的作息时间，从而影响到正常的学习。对于一些沉迷于网络游戏的大学生而言，网吧还是其网络消费的主要场所，这种环境对大学生有着十分消极的影响，大学生因网游而花费大量金钱、忽视学业的现象时有发生，更有些学生为此而实施偷窃抢劫，这些都足以引起我们的警惕。随着网络购物掀起热潮，大学生成为网络文化消费的主力军。然而网络也是一把双刃剑，一些不法分子试图利用网络的虚拟性实施网络诈骗，还有一些商家利用虚假的信息或低廉的价格吸引大学生消费者的注意，实际却在销售假冒伪劣产品，使大学生容易蒙受损失。此外，网络所承载的信息量繁多复杂，由于难以得到精细的筛选和深度的净化，其中难免充斥着一些低俗不堪的内容，刺激着大学生的感官世界，间接增加了大学生网络道德失范行为的发生概率。

3. 当代高校对校园文化建设的投资力度较弱

学校作为大学生日常学习和生活最亲近的场所，校园内部文化氛围以及学校周边文化场所和环境的优劣都对大学生文化消费行为有一定的影响。通过对校园文化设施的满意度调查来看，当前大学生普遍对校园文化满意度不高，认为校园一些公共文化设施建设不够完善，部分资源分配不合理，学校外围环境也存在秩序较乱的局面，这些问题都需要学校管理者们给予重视。

第七章 当代高校美育的发展策略

第一节 加强社会主义核心价值观引领

一、高校德育工作改革创新的基本理论

（一）高校德育工作的目标定位是提高大学生的思想政治素质

高校思想政治理论课肩负着用马克思主义中国化的最新成果武装大学生、推动社会主义核心价值体系建设、帮助大学生正确认识我国国情和改革发展稳定现实问题、促进大学生提高政治鉴别力和增强政治敏锐性、培养高素质人才的重要职责。高校德育有其重要性，但在功能定位上应恰如其分，既不能随意拔高，又不能无所作为。不能一般地要求培养青年马克思主义者，而应放在着力培养提高思想政治素质上。

（二）高校德育工作课程性质在于政治性与科学性的内在统一

一方面，高校思想政治理论课课程既是科学，又是意识形态，意识形态建立在科学基础上，但又不是纯粹的科学教育。另一方面，思想政治理论课课程本身也是文化课，但又不是一般意义上的文化课，不能忽视思想政治理论课课程的意识形态教育功能。在思想政治理论课与有关素质教育关系上，思想政治理论课与大学生综合素质教育要有机结合，成为综合素质教育的一个有机组成部分，着重培养思想政治道德素质。强化高校思想政治理论课课程在大学生思想政治教育中的主渠道地位，着力宣传马克思主义中国化最新成果，用社会主义核心价值体系引领大学生思想。

（三）高校德育课改革的思路是教师主导性与学生主体性的有机统一

从教师主导性看，马克思主义理论要使学生信，首先教师必须自己信，教师一定要真懂、真信、真用上下功夫，在教学方面，着力解决课程教学的针对性、实效性、吸引力、感染力，力求使大学生对马克思主义理论的一般性的认知转化为理性认同，从认同升华为信仰，再从信仰转化为自觉的行动，实现知、信、行的有机统一。同时更要求教师在行动上律己做人，身教重于言教，让学生在教师的一言一行中感受到马克思主义理论的真谛，信服马克思主义理论的现实价值。从学生主体性看，思想政治理论课就是做人的工作，人的素质不仅是思想政治理论课的前提，而且也是思想政治理论课的目的。人是思想政治理论课的中心、出发点和基础，也是思想政治理论课的目的、归宿和根本。

（四）高校德育工作改革的基础在于内容与形式的不断与时俱进

思想政治教育教学应充分凸显“学马列要精，要管用”根本理念。“要精”关键是使学生真正把握马克思主义的精髓和基本原理，运用马克思主义的立场、观点和方法分析和认识问题，树立正确的世界观、人生观和价值观，确立建设中国特色社会主义的共同理想。“要管用”，就是要紧密联系不断变化的社会现实和学生的思想实际，回答大学生关心的重大理论和现实问题。

（五）高校德育改革的基础在于不断强化科研与学科建设

科研工作是学科建设的基础，是提升思想政治理论课教师综合素质、稳定教师队伍的平台，更是提升思想政治理论教学质量的核心。思想政治理论课的学科建设要为课程建设和课程教学服务，应结合思想政治理论课教育教学实际，凝练课题和研究方向，作为学位课建设的方向和重点。由于思想政治理论课课程中的很多内容在中学甚至小学就已经接触过，如不能从新的视角、新的高度、达到新的层次、新的水平，教学根本无法受到学生的欢迎。必须对一些理论和实际问题有自己的研究，对自己讲授的内容真正理解并有深刻体会，在教学大纲的指导下，同教材形成一种既统一又有区别的关系。通过科研扶持提升教师参与科研攻关的意识和参与度，不断增加思想政治理论课教学中的科研含量。从而真正促进和保证思想政治理论课教学质量的提高。

二、用社会主义核心价值体系引领高校德育课堂的有效途径

要增强用社会主义核心价值体系指导高校德育的针对性和实效性，就必须在探索有效途径上下功夫。

（一）充实内容，贯穿社会主义核心价值体系精髓

由于思想政治理论课具有强烈的意识形态，因此，在思想政治理论课教学中，要以社会主义核心价值体系为主要内容，坚持以马克思主义为指导，开展人生观、价值观、道德观和法制观的教育，引导学生树立高尚的理想情操和养成良好的道德品质，树立社会主义核心价值观，树立体现中华民族优秀传统和时代精神的价值标准及行为规范。开展党的路线、方针和政策的教育，开展中国革命、建设和改革开放的历史教育，开展基本国情和形势与政策教育，使学生坚定对马克思主义的信仰、坚定对中国特色社会主义的信念、增强对改革开放和现代化建设的信心、增强对党和政府的信任。教学内容和课程体系改革是永无止境的，不会一蹴而就。教学内容注重时代性与前沿性、教学目标突出理论性和思辨性、教学手段改革围绕实效性这样做法传授给其他教师特别是青年教师。现在相关老师包括青年教师在进行相关基础课程教学中，既能讲授基础理论，也能注重学术前沿与课程建设动态介绍给学生，以提高学生对最新理论知识的掌握；同时将课堂教学目标锁定在学生理论思维和分析能力上，用案例教学和讨论式教学方式，以提高学生对现实问题分析能力的锻炼；提高学生的学习兴趣和对原理内容的理解和把握。

（二）改进方法，努力提高政治理论课教学的吸引力、感染力和实效性

教学实践证明，提高思想政治理论课的吸引力、感染力和实效性，关键是要改进教学方

法和更新教学手段。虽然传统的灌输式、说理式教学方法对于知识的传输和解惑具有不可忽视的作用，却难以达到吸引和感染当代大学生目的，实效性也大打折扣。为适应青年学生的特点，帮助他们实现对马克思主义基本理论“知—信—行”的提升和转化，推进学生学习由被动到主动，由无味到有趣、由认知到信仰的转化，教师教学由应对任务到主动服务，由“备课”（课程知识）到“备人”（教学对象）、“备法”（教学方法），由“课堂”到“生活”（社会实践和“第二课堂”）的转变，不仅提高了思想政治理论课的吸引力、感染力，也大大提高了课程教学的针对性和实效性。

三、用社会主义核心价值体系引领高校德育第二课堂的有效途径

（一）氛围营造，推进校园文化建设营造

学生、学校、家庭、社会融为一体的核心价值教育氛围。营造良好的学习环境和优良的学风，学生会自觉地、不自觉地接受良好文化氛围的熏陶。校园文化具有导向、育人、凝聚、开发等重要功能，良好的教育环境可以强化学生学习动机。优秀的校园文化与高校德育教育之间关系密切，相得益彰。德育教育有利于引导校园文化建设的发展方向；而优秀的校园文化为提高德育教育的实效性创造了积极的文化氛围。优化教育环境，促进学生成才，是思想政治教育工作的基础性工作。为此，我们一定要精心营造好育才环境，精心培育校园精神。目前已被人们所认识并已在实践中的校园环境和校园文化建设、校风师德建设、学校社团建设、社会实践活动、学生的生产实习以及全社会、家庭对学校德育的支持与参与，都是行之有效之举。

（二）人格完善，深入开展大学生心理健康建设

建立心理疾病预防和危机干预机制，构建包括学校、学院、班级、宿舍、家长、个人和社会专业医疗机构在内的七级心理危机预防与干预体系，形成行政管理和业务指导相结合的工作体制；成立校、院两级学生心理健康教育社团，定期举办班级和寝室心理委员专题培训，建立考试合格上岗制度；建立心理咨询信息管理系统，定期开展心理健康教育宣传活动。

（三）改进大学生党建团建工作

大学生作为极其具有活力和创造力的群体，加强他们的社会主义核心价值体系教育是高校学生党建工作中重要的环节。要通过对广大学生党员进行社会主义核心价值体系教育，进一步发挥他们在大学生德育中的骨干带头作用和先锋模范作用。要以建设社会主义核心价值体系为契机，创新学生党支部活动方式，丰富活动内容，增强凝聚力和战斗力，使他们成为开展德育工作的坚强堡垒。

（四）多元并举，网络德育平台建设

互联网的迅速发展，极大地冲击着传统的政治态度、思想观念、道德观念和价值取向。因此我们必须紧跟着时代前进的步伐，遵循网络思想政治教育的基本原则，寻求德育建设的基本途径。

1. 加强教育网站的建设

面对政治理论课的吸引力、感染力，也大大提高了课程教学的针对性和实效性。网络对德育建设带来的机遇和挑战，我们必须抓住网络德育建设的主动权。建设一批有吸引力的网站，用正确、积极、健康的思想文化占领网络领地，并以鲜明的思想丰富的内容吸引人们的注意力，增强网络的感召力。

2. 健全教育运行机制

强化网络监控管理，对良莠不齐的网络信息进行过滤保留一些健康，积极的思想；同时建立网络反馈制度，通过网络及时了解学生的思想动态，及时捕捉学生中存在的思想问题并采取针对性的解决方案。

3. 加强网络教育队伍的建设

使广大的高校德育建设队伍大力提高自身的网络技能和水平，研究网络德育建设工作的特点、规律和方法，增强工作的针对性和实效性。

（五）拓宽渠道，强化社会实践工作

1. 大学生社会融入的目标宗旨

社会实践是大学生走向社会的一个重要环节，也是教育与实践相结合的具体体现。其宗旨可以概括为“受教育，长才干，作贡献”，受教育是前提基础，长才干是受教育的落脚点，作贡献既是学生在社会实践过程中的积极作为，又是长才干过程中的积极表现，从长远看则是最终目的和归宿。当今社会的竞争是人才素质的竞争，随着人才被推向市场，大学生要适应时代的要求，不仅要具有扎实的专业知识和高超的业务水平，更需要通过社会实践来提高综合素质。改革开放以来，我国高校大学生社会实践取得了很大成绩，然而由于社会资源相对有限，还远远不能满足在校大学生积极投入社会实践的需要，社会实践在大学生中的普及率仍然较低。以互联网为代表的网络信息技术给高校大学生社会实践工作带来了机遇。网络作为信息传播的新媒体，其高效、快捷的特点深受高校学生的欢迎，浏览网页、通过互联网交流信息已成为大学生日常生活的重要内容。网络对大学生的思维方式、学习生活方式、接受信息形式都产生了重要影响。同时，网络拥有海量的资源优势，在继承和发扬高校思大学生社会实践传统的基础上，按科学性、时代性、实效性和主体性原则，将社会实践活动同网络有机结合起来，开展高校网上社会实践，让更多大学生能投入到网上社会实践中来，才能满足其成长成才的需要。

2. 实践教学环节的设计指导理念

课堂实践教育和网上实践教育相结合。理论课实践教育是在教师的指导或引导下，通过学生亲身参与而产生直接感知的学习、研究和实践环节相结合的动态性教学过程，包括课堂实践教育和网上实践教育两种形式。

首先，课堂实践教育是根据课程性质以及相应的教学内容确定的一系列课内实践教学环节，如课堂讨论、案例分析、主题论坛、课堂辩论、课堂演讲、情境再现、专家讲座等。在这一系列教学实践环节中，学生主动查找、准备资料，积极参与讨论、辩论，思考问题，分析案例；积极参加课堂演讲、主题论坛，提出问题、分析问题；积极参与前沿性讲座和学术

活动；开展以课堂讨论为中心的“听、看、读、议、写”活动，将过去那种单纯的“老师讲、学生听”的“满堂灌”的灌输式教育转变为启发式教学。具体做法是把“听、看、读、议、写”五种方式有机结合，构建一种全方位的立体教学模式，使学生真正能够达到“动情、动心、动脑、动口、动手”的“五动”状态。学生在老师的指导下撰写的许多小论文在公开刊物发表，在各类征文竞赛中获奖，培养学生运用所学理论分析实际问题的能力。

其次，网上实践，通过开展网上图书资料的收集、研读、讨论、总结，再根据自己的兴趣、特长，在教师的指导下，整理、分析资料，提出问题，分析问题，并提出解决问题的对策和思路，完成多媒体专题课件的制作。利用网络制作多媒体课件，使学生们学习和查阅了大量资料，拓展知识面和提升理论水平。学生们充分发挥自己的聪明才智，制作形式多样、创意新颖的多媒体课件。

第二节　构建美育德育一体化课程

一、高校美育课程内容框架设计

（一）理论与实践两部分内容

高校美育课程是针对所有专业大学生开设的公共基础性课程，因此选择的课程内容不应太过专业、晦涩，理论知识部分只选择基础的理论知识就好。高校美育课程应包括基础理论和审美实践两部分内容。学生只有学习了理论知识才能指导审美实践，因此，理论知识的学习是进行审美的前提条件。反之，只有通过审美实践才能更好地理解理论知识，美育应更加注重实践在课堂教学中的作用。高校美育课程要树立学生正确的审美观，培养学生的审美能力，丰富学生的感性世界，从而实现人格的完善。这些目标的达成都需要通过审美实践活动来实现，学生只有在审美活动中才能得到发展。通过欣赏多种美的事物，提高审美判断力和鉴赏美的能力，进而使学生能够辨别美丑，树立正确的审美观。因此，在课程内容的选择与组织上，要遵循理论与实践相结合的原则。基础理论部分应包括美学与美育的基本理论知识，以及各种类型美的基本知识。实践部分包括各种美的鉴赏和创造活动。这两部分的内容不是相互割裂的，而是相辅相成融合在一起的。

（二）美学理论知识的内容

美学是哲学的一个分支，其主要的研究对象是美和艺术。高校美育课程是面向全体高校学生的课程，因此应选择最基本的美学知识。美学知识的学习是为审美鉴赏与树立正确的审美观奠定基础，在选择美学知识时应选择有指导意义的入门知识。学生通过对美的基本知识的学习，认识什么是美、美的特征、形态和范畴，才能做出审美判断，才能树立正确的审美观。因此，在美学基础知识的学习中，应有美的本质、美的形态、美的特征和美的范畴等内容。美学其他部分知识的学习，如审美经验、审美情感、审美趣味、审美创造等方面的知识，大多是从审美心理的角度来分析人的审美活动，探析人的审美活动的产生与发展。这些知识太过专业化，对人正确审美观的确立、审美能力培养和人格的完善作用不大。并且这些理论知识多集合了各家之言，在学术中还没有形成定论，作为美育内容来学习也太过晦涩艰深。

（三）美育理论知识的内容

美育基础知识的学习在高校美育课程内容中虽不是主要地位，但也是有必要的。之所以说美育基础知识不是课程内容的主要部分，是由于高校美育课程并不只是针对师范专业的学生开设的专业课程，没必要进行系统学习。可选择美育基础性知识进行学习，加强学生对于美育的认识和了解。之所以说美育基础知识的学习是有必要的，是因为现今人们对于美育还存在很多误解，大多将美育视为德育的手段，或者简单地认为美育就是学校开设的艺术课程，无法正确且全面地认识和了解美育。在美育基础知识的选择上，应遵循基础性的原则，目的是使学生认识和了解何为美育。因此，美育基础知识应包含美育的含义、美育的途径和美育的功能等知识。

（四）各种类型美的理论与审美实践的内容

高校美育课程主要是通过审美活动来实现，因此各种美的鉴赏与创造是其课程内容的主要部分。要想对各种形态的美进行鉴赏，前提条件是要认识和了解各种美的基本知识。通过对各种美的含义、特征、形态、要素等知识的学习，积累一定的理论知识，为审美实践奠定基础。美的形态可以分为自然美、科技美、社会美和艺术美，高校美育课程内容的审美实践部分也将从这四个部分选择。由于自然美和科技美的审美创造很难在课堂教学中实现，因此在审美实践部分主要是对自然美和科技美的鉴赏。社会美可以通过对自身形象的塑造来实现审美创造，艺术美可以通过艺术创作来实现审美创造。

由此可以得出高校美育课程内容的基本框架如图 7-1 所示。

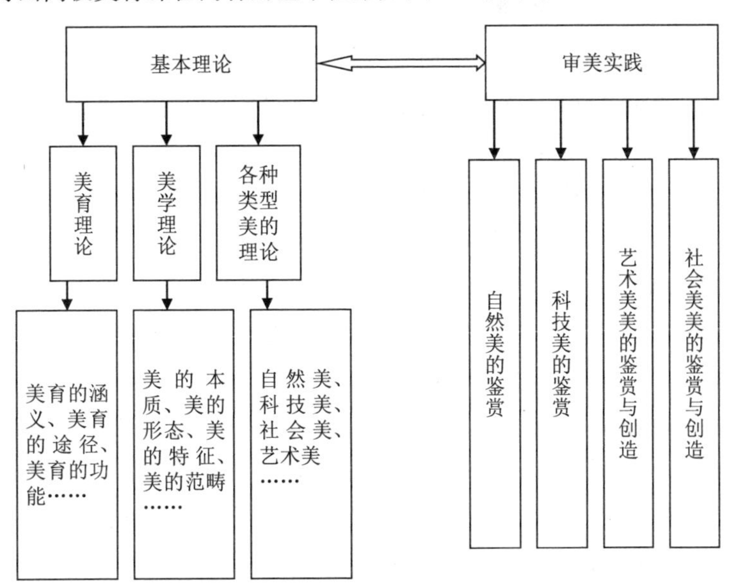

图 7-1 高校美育课程内容基本框架

首先，高校美育课程内容的基本理论和审美实践内容是相互融合的关系，在课程内容的组织时要避免出现两部分相互割裂的状态。其次，图 7-1 只是展现了高校美育课程应当具备的内容，在具体课程实施中，可以有所侧重，也可以有所添加。如在审美实践部分对自然美、科技美、艺术美和社会美的鉴赏与创造，可以全都涉及，也可以有所侧重的选择一种美的形式作为课程的主导，其他部分为辅。最后，在基本理论部分对于理论的学习也可以根据课程时间、学生审美素质和课程内容安排等情况，适当增加或减少。

二、注重审美实践内容的设置

高校美育课程的审美实践内容主要包含了审美体验和审美创造两部分内容。

（一）审美体验内容的设置

审美体验是指审美中主体心理、情感投入、体悟、拥抱对象的心理活动和审美经验。其过程是通过直觉、认知、想象、理解、移情，发现对象与自我的精神需要、观念、价值、情感、情绪同一性、相似性，其结果是在对象的情感交流中产生感同身受、同情、愉悦、欢乐等情感情绪，乃至产生高度兴奋、物我两忘的高峰体验和美感极致。审美体验的获得需要主体对审美对象进行观察、触碰或聆听，以直观形象的方式呈现给学生。因此，审美体验主要通过对美的事物的欣赏来实现。

要增强学生的审美体验有两种方式：一是在课堂教学中适当增加审美实践活动所占的比例，将基本理论的讲授与审美实践活动相融合，在基本理论的讲授中也有审美实践活动。通过数量的积累，来达到质的飞越。二是通过精心筛选和安排作为审美对象的内容，从而带给学生最好的审美体验。在有限的课堂教学中为了能使学生有更好的审美体验，就要选择符合大众审美标准的具有代表性的美的事物。同时，选择贴近学生生活的事物，容易与学生情感上产生共鸣，从而增强学生的审美体验。

（二）审美创造内容的设置

审美创造是人有意识地创造美好事物的心理活动、实践行为和创新成果。可以看出审美创造可以是心理，也可以是行为的。现今高校美育课程中的审美实践活动多数只是停留在审美体验这一环节。教师在课堂上通过多媒体播放图片、视频或音乐的方式，让学生去欣赏作品。教师通常会对作品的创作背景、作者的背景、作品的意蕴和手法等做阐述，很少从审美的视角引导学生欣赏。学生对于作品也多是认知方面的学习，较少怀着审美的心态对作品进行体味。即使学生对作品有自己的观点也很少有机会表达出来，学生的主体地位在课堂教学中很难显现。教师可以通过以下几种方式多给学生提供审美创造的机会。

1. 在进行作品欣赏中引导学生进行审美创造

在审美过程中通过对事物的欣赏，产生自己对于作品的感受、理解与评判，同样是审美创造的表现。教师可以在呈现作品时适当地引导学生进一步的思考，如询问学生对作品的理解，作品给他们带来的感受，或认为事物之所以美的原因。

2. 可以通过布置课后作业的形式来弥补课堂教学审美创造的不足

教师可以针对本节课内容，给学生安排适当的作业。需要注意的是：作业的内容要是学生感兴趣的，能够引起学生创作的欲望；同时要考虑到学生所拥有的资源，用到的工具需要是每个学生都有的；作业的形式要更加的大众化，考虑到全体学生的能力。

三、注重内容的综合性

美育本身具备综合性的学科性质，是由美学、教育学、文学、艺术、心理学等多个学科交叉形成。同时，美育内容需要在美的事物中进行选择，而美的事物范围较为广泛，囊括所有领域的各个方面。因此，美育内容的选择和设置必然要突出其综合性的本质。下面对高校美育内容如何实现综合性提出具体的建议。

（一）课程内容的空间综合

高校美育课程内容的综合性从空间的角度来说，可以理解为选择多个民族、多个地区的文化成果作为美育内容。现今世界各国文化、经济和政治之间交流频繁，网络的发达也使人们不断地接触来自世界各地的文化思想与内容。人们处于多元文化的背景下，已经是一个不争的事实。

在对中国传统文化和其他民族文化进行选择时，需要注意以下几个问题：

1. 在对外国文化进行选择时，要选择与中国传统文化有较大差异的主流文化

选择差异较大的可以跟我国传统文化形成明显的对比，使学生拥有完全不同的视野。选择主流文化的原因是：

（1）各民族文化在形成和发展中，多是在一种或几种文明影响下形成的，因此有些民族之间的文化有相似之处，选择有代表性的民族文化即可。

（2）主流文化在世界上占据着主导地位，作为社会生活中的一分子，有必要加强对主流文化的认识和了解。亚洲地区的文化大多受中国传统文化的影响，且并不是主流文化，结合前两点考虑可以选择欧美文化作为大学美育的内容。

2. 在选择中国传统文化内容时，应注重文化内容的时代性与新颖性

传统并不是指“旧”和“古老”，中国传统文化并不是只存在于几百前的作品中。现今文化是由“传统”发展而来，在当代文化产物中都可以看到“传统”的影子。一个民族的文化通过不断的发展变化才能保证其生命和活力，中国传统文化也是如此。美育在让学生了解中国传统文化的同时，也要让学生认识到现今中国在多元文化背景下自身的文化形态，以及在传统与现代的碰撞中人们做出的尝试。同时选择具有时代性的文化产物贴近学生的生活，能够引起学生的学习兴趣。

3. 在进行中外文化思想比较时，要注意对其进行客观的阐述

（1）教师要做到不能将自己主观的想法强加给学生，学生要通过自身的判断形成自己的观点，这样有助于学生自我意识和判断力的提高。

（2）指出双方文化在相互碰撞交融中，受到来自彼此的影响所产生的变化。往往本土文化对外来文化进行吸收和借鉴时并不是照抄照搬，而是将其同化形成具有本土色彩的文化产物。使学生在了解中国传统文化的同时，学会尊重不同民族的文化，看到各民族文化之间的相互融合，从而形成正确的多元文化理念。

（二）课程内容的学科综合

高校美育课程内容的学科综合就是指美育内容由不同学科领域的知识组合而成。美育内容可以是不同形态美的综合。美育内容是从美的事物中进行选择，美的形态包括自然美、社会美、艺术美和科技美，美育内容可以从以上不同领域进行选择。美育课程内容的设置可以是以上四种美的内容的组合，也可以是只选择一种或几种的组合。在进行美育内容的设置时不必做到面面俱到，都有所涉及可能会使各部分内容都不深入，因此选择一到两种为主其他为辅最为合适。

选择一种美的形态的内容作为主导性内容，将另外几种形态美的内容融入其中，这样的课程逻辑性强，课程结构清晰。根据教师自身的专业情况和学校情况有所侧重地选择美育课程内容，从一个角度入手其他各种形态美为辅。如以社会美为中心进行课程内容的设置，将艺术美、自然美和科技美的内容融入其中。社会美中涉及自身形象美和生活美，形象美包括服饰设计和搭配，生活美包括室内装潢和家具用品的设计，这些内容都与艺术相关，可以将艺术美的内容渗透到社会美中。社会美中有关生活环境和休闲娱乐的部分，生活环境也包括自然环境，如林中木屋、海滨别墅、草原的蒙古包等，人生活在大自然之中，社会美也涉及自然美的内容。现今科学技术发展迅猛，科技产品在生活中无处不在，给我们带来了诸多便利，已经成为日常生活必不可少的一部分，因此社会美中也可以融入科技美的内容。这些内容都与现代生活息息相关，更能与学生引起共鸣，加深学生对于各种美的感受。

有些高校是非综合性院校，如工程类、政法类、医学、师范等不同类型的高校。高校中的教师大多从事一个领域地教学和研究，则可以根据教师自身情况选择教师擅长的专业作为美育内容。使美育课程成为专业课程体系中的一部分，既可以提高专业课程的趣味性，增加学生对本专业学习的兴趣，又可以使学生从美学角度加深对于本专业的了解。这种模式的不足在于会降低课程内容的丰富性。美育与各专业相结合的模式，可能会使课程中心不好把握，过分注重专业教学会阻碍美育目标的实现。这就需要教师对美育目标有准确的认识，使专业知识与美学知识相互协调。

高校美育课程在现实情况下受到师资和教学资源的影响下，可能无法实现多个领域内容的综合。当今高校开设的美育课程，多是特定艺术形式的鉴赏类课程，这些课程趣味性强，受到广大学生的喜爱，如影视鉴赏、绘画鉴赏、音乐鉴赏等课程。可能在课程内容类型上略显单调，但可以从风格、年代和流派等方面增加其多样性，使学生获得较为全面的审美感受。

（三）课程内容的时间综合

高校美育课程内容的选择从时间的综合性来看，是指美育内容的选择要兼顾时代性与经典性。大学生是大众文化的主要受众群体，也是走在时代前沿的一代，他们追赶时尚并创造时尚。高校美育课程内容要想能够引起大学生的兴趣，必然要选择具有时代特性的美的事物。选择具有时代特性的审美对象，一是可以从社会生活中进行选择。如现今流行的服装款式、家居用品的设计、学习用品的设计等，生活中的方方面面都有艺术的痕迹。这些事物与学生的生活密切相关，能够引起学生的兴趣。流行的事物并不都是美的事物，通过教学可以正确地引导学生理性对待潮流。二是可以从艺术领域中进行选择。艺术源于生活，是现实生活的升华。选择现今艺术作品，不仅使学生了解现今艺术发展的情况，还能够透过作品体会背后反映的社会现实。除了选择具有时代特征的内容外，还要选择经典性的美育内容。首先，与那些瞬息万变的时代潮流产物不同，经典是经受了时间考验，是被各个时代、各个阶层的人认可的美的事物。这些美的事物经久不衰，给人带来最震撼的审美体验。其次，教育需要在有限的时间内，传授学生最有价值的知识，美育同样如此。人类自存在起就开始了探寻美的道路，留下了众多作品。高校美育需要在其中选择精华，才能最大程度地实现教育目的。

四、将美学理论与审美实践的内容相结合

美学是专门研究美的科学，随着多年的研究和探索产生了一系列关于美和审美的理论。不同学者从各个角度揭示美的本质，探索审美活动中的各个方面，指出审美与各个领域之间存在的关系。美育与美学有着紧密的关系，美育是审美的教育，是学生通过审美活动了解什么是美和如何审美的过程。美学作为研究美与审美活动的科学，是进行审美活动的理论基础。审美实践活动需要在美学理论的指导下才能更有效，审美实践活动才有所依托。

（一）课堂教学中的理论与实践相结合

在现今的高校美育教材和教学中，美学理论大多与审美实践相分离。教材中涉及美学理论的知识大多在前两章，审美实践内容则分布在课程的后半部分。学生进行学习时由于前面的知识已经隔得时间较久，在审美实践活动时已经无法将美学理论知识与审美实践活动相结合，不利于将美学理论应用于审美实践之中。

1. 在进行真正审美实践活动之前先对何为美进行初步的认识

通过对美的本质、形态、特征和范畴的学习，使学生对“美”有基本的认识才能真正开始审美实践。在学习这些理论的同时要结合审美实践进行，使枯燥乏味的理论知识更容易被理解和记忆，并能通过审美来验证理论的真实性。需要指出的是，基本的美的理论并不只是出现在课程的开始，它还要出现在课程的全过程，教师要有意识地将其与之后的审美实践活动相融合，加深学生对于理论的理解与运用。

2. 在审美实践活动中进行美学理论的讲解

如对自然界中一棵松树进行欣赏的同时，引出一个美学中有关审美对象的理论：面对同一个审美对象，所持有的态度不同就会有不一样的结果。朱光潜曾指出，假如一位木商、一位植物学家和一位画家，三人同时来看这棵松树，三人看待树产生的想法会完全不同。木商会从使用的角度考虑如何使用它，植物学家会想到松树的植物特性与类属，而画家会以审美的角度欣赏它。通过这种方式在欣赏松树的同时，讲授相应的美学理论知识，使学生进一步了解何为审美。除此之外，松树可以给人带来苍劲有力、坚强不屈的感受。如何解释这种对于审美对象拟人化的感受，可以通过立普斯的“移情作用”来说明这一现象。

（二）课堂教学外的理论与实践相结合

除了要加强课堂教学中美学理论与审美实践相结合外，还要通过课外教学的方式进一步实现理论与实践的结合。课堂教学中的审美实践虽然与文字论述相比较为直观，但也不是跟

审美对象的直接接触，大多是通过多媒体进行呈现。为了能给学生带来更加直观的感受，可以通过实地去参观画展、观看话剧、去电影院欣赏电影、参加音乐会等方式丰富高校美育课程内容。教师的课堂教学环境本身不利于审美活动的展开，置身于画展、音乐厅、剧院等环境中，感受其中特有的艺术氛围，人自然会用审美角度去体会，这能给学生带来更好的审美体验。带领学生走出校园去参观是一种方式，另一种方式是将高校美育课程与高校现有艺术资源相结合。开设了艺术专业或设立艺术团的高校，应充分利用现有的艺术资源。将高校美育课程与艺术团或艺术学院举办的活动相结合，让高校美育课程的学生也有直接接触艺术作品的机会。

美育必须通过审美实践活动带给学生不同的审美体验，才能实现其提高学生审美能力，促进学生感性世界发展的目的。因此，美育课程应以审美实践为主，辅以必要的美学理论知识的讲授，将审美实践与美学理论知识融合在一起。这种方式对教师的要求较高，需要其不仅具有审美的敏感性，还要具备较好的美学基础，能够将理论与实践很好地融合在一起，用通俗易懂的方式表述出来。需要指出的是，在审美实践中虽然要与美学理论相结合，但也不能过分注重对理论的讲授，使课堂变得晦涩艰深，削弱了学生的审美体验。这对一位教师来说无疑是一种挑战，但这种方式的教学能够收到最佳的教学效果，因此值得做出尝试。

五、在学科渗透中落实“大美育”理念

美育不仅是美育课与思政课的任务，也需要在其他学科中加强美育。

（一）言传身教，让教师成为传播美的使者

敬爱师长，是中华民族的传统美德，“学高为师，身正为范”，三尺讲台上的优秀教师就是学生的榜样。在日常的教学活动中要重视发挥教师的示范作用，除具备本专业的教学能力之外，还要不断提升高校教师的综合素质。大学生与中学生不同，学习与生活的大部分时间都在校园中进行。所以教师不仅要在上课时做好榜样，还要在行为举止、着装谈吐、精神状态等各方面言传身教，引导大学生树立健康、正确的审美观。教师的一举一动、一言一行都尽收学生眼底，作为教师应该从点滴细节做起，衣着得体、举止文明、语气温和。同时，还要用渊博的学识、无私奉献的精神、高尚的道德情操帮助学生树立正确的思想观念，起到榜样作用。

（二）将“大美育”的思想落实到位

将美育功能巧妙地融入各个学科之中，让美育更加立体，从而促进学生人人崇尚美、向往美。首先，在日常的教学活动中融入美育思想，从一点一滴做起，从养成良好的行为习惯做起。按时上交作业、认真学习、不迟到早退、举止优雅、言行得当。其次，可以将审美教育与德育有机结合起来，通过言传身教在潜移默化中使学生树立远大志向，对人生有目标，做一个有理想、有追求的当代大学生。

（三）在教学内容上引导人们向往真善美

以文学、数学、外语专业为例，文学相关专业可以经典诵读为突破口，推进书香校园建

设，逐步将读书融入自己的生活之中，潜移默化地养成阅读的习惯，起到陶冶情操、美化人格的作用；数学学院的学生可以将数学问题生活化，让学生体会到数学对我们生活的作用，感受数学的魅力；外语学院可通过欣赏国外原声电影、阅读原著欣赏世界文化之美。与此同时还可以做中华文化的传播者，让更多留学生喜欢中国文化。其实美无处不在、无时不在，需要教师与学生都有一双善于发现美的眼睛。美育需要环境、需要氛围。美育不仅是艺术专业的事，构筑良好的美育环境全方位促进学生审美水平及能力的提升需要各个学科专业的老师与同学一起努力。

第三节　完善体制机制

一、加强主体认知引导

（一）自觉加强文化修养，提高审美认知

审美认知在审美活动中形成，并在审美个体的审美活动中起支配作用。当代大学生只有提高自身的审美认知，才能够形成正确的审美心理，进而抵御外界的冲击，避免出现审美偏差。“美育者，应用美学之理论于教育，以陶冶感情为目的者也”，这要求美育的开展要以一定的美学理论为指导。

大学生要通过自觉加强文化修养，主动接受美学理论知识的熏陶以提高自身审美修养，并且能够有计划、有目的地根据自身成长和发展进行自我教育，形成符合自身个性的审美特质。大学生在发现美、认识美、创造美的过程中如果缺乏美学理论作为审美指导，对美的理解往往就会停留于事物表面的认知，形成盲目、空洞、肤浅的审美，缺乏更深层次的感受与理性思考的升华，因此当代大学生应自觉加强文化修养，努力提升自身美学素养，树立正确的审美认知和审美心理。

（二）正确认识践行美育，发挥“综合中介”作用

“现代教育改革的中心课题是克服所谓‘智商’测试为标志的‘唯智主义’，走向人的全面发展。”当代的到来，以素质教育代替应试教育已经成为人全面发展的必然选择，美育作为素质教育的重要组成部分，其“价值和功能突出体现为对德智体其他各育的渗透协调作用，是德智体各育的‘综合中介’”。

在素质教育中，美育与德智体劳既相互区别又相互联系，既相互渗透又相互促进。在德育中运用美的方式，将理性的道德灌输转化为生动的形象，使道德说教转变为道德情感；在智育中通过美的启发，激发大学生学习的热情，在追求美的过程中发现科学真理；在体育、劳育中通过美的建设，使大学生达到健美的体魄和身心的健康。面对中华民族伟大复兴的历史重任，大学生需要的不仅仅是科学知识和专业技能，也需要有其他各育的有力支撑。因此，

要充分发挥美育“综合中介”作用，使大学生在思想品德、知识技能、生理心理都得到自由和谐的发展，从而培养出全面发展的当代大学生，为实现伟大的中国梦持续发力。

二、美育教育当代转向

（一）加快美育理论与美育实践融合

美育对高等教育而言有着不可替代的作用，但当下的教育过程中美育存在着理论与实践相脱节的情况，想要系统有效地实施大学生美育，应加快美育理论与美育实践的结合，通过理论与实践的结合增强当代大学生美育的实效性。在开展美育教学过程中不仅要高度重视第一课堂的建设，通过对美育课程的丰富与创新，为大学生提供充分的美育资源，还要注重与第二课堂的衔接，通过结合大学生自身特长与优势，精心策划并开展各种形式的美育活动，将美育理论植入美育实践中，引导学生到文化馆、博物馆、戏剧院等场所，积极参与书画、文学、艺术等实践活动，在实践过程中来欣赏美、感受美、体验美。同时也要积极开发地方美育课程资源，因地制宜地将地方文化、非物质文化遗产等美育资源引流到当地高校的课堂与实践中，形成课堂教学与课外实践相结合、普及教育与专业教育相促进的融合教育，从而达到知行合一的学习效果，使大学生自身的特长和优势得到充分的施展发挥，丰富大学生的人文精神生活，提高大学生的审美能力，使他们在融情于景的活动过程中潜移默化地接受美的熏陶与感染。

（二）推进美育课程向课程美育转变

“凡是学校所有的课程，都没有与美育无关的。”美育不应仅仅局限于美育课程，而要在教学活动过程中开展以美育为主题的学科教育，充分挖掘各学科中的美育元素，将学科美育元素进行有机整合，实现由美育课程到课程美育的转变，形成富有成效的美育协同育人课程体系。在教学设计上，教学目标要以塑造德智体美劳全面发展的当代大学生为立足点，教学内容要以充分挖掘并发挥学科美育素材效用为重点，教学评价上要以学生精神面貌的改善和人文素养的提升为标准。在教学过程和方法上，教师作为传道授业解惑的引路人，要熟知教材同时了解受教育对象，做到教学过程中的“真”，时刻以立德树人、培养大学生全面发展为目标，践行教学过程中的“善”，只有达到“真”与“善”的统一，才能展现出为人师表的风度美、人格美，并促进大学生课堂中的视听效果，增强教学实践“美”的意蕴。为此要改变各个学科的教学思路，丰富和完善课程美育的实现形式，释放课程美育的活力，将各个学科按照美的规律来塑造，使课程美育更好地适应当代的发展需要。

三、审美精神超越本性

（一）技术附庸回归人文价值引领

科学主义思潮给人类生存、经济发展带来了巨大的推动力，当下的社会运作机制也日趋社会化、精确化、自动化，这深刻改变了大学生的思想观念、交往实践和生存方式。“‘文明’和‘规训’使现代社会的日常生活越发地趋向于工具理性化，人的情感、价值等非理性因素被压抑和忽视”，而美育则从“人的自由解放和生存质量提升”的高度有力回应了技术理性片面发展所造成的人性失衡。通过拓宽美育的活动载体，构建家庭、学校、社会三位一体的美育合力，从而全方位、多层次地提高大学生的审美能力和审美情趣。

一方面，要积极引导大学生追求高雅的艺术生活，通过家庭美育为大学生扣好人生第一粒扣子，通过学校课程美育的涵化、高雅艺术进校园等活动的开展感染陶冶大学生的情操，通过音乐厅、剧院、博物馆等固定的文化设施来开展社会美育，形成高尚的社会风貌，使大学生得到艺术化的人生，平衡技术理性的冲击。

另一方面，要引导大学生追求感性的艺术境界，使大学生自觉向道德境界和天地境界的“实然”方向发展，努力摆脱技术理性所产生的物质、世俗、功利的附庸，在现实生活中获得精神的愉悦和诗意的人生。

（二）美育融入学生职业生涯规划

职业生涯规划是大学生步入社会前的必修课，是大学生对自身条件进行综合研判与权衡后，根据个人职业倾向所确定的规划奋斗目标。当下“大学生自身培养目标过于‘功利化’易造成‘单面人’状况”，因此要实现审美能力的培育，必须从敬业奉献、契约意识、工匠精神等方面引导开展职业生涯规划，使大学生全面认识自我，充分考虑自身实际情况，明确自身兴趣与优势，发挥专业技能特长，“引导大学生在就业中实现物质财富与精神财富、个人价值与社会价值的统一”。此外，大学生也要在社会实践中体悟美的崇高价值，通过参观革命圣地、参加志愿服务等，提升大学生对爱国、敬业、社会责任感等价值观的理解，领悟劳动的价值，通过社会实践使大学生体会到幸福是奋斗出来的，“让劳动最光荣、劳动最崇高、劳动最伟大、劳动最美丽蔚然成风”。

四、坚定文化自觉自信

（一）以中国特色社会主义先进文化筑牢文化自信根基

随着全球化的不断深入，世界各国文化相互交融，当代要结合大学生的精神文化需求，紧扣学生发展目标，充分发挥中国特色社会主义先进文化的美育作用，筑牢中华民族文化自信的根基。“五千多年文明发展中孕育的中华优秀传统文化，在党和人民伟大斗争中孕育的革命文化和社会主义先进文化，积淀着中华民族最深沉的精神追求，代表着中华民族独特的精神标识”，这一文化体系中包含了中华民族深邃而精炼的审美认知和审美观念，如“修身、齐家、治国、平天下”的优秀传统文化，“红军不怕远征难”的革命文化，“鞠躬尽瘁为人民”的社会主义先进文化，这些都彰显了中华美德和民族精神。

中华民族美育思想博大精深，源远流长，当代大学生的美育要从中国特色社会主义先进文化中汲取养分，结合基本国情、社会发展和时代需求赋予美育新的时代内涵与践行方式，同时运用喜闻乐见的方式感染大学生，综合利用网络、新媒体、慕课等多种途径开发美育的形式和载体，积极引导广大学生正确认识历史的发展规律，准确把握我国的基本国情，高扬民族精神旗帜，弘扬民族风骨个性，传承民族文化基因，不断展示中国特色社会主义的道路、制度、理论、文化之美，不断强化当代大学生的文化基因认同、民族认同，不断增强当代大学生的民族自信心和自豪感。

（二）讲好中国故事，引领文化新风尚

在21世纪的今天，信仰失落、人性扭曲、价值虚无的问题日益凸显，“如果‘以洋为尊’‘以洋为美’‘唯洋是从’”,“热衷于‘去思想化’‘去价值化’‘去历史化’‘去中国化’‘去主流化’那一套，绝对是没有前途的！”当代要讲好中国故事，通过扎根时代生活，以中国故事为抓手，充分挖掘、提炼中国故事背后的中国基因和中国精神，让中国故事感染学生、影响学生、感动学生，让当代大学生在中国故事的鲜活事例中感受中国发展建设之美，使中国故事的精神凝聚当代大学生的爱国情怀和民族情感，激发大学生的民族认同，提高国家软实力。“我们要坚守中华文化立场、传承中华文化基因，展现中华审美风范”，表达中国内涵，引导大学生运用当代中国的视角回顾中国的历史、世界的历史，用当代中国的眼光展望中国的未来、世界的未来，“通过美育这一现实的手段融入国人的血液之中，慰藉着现代中国人的心灵，支撑着国人的信仰世界”，实现对文明冲突论以及西方中心主义的超越，引导当代大学生真信、真学、真懂，知行合一，以中国思想、中国思维、中国理论总结中国经验，彰显中国话语。

五、实现高校美育协同进化

高校美育资源的分布不平衡，直接影响着不同区域内美育发展的不平衡。要解决高校美育资源分布不平衡的问题，一方面需要政府和教育主管部门调整美育资源的分布，合理分配；另一方面，不同地域、不同类型的高校之间应当建立协同共生机制，促进不同地域、不同类型高校之间对于美育资源的优势互补，提升各高校间美育资源的共享力度。

（一）合理分配高校美育资源

高等教育的不同生态区域由于思想观念、经济发展水平不同，其高等教育资源的分布也不同，美育资源的分布也同样受限。在我国，一些比较发达的城市，由于其发展比较迅速，公众思想观念普遍超前，一些优秀的艺术院校，知名的艺术人才汇集于此。而且，这些城市高校的美育资源就相对充足。无论是美育师资还是美育教学设施设备，相对来说都更加完善。虽然没有差异会导致高校美育的重复建设和资源浪费，但是差异过人则造成了高校美育发展的失衡，这在一定程度上影响和制约着教育系统的良性发展，不利于高校美育整体的持续发展，影响我国高校美育的整体水平。所以出于保证整个美育生态系统的平衡考量，必须对美育资源进行合理的分布调整。这就需要用宏观调控的手段，必要时采取行政干预的方式，使不同生态区域的高校美育优势互补、协调发展。各级政府应当提高对于美育育人功能的认识，积极调整高校美育资源在地区内和高校间的合理分配，加强对薄弱地区和薄弱高校的资源流动。

（二）促进高校间协同进化、实现优势互补

由于一个地区、某一所高校拥有的美育资源毕竟有限，但是不同生态区域、不同高校的资源却具有很强的互补性。因此，要使高校美育取得良好的效果，不同地区、不同高校之间

必须不断进行动态交流，实现优质美育资源共享。“积极消除因各地区经济发展不平衡等原因而导致的美育资源供应上的差异，在教育生态学上具有重要意义，它有助于各地区的教育生态系统平衡发展，使不同地区的个体都能有平等的机会接受同样良好的教育”。例如，针对目前高校美育师资短缺、美育教师专业素养偏低的状况，江苏省各高校之间就成立了高校公共艺术教育师资培训基地，针对目前高校开设的公共艺术课程，陆续举办了音乐与舞蹈教师培训班、戏剧与影视教师培训班、美术与书法教师培训班、美育与艺术理论教师培训班等，服务于公共艺术教育教师培训。

（三）优化美育生态环境，促进高校美育持续健康发展

高校美育生态环境的优化需要上下联动、内外协同。

1. 从政府层面来说

应当为高校美育资源的建设提供一个相对良好的制度环境。高等教育的发展方向受制于国家政策的引导，所以，美育能够在高校实施也需要国家教育制度的引导，为其创建一个相对公平、宽松的环境。只有这样，才能为高校美育的发展争取更多有利的资源，为其找到合适的生态位，从而保证高校对于美育系统物质、能量、信息等的输入的稳定与持续。另外，针对目前已颁布的《公共艺术课程指导方案》中存在的对于美育课程的结构不明确、方法不明确、评价无标准等问题，国家应当细化现有美育政策方案，为美育在大学校园的顺利开展提供更多、更细致、更有操作性的准则，支持高校美育的发展。

2. 对于各高校来说

（1）应当不断加强对于美育育人功能的认识，充分了解美育在人才培养中的重要地位，成立实体性的美育教研机构，拨付专项经费，并按照要求配齐配足美育师资。

（2）各个学校应当根据自己的实际状况，明确美育在学校不同阶段的发展状态。一方面充分利用本校优势力量，结合美育需求开设独具本校特色的美育课程。另一方面，积极加强与不同类型高校之间的联系，充分结合彼此优势，取长补短，互助互益，打破花盆效应，促进美育资源共享力度，为美育在高校的开展争取更多的资源，促进高校美育的持续健康发展。

3. 从教师层面来看

作为高校美育资源中的关键资源，其对于高校美育资源的建设也存在着巨大的影响。美育教师是美育思想的传播者，也是美育思想的建设者，学生通过美育课程接受美育教师的教育，提升自己感受美、欣赏美、创造美的能力。所以，美育课程内容的好坏、方法的适当与否都直接来源于美育教师专业素养的高低、认识程度的高低。针对当前我国高校美育开展的实际状况，首先，美育教师应当不断加强对于美育教育教学规律的认识，不断加强对于美育知识的学习，拓展学习视野，不断提升自身专业素养，提高个人专业水平。其次，美育教师应当认真调查、了解当前学生对于审美教育的需求，明确美育的对象，合理设置美育课程，正确掌握科学的美育教育教学方法。“上下同欲者胜”，只要各级政府、各高校和美育教师都重视美育、关心美育、支持美育资源生态化建设，不断扩大美育资源的有效供给，同时注重美育资源的平衡分布和有效利用，经过若干年的努力，我国高校美育生态一定会有大的改观。

第四节　提高教师美育素养

注重大学美育的品质发展，既是大学文化发展的必然逻辑，也是“大学人”自身发展的共同愿景。在现代中国社会的发展中，美育正担负并扮演着较之以往更有意义的任务与角色。它使人的情感具有文明的内容，使人的理性与人的感性生命沟通，从而使人的感性和理性协调发展，塑造一种健全的人格。其“不仅是为着简单的政教目的服务，而是具有了人类学意义上的个性解放、人格开放、完善现代生活质量的意义。”

因此，高校美育教师能否以一种世界性的眼光来审视高校美育的发展现状，能否在深入探究、挖掘美育所具有的人文内涵和价值基础上，充分借鉴中国美育思想与国外美育教育成功经验，实现美育方法论与美育实践的有机结合，对学生群体能否有效增进人与人之间的相互理解，能否真正融入、有效地服务现代社会。

一、教师自身的美学素养和实施美育的能力

作为教学活动的主要实施者，教师自身美育意识的淡薄，审美能力的低下，势必造成发现美、传递美能力的缺失，自然会阻碍美育的开展，不利于学生综合素质的形成及完美人格的塑造。因此，高校美育师资队伍建设在强化个体自身综合素养的同时，更应强调教育资源的优化整合、资源配置最优化，强调团队成员间的优势互补、合作共享与互融作用。应针对目前存在的诸如运行机制缺乏前瞻性、系统性与周密性的特点，课程体系、育人理念、师资结构不足等问题进行解决。

公共艺术教育是学校美育工作的核心组成部分，它的教学水平和开展状况直接影响着美育工作的成效。高校应加强学科统筹，“走出去，请进来”。在推进学校艺术学科与其他相关学科的有机融合层面，强化真正的美育是将美学原则渗透于各科教学后形成的，兼顾知识和发展，旨在提高学生整体素质的教育理念。中国艺术研究院的李岩先生，曾对时任中华民国南京临时政府教育总长的蔡元培所提及的属于“美育”教育课程的，诸如图画、游戏、唱歌等内容分析后有定论，认为“他所言称之‘美育’，是一种‘大美育’。”因此，高校美育课程体系应在整合各个学科的特长和优势基础上，整合多地高校、地方艺术院团、艺术家、民间艺人等多方力量，多渠道充实美育资源配给，形成育人的合力，更好地发挥美育对于“立德树人”的特殊功能。联合和依托各级文化部门，充分利用当地各种文化艺术场地资源，开展艺术教学和实践活动。依托国家实施的“宽带中国”战略，加强美育信息化建设，扩大优质教育资源覆盖面，建立开放灵活的艺术教育资源共享平台，让全校师生都能感受到优质美育资源的当下美育改革的燎原之势。

二、完善美育评价体系

当代高校美育评价体系是全面加强和改进当代高校美育工作的应有之义。当代高校美育

评价体系建设要从思想引领、体系健全、方式创新及技术支撑四个方面着力推进，努力培养心灵美、形象美、语言美、行为美的当代青少年。

（一）立德树人理念引领高校美育评价观念

高校是培养具有崇高审美追求与人格修养的高素质人才的主阵地，提高高校美育工作质量刻不容缓，这就离不开系统全面的美育评价体系。习近平与北大师生座谈时指出："要把立德树人的成效作为检验学校一切工作的根本标准，真正做到以文化人、以德育人。"美育评价体系作为高校美育工作的组成部分，"立德树人"既是检验其科学性、全面性、客观性的根本标准，又是明确其改进方向的指导理念。当代高校美育评价应将"立德树人"理念贯彻到评价过程的始终，以立德树人理念为指引，确保高校美育将"立德树人"作为自身工作的根本任务。因此，必须将"立德树人"作为美育评价体系的根本标准，这是培养具有崇高审美追求与人格修养的社会主义建设者和接班人的根本遵循。

"立德树人"是当代高校美育工作的根本任务。"树人"是指教育要以人为本，促进个人的全面发展。当代高校美育评价体系要以全方位育人的理念为指导，更加注重对大学生美育实践及人格修养的评价。全方位的高校美育评价体系既包括对学生参加艺术审美实践和练习艺术专项特长的评价，又包括对大学生道德品质与人格修养的评价。应该鼓励学校与社会公共文化艺术场馆、文艺院团合作开设美育课程。整合校内、校外资源开展美育实践活动。校内外美育资源是大学生参与美育实践的必要条件，全方位评价体系是高校美育质量的重要保障。高校要组织大学生每年定期参加艺术审美体验的实践，可以由老师带队组成大学生艺术审美体验团队，参观博物馆等场所，让大学生实际参与到这些场所的工作中。大学生在参加美育实践后，要完成美育实践体验报告。带队老师根据学生在美育实践体验过程中的行为表现与体验报告的水平对学生美育实践进行评价。此外，高校要充分挖掘本地特色美育资源，将特色美育资源融入高校美育工作，培养学生掌握当地特色艺术，提升学生的审美素养。

（二）校内自评与校外他评相结合

评价并不是外在于人的纯客观过程，而是参与评价的所有人，特别是评价者与被评价者共同作出的，是不同主体交互作用的"产物"。当代高校美育评价体系的构建包含从学校领导到学生的校内自评体系与从政府到社会的校外他评体系两大方面，力求美育评价主体的多元化与美育评价内容的多样性。校内外相结合有助于丰富高校美育评价的内容与评价主体，为构建当代高校美育评价体系提供综合支撑。

在校内，学校领导要走进美育教学、管理和校园美育文化建设等各项美育工作中。只有实际参与学校美育过程，学校领导才能对本校美育质量给予比较全面的评价。学校领导在发现本校美育工作漏洞时，要尽快形成美育评价报告，及时召开美育工作改进会议，出台本校下一阶段美育工作的改革方案。评价报告及拟定的美育改革方案都要在学校官网公示，达到评价工作的公开化、透明化。教师要根据自身职责从不同角度对学生审美与人文素养进行评价。美育教师既要对学生课上艺术知识与技能进行评价，又要对学生课下审美实践表现进行评价。另外，美育教师是落实美育工作的主力军，还需要对美育教学资源进行评价。教师通过在教学过程中掌握和使用美育教学资源，对本校美育资源是否充足进行评价。辅导员通过大学生在日常生活中的行为素养与人格品质去评判他们的审美追求与人格修养的提升，每次评价都要将大学生入学初的审美与人文素养水平作为参考，着眼于对大学生美育素养提升的长期性评价。学生评价以同学互评为主，学生根据对同学的接触与了解进行互评。同时，要求学生参加对老师、学校美育工作质量的评价。

在校外，国家教育部门要制定规范高校美育评价的相关法规，制定全国统一的高校美育评价标准，从全局上把控我国高校美育评价建设。地方教育部门应要求高校在学年结束时上报本校校内美育评价年报，以检验其校内美育评价成效。同时，各地教育部门应组织聘请美育领域的专家学者，组成专家团队，深入高校内部考察调研，改变以往单纯地审阅美育工作材料的传统方式。通过专家团队实地考察，结合对政府教育部门大数据平台中的数据进行分析，对本地高校美育工作作出综合评价。高校应与社会第三方评价机构开展深入合作，签订合作协议。第三方评价机构根据行业要求与自身评价标准，建立独立于政府与高校之外的评价体系。第三方评价机构通过更加专业化的评价体系，以政府和学校评价的薄弱之处为发力点，给予高校美育工作客观评价。此外，第三方评价机构经由高校许可，可派出评价小组入驻高校内部，这些小组可以不定期对高校美育教学、管理和文化建设进行评价。通过长期入驻，这些小组才能够对高校美育工作进行客观合理的持续性评价。

（三）打造注重大学生长期发展的过程性评价

传统的高校美育评价更关注大学生美育评价的量化结果，不能深度把握大学生审美素养与人格修养的持续性发展情况。当代高校美育评价体系需构建尊重大学生美育发展目标、契合美育长期性特点、注重大学生审美素养与人格修养动态提升的过程性评价。

高校要构建基于大学生美育发展目标的过程性评价，尊重其审美素养的个体差异。我国高校美育的最终目标是培养具有崇高审美追求与高尚人格修养的高素质人才。在这一总体目标要求下，高校应尊重大学生的个体性差异，有针对性地制定大学生美育的目标。在大学生入学时，辅导员需与学生进行沟通，制订大学生个人的美育培养方案，商讨大学生期望达到的审美素养与人格修养目标，使高校美育评价的标准和大学生美育的现实诉求同频共振。在校期间，高校根据双方商定的方案与目标进行长期培养。辅导员可随时与大学生进行沟通，调整学生某一阶段的短期美育目标，使其更加合理，有助于实现大学生的自我预期。在大学生毕业时，对大学生是否达到入学时制订的美育目标进行评价，既保证了大学生成为国家所需求的高素质人才，又尊重了大学生审美水平的个体差异。同时，高校要构建大学生从入学到毕业的过程性评价，发挥美育评价的长效作用。辅导员在大学生入学之初要建立其审美素质和人文水平档案。一学年的美育培养对大学生的审美素养提升很有限，因此，要把学生每一学年的美育评价存档作为长期评价大学生审美素养提升的依据。高校应建立大学生从入学到毕业长期性的美育评价档案，对大学生审美素养进行持续性的评价及指导，并将大学生入学时水平与毕业时水平相比较，准确地把握大学生审美素养发展与人格修养提升的长期过程。此外，高校还须建立本校毕业生审美素质和人文水平信息库，对本校毕业的大学生进行长期追踪记录，定期对往届毕业生进行抽样线上回访，巩固高校美育成果。

美育是心灵教育，其效果很难用外化的艺术知识与技能去完全地呈现。因此，高校要构建注重大学生审美素养与人格修养动态提升的过程性评价。要进行过程评价和多元评价，关键在于突破单一的数量评价体系，引入其他成长性指标因素，对学生的成长过程进行评价。美育教师在教学过程中对大学生的课堂表现及时给予评价，实现教师和学生间的互动协商。这一评价不是对学生课上积极性的比较，而是对每个被评价的学生个体本身“过去与现在”的成长变化进行比较，有针对性地提升大学生的审美素养。辅导员要对大学生从入学到毕业、从周末到寒暑假、从课上到课下的审美表现与人格品质进行评价。过程性评价不是只从过程出发而不关注对结果的评价，相反，辅导员关注大学生接受美育后审美素养与人格修养动态提升的过程性与成长性结果，如大学生在现实生活中对是非善恶的判断能力、学生的想象力与创造力及大学生的历史观、文化观等方面。大学生审美素养与人格修养动态提升的幅度才是衡量大学生审美素养与人格修养成长发展的主要标准。

（四）构建科学精准的美育评价大数据平台

高校美育评价体系涉及的评价内容丰富、数据繁多，传统的评价方式难以全面覆盖。“美育评价＋大数据”将成为必然趋势。应构建全国性的美育评价大数据平台，发挥大数据评价科学精准的优势，为构建当代高校美育评价体系提供技术支撑。

国家教育部门通过构建全国性的美育评价大数据平台，收录国内各地高校美育工作的数据，继而对高校美育工作进行分析评价。在美育教学方面，平台要收录高校美育教师课题组编写的本学年教学计划、教师个人教案及学生对教师的评价以保证对美育教学评价的真实性与客观性。另外，要对大学生参加审美实践体验以后形成的审美体验报告进行抽样调查，检验高校安排给大学生的美育实践体验活动是否落实到位。在学年结束时，还要对高校美育试题、大学生日常美育作业进行检查，防止高校美育工作出现僵化现象，避免高校美育工作流于形式。在美育管理方面，各高校应将本校的美育评价报告上传，并将制定的本校美育评价改革方案同时上传。结合专家对高校美育工作的调研结果，检验高校领导对本校美育评价的报告是否符合本校情况，其制定的本校美育评价改革方案是否有效推进。尤其需要检查其报告和方案中有关美育教师队伍建设标准、学生组织中学生干部的审美与人文素养的相关规定，保证学校美育从上到下组织管理的先进性。同时，更加注重辅导员队伍对大学生审美素养与人格修养的评价。各高校要将本校辅导员队伍撰写的大学生美育过程性评价报告上传到政府教育部门的美育评价大数据平台，加强对辅导员队伍美育评价工作的监督与检验。在校园美育文化建设方面，对高校评选的美育之星等学生榜样的个人信息和个人事迹进行审核，力求树立先进的美育典型，发挥大学生美育榜样在大学生群体中的带头示范作用。同时，开展大学生对校园美育宣传、美育氛围建设满意度调查，通过调查对校园美育文化建设进行全面评价。

三、优化美育教研团队

高校应以公共艺术课程教师为主导，以非艺术类公选课、学校专业课程教师为支撑，地方艺术院团、民间艺人、各地名师为补充，构建专、兼职美育教学团队。高校美育事关立德树人大局，高校美育教师应充分利用公共通识课程、公选课程平台，以美育高度惠及最大化受众群体，辅之以个性化的专业性相关课程、校园艺术活动，形成全科课程合力培养的美育改革之态势。在此基础上，积极调动学校优质美育资源的辐射作用，促进地方优秀传统剧种在学校的传承，建构能胜任具有中国特色的美育课程体系的高校美育师资队伍。

（一）提高教师的政治思想素质，坚持育人为本

百年大计，教育为本。党的十六大报告指出："要全面贯彻党的教育方针，坚持育人为本、德育为先，实施素质教育，提高教育现代化水平，培养德智体美全面发展的社会主义建设者和接班人。"美育不但起到陶冶情感、培养鉴赏力、提高修养，而且有益于脑部智力开发，是学生全面发展不可或缺的一部分，具有不可替代的重要作用。

当代大学生对审美判断的标准比较模糊，甚至发生偏差，受多元文化和价值观念的影响，对审美观念的思考和定位也发生了不确定性。所以，美育成为高校教育讨论的中心论题之一，我们要推进素质教育的关键，在于要把美育真正地与知识等各项教育做到相融，贯彻于整个教育体系过程。积极地适应与推进，让学生文化艺术涵养不断丰富，激发创造与创新的潜能，促进学生综合素质的全方位发展。首先，高校美育教师队伍要提高教师思想政治素质和职业道德水平，端正思想政治工作是前提；其次，正确引导学生树立社会主义核心价值观，并贯彻落实于整个教育全过程，培养全方位立体式良好师德师风养成，推动教师成为正确价值观的传播者，拥护党的支持者，学生健康成长的指引者。"德高为师，身正为范"，教书育人，全方位营造人文素质的教育环境，教以德为先，高校美育教师不仅要具备扎实的专业基础知识，更应该做到育人先育己，真正做到为人师表。提高教师自身美育修养，做到正身律己，在给学生传授知识的同时更好地传授做人的道理。

（二）提升教师综合素质、专业化水平和创新能力

当代社会，经济不断地快速发展，人民物质生活条件不断提高，在西方社会文化观念影响下，国民素质的提高显得尤为重要。目前，在实施科教兴国战略的当今社会中，高等学校艺术类教师队伍的建设正处在突出位置，高校美育教师队伍的综合素质建设也得到前所未有的重视。要构建社会主义核心价值观、增强大学生的社会主义核心价值观，就要改善创新大学生社会主义价值观的培育模式，这就要求美育教师不仅要具备较高的、全面良好的综合素养，并具备扎实的专业基础知识和精湛的教学水平，还鼓励专业教师加强实践教学学术梯队建设，建立健全实践教学管理机制。建立校内外实习、实践基地，充分发挥校内外资源，最大限度地开发教师的实践创新潜能，调动教师自主学习的积极性。

（三）实行线上线下相结合的混合式研修，深化教学改革，强化美育育人功能

网络教育是发展公平教育的有力手段，优秀师资是发展质量教育的重要保障，充分利用信息化手段，搭建国内外高等学校交流访学平台，通过多种途径提高高校美育教师的整体素质。适当运用新兴网络媒体，实现美育与思想政治教育的良性互动，将美育研究融入社会主义核心价值观的培育中，提倡因材施教，科学传授，有效开发每一个人的潜质，培养教师创新设计实践研究。

近年来，高校投入大量人力物力以多种形式鼓励、支持中青年骨干教师出国研修培训，积极派遣优秀教师出国深造，定期研修进修，培养具有国际化视野的师资队伍，提高教师的专业素养，均取得了一定的成效。

（四）构建科学的美育课程体系，培养高素质创新型的教师队伍

中共中央、国务院在《关于深化教育改革全面推进素质教育的决定》中明确指出：“实施素质教育，必须把德育、智育、体育、美育等有机地统一在教育活动的各个环节中。”由此可见，要想推进素质教育，美育是重要的组成部分，充分表明美育的地位和作用，也对未来开展推进素质教育给出了方向，具有重要指导意义。

高校美育是指利用自然美、社会美、艺术美等美的形态对大学生进行情感净化和性情陶冶，使大学生可以提高感受美、创造美、鉴赏美的能力，培养审美观念、审美情趣、审美理想的教育。通过派遣、合作、进修等培养模式，培养青年骨干优秀教师，发挥教师的创新能力，提高教师综合素质。开创多方面培养模式相结合的教师队伍建设理念，树立可持续发展的与专业人才培养目标相适应的校企合作运营模式，以科学的实验教学方法，进一步加强美育教育、专业实践能力和创新能力的培育，提高高校美育教育的水平。美育是高校素质教育的重要组成部分。美育也称审美教育或美感教育，是培养学生认识美、体验美、感受美，建立正确的审美观点，提高美的品格、素养、情操及创造力的一种教育。其特点在于以对事物的主观态度和外部情绪表现为媒介，通过多种方式路径在潜移默化中进行教育。美育有着自身独特的教育特性，是实现学生通往完整健康人格的重要路径，是人的全面发展教育中不可或缺的一部分。在素质教育的工作中，美育有着重要的地位与影响，是培养全面型发展人才的重要途径，正因如此，美育的未来发展也更加受到各级领导的重视，这也让各个高校的美育工作拥有了繁荣发展的美好前景。教育从思想的深处开始，美育教学是我国高等教育的重要组成部分。

随着我国全面推行素质教育国策，美术教育的发展已经是衡量其全面素质的标准之一，高校美术教育在新的历史时期面临新的机遇、新的挑战。当今时代的现实背景下需要各方面全面发展型人才，对于人才的培养方向也越加注重提升综合素质，因此美术教育受到当今社会空前未有的重视。陶行知先生说过：“千学万学，学做真人；千教万教，教人求真。”高校教师平时就要注意自己的言谈举止，以德为本，遵循教师的师德教育和行为规范，只有不断提升自己的思想内涵和艺术修养，才能更好地为祖国培养现代化高素质的人才。

参考文献

[1] 钱逊 . 正气浩然:《孟子》读本 [M]. 北京：中华书局，2015.

[2] 张岱年 . 中国哲学大纲（中国哲学问题史)[M]. 北京：中国社会科学出版社，1982.

[3] 周先进 . 荀子全本注译 [M]. 北京：中国文史出版社，2013.

[4] 任昱霖，陈声柏 . 先秦儒家人性论的起源、演变、争论及其当代价值 [J]. 自然辩证法研究，2019(4).

[5] 隋思喜 . 论儒家的礼乐文化及其当代重光 [J]. 华中科技大学学报（社会科学版)，2019(4).

[6] 王齐洲 . 论周代礼乐文化的快乐精神——以先秦儒家阐释为视域 [J]. 清华大学学报（哲学社会科学版)，2018(2).

[7] 关于全面加强和改进当代学校美育工作的意见 [N]. 人民日报，2020-10-16(4).

[8] 钟仕伦 . 高师院校美育工作评估标准及指标体系初探 [J]. 美育学刊，2016(6)：1-4.

[9] 朱丽，李卫霞 . 当代教育评价改革的伦理审思 [J]. 上海教育评估研究，2021，10(1)：7-11.

[10] 熊丙奇 ."四个评价"的意义与前景 [J]. 上海教育评估研究，2021，10(1)：21-24.

[11] 赵伶俐，温忠义 . 互联网 + 大美育课程论 [M]. 北京：北京师范大学出版社，2016：46-47.

[12] 叶泽洲 . 补偿与发展：高校美育课程设计研究 [D]. 重庆：西南大学，2019.

[13] 卢政 . 大学美育课程建设浅谈 [J]. 美与时代，2011(9)：112-113.

[14] 包莉秋 . 通识教育视域中的大学美育课程改革 [J]. 教育评论，2011(3)：69.

[15] 秦鹏燕 . 多民族地区高校美育实践探究——以玉溪师范学院为例 [D]. 昆明：云南师范大学，2017.

[16] 冉详华 . 大学美育课程的设计与操作 [J]. 黑龙江高教研究，2008(9)：177.

[17] 张占国 . 试论高校美育课程体系建设及教学问题 [J]. 北方工业大学学报，2002(2)：45.

[18] 麻华 . 新时代美育视野下普通高校大学音乐通识教育课程体系的建构 [J]. 艺术教育，2019(4)：40.

[19] 叶碧 . 高校美育评价的内容与方法 [J]. 江苏高教，2009(4)：125-127.

[20] 钟群 . 高校美育网络教学评价研究 [D]. 重庆：西南大学，2020.

[21] 宁薇 . 大学生美育论 [M]. 天津：天津社会科学院出版社，2013：104-108.

[22] 邓佳 . 高校美育课程研究 [D]. 重庆：西南大学，2019.

[23] 张丽平， 董国峰 . 高等美术教育功能与人发展的关系研究 [J]. 黑龙江高教研究，2018（8）：155-157.

[24] 赵晓宇 . 如何提高舞蹈艺术的审美鉴赏能力 [J]. 大舞台，2013(11)：61-62.

[25] 朱哲， 任惠宇 . 新时代高校美育工作的瓶颈及其破解 [J]. 人民论坛 .2019（21）：102-103.

[26] 宋小红 . 深刻认识网络“泛娱乐化”对大学生的影响 [J]. 思想理论教育导刊，2019(9)：141-144.

[27] 陈晓平 . 从优美和壮美的角度看自然美、艺术美和道德美——兼评康德和黑格尔的美学观 [J]. 哲学分析，2016，7(1)：79-88，198.

[28] 孟丽， 高迎刚 . 席勒“中介论”美育思想简论 [J]. 上海大学学报（社会科学版），2017，34(5)：69-78.

[29] 莫小红 . 审美游戏与完美人性的生成——席勒美育思想诠释 [J]. 求索，2014(11)：96-100.

[30] 王宏超 . 中国现代“美育”概念的形成及其学制基础 [J]. 文艺理论研究，2018，38(4)：16-28.

[31] 彭锋 . 对“以美育代宗教”的批判性分析 [J]. 郑州大学学报（哲学社会科学版），2017，50(5)：8-11，158.

[32] 蒋磊 . 科学主义的受容与反思：重审蔡元培美学美育思想 [J]. 广西社会科学，2018(3)：60-65.

[33] 张婷婷，蒋明宏 . 梁启超家庭美育发凡 [J]. 重庆社会科学，2016(9)：79-84.

[34] 孙勇，范国睿 . 我国学校美育工作的现状、问题与对策 [J]. 教育科学研究，2018(10)：70-75.

[35] 习近平总书记给中央美术学院老教授回信强调做好美育工作弘扬中华美育精神让祖国青年一代身心都健康成长 [J]. 美术研究，2018(5)：4.

[36] 高迎刚 . 席勒美育思想的当代价值 [J]. 上海大学学报（社会科学版），2015，32(2)：96-102.

[37] 莫小红 . 席勒审美解放思想在中国的多维展开 [J]. 湖南师范大学社会科学学报，2017，46(6)：135-139.

[38][英] 伯特兰 · 罗素 . 西方哲学史 [M]. 耿丽 , 编译 . 重庆：重庆出版社 ,2016.

[39][德] 弗里德里希 · 黑格尔 . 美学 [M]. 寇彭程 , 译 . 重庆：重庆出版社 ,2016.

[40] 朱光潜 . 谈美书简 [M]. 北京：人民日报出版社 ,2018.

[41] 卡勒．当今的文学理论 [J]．文艺理论研究，2012(4)：77-85.

[42] 周星．新背景下的艺术审美教育思考 [G]// 中国艺术学的传统资源与当代建构：第 11 届全国艺术学年会论文集第 1 卷．北京：中国文联出版社，2016：79.

[43] 王广燕．范迪安委员：加强“美育学”学科建设 [N]．北京日报，2020-05-26.

[44] 中华人民共和国教育部．教育部关于切实加强新时代高等学校美育工作的意见 [EB/

OL]．[2019-05-31].

[45] 美籍演奏家蒋逸文发表不当言论， 老父发怒：在哪里都不能忘祖！ [EB/OL]．[2020-03-19].

[46] 周星， 任晟姝．文科建设背景下艺术学科综合性发展的思考 [J]．南京师大学报（社会科学版），2020(3)：142-150.

[47] 庄燕琳．许江：推动社区美育用艺术抚慰人心 [EB/OL]．[2020-05-30].

[48] 邱地，谢朝晖 . 高校美育面临的困境与对策探讨 [J]. 教育探索，2015(6)：87-90.

[49] 邵萍 . 当代高校公共艺术发展教育策略探微 [J]. 黑龙江高教研究，2015(3)：85-87.